高等院校网络教育系列教材

应用文书写作

YINGYONG WENSHU XIEZUO

李建英　编著

上海交通大學出版社

内 容 简 介

全书共分为九章，内容包括绪论、行政公文、事务文书、经济文书、司法文书等，书中阐述了各种文书文体的概念、特点、种类、格式及写作要求，每一章节都设有“例文评析”、“知识归纳”、“病文修改”、“实训活动”等板块，每章节后设有“阶段练习与测试”环节，并附有答案，以利于学生复习，培养其分析问题、解决问题的能力。书后附录可供师生教与学参考。

本教材适用于全国远程教育、各类高职高专学校，也可作为各类业务岗位培训和文秘人员的自学用书。

图书在版编目(CIP)数据

应用文书写作/李建英编著. -上海:上海交通大学出版社,2011(2014 重印)
ISBN 978-7-313-07041-8

Ⅰ.应... Ⅱ.李... Ⅲ.汉语-应用文-写作 Ⅳ.H152.3

中国版本图书馆 CIP 数据核字(2011)第 001836 号

应用文书写作
李建英 编著
上海交通大学出版社出版发行
(上海市番禺路 951 号 邮政编码 200030)
电话:64071208 出版人:韩建民
上海交大印务有限公司 印刷 全国新华书店经销
开本:787mm×960mm 1/16 印张:23 字数:430 千字
2011 年 3 月第 1 版 2014 年 7 月第 3 次印刷
印数:6061~9090
ISBN 978-7-313-07041-8/H 定价:39.80 元

序

网络教育是依托现代信息技术进行教育资源传播、组织教学的一种崭新形式，它突破了传统教育传递媒介上的局限性，实现了时空有限分离条件下的教与学，拓展了教育活动发生的时空范围。从1998年9月教育部正式批准清华大学等4所高校为国家现代远程教育第一批试点学校以来，我国网络教育历经了若干年发展期，目前全国已有68所普通高等学校和中央广播电视大学开展现代远程教育。网络教育的实施大大加快了我国高等教育的大众化进程，使之成为高等教育的一个重要组成部分；随着它的不断发展，也必将对我国终身教育体系的形成和学习型社会的构建起到极其重要的作用。

华东理工大学是国家“211工程”重点建设高校，是教育部批准成立的现代远程教育试点院校之一。华东理工大学网络教育学院凭借其优质的教育教学资源、良好的师资条件和社会声望，自创建以来得到了迅速的发展。但网络教育作为一种不同于传统教育的新型教育组织形式，如何有效地实现教育资源的传递，进一步提高教育教学效果，认真探索其内在的规律，是摆在我们面前的一个新的、亟待解决的课题。为此，我们组织了一批多年来从事网络教育课程教学的教师，结合网络教育学习方式，陆续编撰出版了一批包括图书、课程光碟等在内的远程教育系列教材，以期逐步建立以学科为先导的、适合网络教育学生使用的教材结构体系。

掌握学科领域的基本知识和技能，把握学科的基本知识结构，培养学生在实践中独立地发现问题和解决问题的能力是我们组织教材编写的一个主要目的。系列教材包括了计算机应用基础、大学英语等全国统考科目，也涉及了管理、法学、国际贸易、机械、化工等多学科领域。

根据网络教育学习方式的特点编写教材，既是网络教育得以持续健康发展的基础，也是一次全新的尝试。本套教材的编写凝聚了华东理工大学众多在学科研究和网络教育领域中有丰富实践经验的教师、教学策划人员的心血，希望它的出版能对广大网络教育学习者进一步提高学习效率予以帮助和启迪。

涂善东

前　言

本教材针对网络教学的特点，以培养学生实际写作能力为目标，淡化理论阐述，注重实践教学，强化技能训练，追求体例创新。

在内容的选择上，突出基础课教学的“实用”、“适用”特色。在编写广度上，本着“知多”的原则，对学生应知应会的内容加深理解、强化训练，重在应用，不要求学生“样样精通”；在编写深度上，以“够用”为度，不盲目加大教材的难度，力求使理论部分简洁明了，以服务于教学实践。

强化基本功训练。编写时侧重于典型例文的评析，并有针对性地选取病文，让学生知道不该怎么写，从正反两方面加强学生的印象。每一章节后都配有“实训演练”部分，注重培养学生分析问题、解决问题的能力。

在编写体例上，每一章节内容都分为“例文点评”、“知识归纳”、“病文评析”、“实训演练”、“知识岛”、“延伸阅读”等板块，层次清晰，前后关联，互为补充，同时“知识岛”、“延伸阅读”、“趣味阅读”部分亦可作为自学部分，以减轻学生的学习压力。每一章后都配有形式多样的“阶段练习与自测”，如名词解释、填空、选择、改错、判断、分析、模拟写作等，并附有答案，既方便老师讲授，也方便学生巩固、复习所学知识。

由于水平有限，这本教材肯定还存在不少缺点和不完善之处，敬请广大读者和同行批评指正。

编　者

2010年12月28日

目 录

第一章 绪论 …………………………………………………… 1
第一节 应用文书概述 ……………………………………………… 2
第二节 应用文书的撰写与修改 ………………………………………… 7
阶段练习与自测 ……………………………………………………… 14
第二章 行政公文(上) ……………………………………………… 19
第一节 公文概述 …………………………………………………… 20
第二节 命令(令)决定 ……………………………………………… 31
第三节 公告 通告 …………………………………………………… 38
第四节 通知 通报 …………………………………………………… 45
阶段练习与自测 ……………………………………………………… 55
第三章 行政公文(下) ……………………………………………… 59
第一节 请示 批复 …………………………………………………… 60
第二节 议案 意见 …………………………………………………… 69
第三节 函 报告 …………………………………………………… 77
第四节 会议纪要 …………………………………………………… 86
阶段练习与自测 ……………………………………………………… 93
第四章 事务文书 …………………………………………………… 99
第一节 计划 总结 …………………………………………………… 100
第二节 调查报告 述职报告 ……………………………………… 109
第三节 简报 会议记录 ……………………………………………… 121
第四节 讲话稿 ……………………………………………………… 133
阶段练习与自测 ……………………………………………………… 137
第五章 经济文书 …………………………………………………… 143
第一节 经济合同 …………………………………………………… 144

第二节　协议书 …………………………………………… 152
第三节　经济广告 ………………………………………… 160
第四节　经济活动分析报告(自学) ……………………… 165
第五节　招标书与投标书 ………………………………… 171
第六节　市场调查报告 …………………………………… 181
第七节　项目可行性报告 ………………………………… 186
阶段练习与自测 …………………………………………… 191

第六章　司法文书 ………………………………………… 197

第一节　起诉状 …………………………………………… 198
第二节　上诉状 …………………………………………… 208
第三节　申诉状 …………………………………………… 212
第四节　答辩状 …………………………………………… 217
阶段练习与自测 …………………………………………… 221

第七章　宣传文书 ………………………………………… 228

第一节　消息 ……………………………………………… 229
第二节　通讯 ……………………………………………… 234
第三节　演讲词 …………………………………………… 240
第四节　广播稿 …………………………………………… 248
阶段练习与自测 …………………………………………… 253

第八章　礼仪文书 ………………………………………… 258

第一节　请柬　名片 ……………………………………… 259
第二节　感谢信　慰问信 ………………………………… 265
第三节　邀请函　聘书 …………………………………… 271
第四节　欢迎词　欢送词　答谢词(自学) ……………… 277
第五节　贺电　贺词(自学) ……………………………… 284
第六节　开幕词　闭幕词(自学) ………………………… 289
第七节　讣告　唁电(自学) ……………………………… 296
阶段练习与自测 …………………………………………… 302

第九章　日常文书 ………………………………………… 307

第一节　一般书信 ………………………………………… 308

第二节　建议书　倡议书(自学) …… 313
第三节　申请书　求职信 …… 319
第四节　启事　海报(自学) …… 326
第五节　毕业论文 …… 332
阶段练习与自测 …… 337

附录一　国家行政机关公文处理办法 …… 342
附录二　标点符号用法 …… 348
附录三　公文常用特定用语简表 …… 355

参考文献 …… 357

第一章 绪 论

随着时代的发展,科学技术、经济文化等社会各领域的变革日益深入,应用文书的用途越来越广泛,应用文书写作作为一项职业技能也日益受到各行各业的重视。应用文书的适用范围相当广泛,各行各业都有其常用的文书类型。如国家机关中的行政公务文书、科研部门的学术论文、司法部门的法律诉讼文书、个人日常生活中的书信等,多种多样。在现代社会中,应用文书与人们的工作、学习、生活关系十分密切。作为一名远程教育的在职学生,应用文书的写作能力已成为衡量其素质高低的基本标准之一。

通过本章的学习,拟达到的学习目标有:

◇ 掌握应用文书的概念、特点

◇ 了解应用文书的产生、分类与作用

◇ 掌握应用文书的修改

第一节 应用文书概述

应用文书的写作与使用均历史悠久、源远流长。早在殷商时期就有了甲骨卜辞，及至商周时期的钟鼎铭文，《周易》中的卦辞、爻辞等，都是应用文书的最初形态。可以说，从有了文字开始，就有了应用文书的写作。

一、应用文书的概念

应用文书是国家机关、企事业单位、社会团体以及个人在处理公私事务、传递信息、解决问题和实行管理时使用的具有特定格式的实用性文章。它是一切社会组织和个人在进行社会活动和处理个人事务中必不可少的工具。

知识岛

应用文书的历史源流

我国最早的文字是甲骨文，上面记载的文字大多是公务文书。春秋战国时期的《尚书》就是公文集，书中分为六种体式：典、谟、训、诰、誓、命。到了秦汉时期，公文种类和体式有了发展。公文主要体式有书、议、策、论、疏、诏、制、敕、章、奏、表等，已有上行文与下行文之别。从汉代到清代，公务文书逐步走向成熟：下行文有制、诏、策、册敕、教、令、谕、檄、旨等；上行文有牒、申、启、呈、章、表、题、奏、状、文册、揭贴等；平行文有关、刺、咨、照会等。

1911年辛亥革命以后，南京临时政府颁布了第一个现代公文程式条例。中国共产党成立后，也很快有了自己的公文体式。新中国成立后，1951年发布了《公文处理暂行办法》，以后多次修改，一直发展到目前所用的《国家行政机关公文处理办法》。

——转引自陈子典主编的《应用文写作》

二、应用文书的特点及分类

课程 BBS 讨论：应用文书写作与文学写作的区别。

（一）应用文的特点

应用写作的目的在于“应用”，即处理与解决各种实际问题。因此，应用文书的特点可归纳如下：

1. 以实用性为目的

应用文书的写作与其他常用文体写作的最大区别就在于其实用性。一

些常用文体如小说、诗歌、散文等的写作是为了给读者以审美享受，有认识生活、陶冶情操的功能，但很少能解决现实生活中的实际问题。应用文的写作目的在于应用，是为了解决实际问题，具有明确的实用性。如写一则新闻，是为了传递消息；写一份公文，是为了发挥其管理职能。可以说，任何一篇应用文都有其特定的事由和需要解决的问题，其写作目的明确，针对性强，与实际生活、工作要求密切相关。

2. 以真实性为基础

文学写作可以虚构，可以进行艺术加工，所写的人与事不可能与现实中的原型一致，而是具有典型性，以此来反映生活的本质。而应用文则不同，其中所涉及的人与事必须真实，包括情节、数字、细节等，决不允许有虚构和夸张，否则就达不到解决实际问题的目的，反而会给工作造成很大的损失。如经济合同中的数量、质量、价金、送货日期、违约责任等，都必须按照双方的约定实事求是，否则会承担严重的法律责任。

3. 以实效性为根本

这也是应用文书区别于文学作品的一个重要特征。一部扣人心弦的长篇小说或一首脍炙人口的诗词都可以跨越时空，流传几百年。而应用文的实用性决定了其时效性，也就是应用文必须讲求时间和效益。如毕业论文必须在学校规定的时间内完成，否则只能延期答辩；一则新闻必须及时报道，否则就称不上是“新闻”，而是“旧闻”了。

4. 以规范性为原则

一般来说，文学作品讲究独创性，作者应力求摆脱模式化的创作，以满足读者多变求新的阅读心理。而应用文为了达到实用性目的，则要求按照一定的规范去写作，这样，作者写起来有章可循，简便快捷，读者看起来一目了然，便于迅速做出判断和反应。可见，规范性是实用性的必然要求。如行政公文、司法文书等如果不按规定格式写作，就会影响文件的传递和办理；求职信、请柬、欢迎词等若不按规范去写作，则会导致交际的失败。

延伸阅读

课程 BBS 讨论：
应用文的语言和文学的语言有何不同？

试比较下面的两段文字：

同志们：

中国共产党第十二次代表大会现在开幕。

我们这次代表大会的主要议程有三项：(一)审议第十一届中央委员会的报告，确定党为全面开创社会主义现代化建设新局面而奋斗的纲领；

上面用简洁明了的文字指出中国共产党第十二次代表大会的议程，毫不含糊，使与会者明白，会议就照此进行。它是应用文。

(二)审议和通过新的《中国共产党章程》;(三)按照新的党章的规定选举新的中央委员会、中央顾问委员会和中央纪律检查委员会。

——邓小平:《中国共产党第十二次代表大会开幕辞》

这段文字准确地描写了王熙凤的出场，未见其人，先闻其声。整段文字简洁、形象、逼真，使读者对这个人物有一个感性的认识。它是文学作品。

如果应用文这样写，就会使人感到莫名其妙。

一语未完，只听后院中有笑语声，说:“我来迟了，没得迎接远客!”黛玉思忖道:“这些人个个皆敛声屏气如此，这来者是谁，这样放诞无礼?”心下想时，只见一群媳妇丫头拥着一个丽人从后房进来:这个人打扮与姑娘们不同，彩绣辉煌，恍若神妃仙子。头上戴着金丝八宝攒珠髻，绾着朝阳五凤挂珠钗，项上戴着赤金璎珞圈，身上穿着缕金百蝶穿花大红云缎窄袄，外罩五彩刻丝石青银鼠褂，下着翡翠撒花洋绉裙;一双丹凤三角眼，两弯柳叶掉梢眉，身材苗条，体格风骚:粉面含春威不露，丹唇未启笑先闻。黛玉连忙起身接见。贾母笑道:“你不认得他:他是我们这里有名的一个泼辣货，南京所谓‘辣子’，你只叫他‘凤辣子’就是。”

——《红楼梦》第三回

阅读下面两段文字，体会其不同:

在这本书里，我想写现代中国某一部分社会、某一类人物。写这类人，我没有忘记他们是人类，只是人类，具有无毛两足动物的基本根性。角色当然是虚构的，但是有考据癖的人也当然不肯错过索隐的机会，放弃附会的权力的。

这本书整整写了两年。两年里忧世伤生，屡想中止。由于杨绛女士不断的督促，替我挡了许多事，省出时间来，得以锱铢积累地写完。照例这本书该献给她。不过近来觉得献书也像“致身于国”、“还政于民”等等佳话，只是语言幻成的空花泡影，名说交付出去，其实只仿佛魔术家玩的飞刀，放手而没有脱手。随你怎样把作品奉献给人，作品总是作者自己的。大不了一本书，还不值得这样精巧地不老实。因此罢了。

——选自钱钟书《围城·序》

红海早过了，船在印度洋面上开启着，但是太阳依然不饶人地迟落早起，侵占去大部分的夜。夜仿佛纸浸了油，变成半透明体;它给太阳拥抱住了，分不出身来，也许是给太阳陶醉了，所以夕照晚霞隐褪后的夜色也带着酡红。到红消醉醒，船舱里的睡人也一身腻汗地醒来，洗了澡赶到甲板上吹海风，又是一天的开始……

——选自钱钟书《围城》

(二) 应用文的分类

应用文的使用范围十分广泛，它应用于各种不同的社会领域，因其目的、性质、特点、使用范围、格式等的不同，可以划分为众多不同的文种，本书根据其使用范围的不同大致分为以下几类：

(1) 行政公文。是指国家机关、社会团体、企事业单位在处理公务活动中所使用的文书，如命令、决定、公告、通告、通知、请示、批复、意见、函等文种。

(2) 事务文书。是指国家机关、企事业单位、社会团体在处理内、外部事务中使用的文书，包括计划、总结、简报、调查报告等。

(3) 经济文书。是指企事业单位在处理各类经济事务时使用的文书形式，包括经济合同、市场预测报告、协议书、招(投)标书、广告等。

(4) 司法文书。是指解决企事业单位之间、公民个人之间或公民与企事业单位之间存在纠纷时使用的文书，如民事起诉状、刑事自诉状、上诉状、经济纠纷起诉状、答辩状等。

(5) 传播文书。是指具有宣传、报道、鼓动、介绍作用的应用文体。常见的传播文书包括新闻、通讯、演讲稿、解说词等。

(6) 日常文书。是指单位和个人在日常生活中所使用的各种应用文体，如书信、介绍信、申请书、启事、毕业论文等。

(7) 礼仪文书。是指带有礼仪色彩的应用文书形式，如请柬、欢迎(送)词、开(闭)幕词、贺信(词)等。

三、应用文书写作的基本要求

只要同学们注意以下几个方面，肯定可以学好本课程，但还需在实际工作中应用与提高。

应用文书写作与其他文体的写作要求有共同之处，同时也有其自身特殊的要求，如何才能学好与写好应用文书呢？主要有以下几个方面需要注意：

(一) 端正学习态度

有些同学对应用文书写作可能会存在一些错误的看法。代表之一是瞧不起，认为应用文书的写作只不过是秘书的常规工作，根本不能与文学创作相提并论，因此对其不屑一顾。这种看法是非常片面的，与当今应用文书的广泛使用这一事实是格格不入的。实际上，目前真正的文学创作(即使加上正方兴未艾的网络文学创作)还是极少数人的事情，而真正的文学阅读也是在小众范围内。但是应用文书的写作、使用与阅读却是属于大众的，如新闻、合同、请柬、通知、求职信、毕业论文等，它与我们每个人的生活、学习都息息相关。代表之二是畏惧，认为应用文书的写作都是由专门的人从事的，自己的水平太差，写不了应用文。这种想法又太妄自菲薄。如前所述，应用文书与我们每个人的生活息息相关，其实在生活、学习中，我们每个人都在使用它。最简单的例子就是，我们每个人都写过书信或 E-mail，制订过学习计划或写过工作总结，还有的写过读书笔记等，这些都属于应用文书的范畴。这说明我们每个人都在自觉或不自觉地进行着应用文书的实践。只要打消顾虑，端正态度，勤于练习，应用文是能够学好的。

（二）加强基本功训练

应用文书的写作技能性较强，其中不同的文种有不同的规范和要求，只要加强基本功练习，掌握不同文种的不同格式，我们是可以写出高水平的应用文的。这需要在以下几个方面加强自我训练：

(1) 多读。唐代大诗人杜甫有句名言："读书破万卷，下笔如有神。"就是告诉我们多读能够有效提高写作能力。马克思的《资本论》是在他读了 1 500 多本书的基础上完成的。可见，多读是基础，但如何读书也很有讲究。总体来说，要博览群书，开阔视野，同时又要针对自己的工作或专业，做到学有专长，精益求精。具体来说，可以从以下几点入手：①针对自己写作中的薄弱环节，有选择地读；②针对自己的工作性质和要求，有目的地读；③针对自己需要提高的某些方面，有计划地读。

(2) 多想。写作是一项艰苦的工作，要勤于思考才能言之有物。有人曾形象地说过"读书不用脑，写作就苦恼"，就是告诉我们要善于思考，把读书和思考结合起来。读的同时要想一想哪些地方自己可以借鉴、模仿，对自己有什么启发，如果自己写会怎么写。这样，读得多了，想得多了，自然就可以提高自己的写作水平。

(3) 多写。古人曾提出读十篇不如写一篇的主张，后人也有多读不如多写的说法。鲁迅被问及他的写作经验时曾说"是由于多写和练习，此外并无心得或方法的"。可见，写作一定要自己亲自动手写，否则只能是纸上谈兵，只有多写勤练才能完善技巧、提高水平。在学习中，我们可以结合个人的兴趣和爱好来写作，也可以结合工作需要来写作，还可以结合学习进行写作练习。

(4) 多改。文章的写作很少有一遍成功的，初稿完成之后还要进行多次的修改加工。有人说，好文章是改出来的，这句话是非常有道理的。要以严肃、认真的态度修改应用文，特别是一些重要的文书，如行政公文、求职信、合同、毕业论文等，有时自己改后还需要请别人帮忙修改，或提交有关领导审核后才能定稿。关于应用文的修改下面我们还要专门来讲。

(三) 掌握应用文书写作的基础理论

学习应用文书写作就必须掌握基本的理论知识和技能。应用文写作是一门专门学科，要求学习者必须具备遣词造句、表情达意、谋篇布局等写作基础理论知识，具备形象思维和逻辑思维的能力，另外还要懂得语法、修辞、逻辑等多方面的知识。这些都是学好应用文写作的基础和前提。

(四) 加强自身多方面的修养

古人有“修身、齐家、治国、平天下”之说，将提高自身修养放在实现人生理想的首位。魏文帝曹丕则将文章称之为“经国之大业，不朽之盛事”。可见，文章的写作绝不仅仅是作者个人的事情，而是关乎天下大事。尤其是应用文书的写作，有些文种更是关系到国计民生的大事，因此需要我们加强自身的各方面修养。如要关心国内外时事的动向，关注国家新政的推出，加强自身的理论修养，增强自己的法制观念等。

思考

结合个人实际，考虑自己如何才能学好《应用文书写作》这门课程。

第二节　应用文书的撰写与修改

此处的“撰写”也适用于一般文章的写作

一、应用文的立意

“凡作文之道，构思为先”，就是说，在写文章之前，我们要构思。什么叫构思呢？在提笔写作之前，我们要考虑为什么而写，写什么，怎么写等许多问题。这种潜心准备、酝酿文稿的思维过程就叫做构思。

应用写作常常是“受命而作”，即写作的目标、要求已经确定，似乎只要求执笔者用恰当的形式表现出来就可以了。实际上却不是这样，而是要求更高。它要求作者由被动转变到积极主动构思，认真写作，在某种意义上，比“自由创作”更难。所以要求写作时更要精心准备。

文章是由内容和形式两部分构成的，因此，构思也就围绕这两方面进行。文以意为主，意在笔先，这是文章写作中的一条基本原则，应用写作也不例外。

1. 立意的概念

所谓立意，实际上就是确定应用文的主旨。文章的主旨一般称为文章的主题，即一篇文章的中心思想和基本观点，也被称为文章的灵魂。应用文的主题与文学作品，理论文章、宣传材料有较大的不同，它首先考虑的是有没有用途、发文目的明确不明确。应用文的主题其实就是贯穿于全文的主要意图和目的。不论是简单得只有几行字的干部任命书，还是长篇大论的会议报告，其主题都可以用“行文意图”来概括，称为主旨。例如，某单位一篇关于表彰工作先进个人的通报，主要是通过对先进个人工作情况、取得的成绩和贡献进行评价，然后号召全体员工学习。这些就是该通报的主旨。

2. 立意应遵循的原则

(1) 正确。这有两层意思：一是指作者要明确写作目的，正确领会写作意图；二是指所确定的主旨必须体现党的路线、方针、政策和国家的法律、法规，真实地反映客观实际，按客观规律办事，能切实解决问题。

(2) 新颖。一篇应用文如果是老生常谈，就没有意义。所以要新颖，有新意，在正确的基础上有所发现、有所创造。要能够针对现实问题，提出新的意见和解决办法，给人以新鲜感。

(3) 深刻。深刻是指有深度，能够通过现象看到本质。即使是过去写过的事情，也能有精确的分析，讲出新的道理，挖掘出别人见不到或者虽然看到了但缺乏认识的深度。

(4) 明确。应用文是要别人照着做的，其主旨必须确切无疑，必须“一语道破真实情况”，要概念清楚，观点明确。

(5) 集中。是指中心要突出，主旨单一，不能多中心。应用文一般都是“一文一事”，主旨集中，不要有“副产品”或“搭便车”的现象。

要立好意，一是要选好角度。对一个事实，从不同的角度可以有不同的认识。只有找到最佳角度才能发现事物最有意义的方面。二是善于挖掘。对于一个事物的认识，就事论事地看，难以发现其深刻的意义；如果将它放到一个大的背景下，放到全局工作中去鸟瞰，就容易“以小见大”，发现其深刻意义。

二、应用文的选材

写文章必须详尽地占有材料。材料是文章的根基，没有材料，就不会产生文章的主题，也表现不了主题，文章便无从说起。所谓材料，就是指构成一篇文章的事实、论据、道理和引语。在应用文写作中，如果主旨被称为文章的灵魂的话，那么材料可看作是构成整体的血肉。材料的选取工作包括收集、鉴别、选择和使用四个环节。

1. 材料的收集

文章的材料来源于社会实践。源头是客观存在的事物和人们对它的认识。材料有两类：一类是直接材料，即通过作者的观察、体验、感受直接得到的材料；另一类是间接材料，即通过别人的文章——各种简报、报告、文献资料、书籍、报刊等取得的材料。

收集材料的原则：一要详尽，二要有一定的范围和方向，三是要经常分类整理。虽然说收集材料要尽量多，但人的精力和视野毕竟有限，特别是处于"信息爆炸时代"的今天，谁也不可能详尽地掌握所有的知识和信息，所以在收集材料时要有一定的方向、范围。收集材料时都是个别的、分散的，因此在收集的过程中要随时进行归类、整理和分析研究，这样用起来才能随手捻来。

2. 材料的鉴别和选择

无论是哪种类型的材料，并不是都有用，因此要进行鉴别和选择。材料选择的原则：

(1) 围绕主旨，适合文种。要按主旨和文种的需要来取舍材料。与主旨有关、适合文种的材料就取，否则就舍。

(2) 典型事例，真实可靠。典型材料就是具有代表性的、能反映应用文主旨的本质和事物规律性的材料。

(3) 新颖。新颖的材料来源于两个方面：第一种是别人没有用过的材料；第二种虽然是普通的材料，但是基于独出心裁的分析角度。这两个方面都可以给人耳目一新的感觉。

三、应用文的谋篇

谋篇即布局，如何安排文章的结构。它是作者按照文章所反映的客观事物的外部表现和内在联系，对材料所做的组织安排。应用文的结构安排得是否合理，将直接关系到应用文的质量。如果把主旨称作应用文的灵魂，材料称作应用文的血肉，那么结构就是应用文的骨架。一个人如果骨架有问题，其形象可想而知。同样，结构若安排不好，应用文同样也"立"不起来。

应用文很多是一文一事，因此在安排结构时，要求中心突出、线索分明、层次清楚、布局合理、详略得当、浑然一体。结构安排一般包括安排层次与段落，开头与结尾，过渡与照应等几方面，做到层次清楚、主次分明。常见的结构安排有：

(1) 总分式。这是较常见的层次安排方法。开头作总的概括，然后分别进行叙述。分别叙述的层次之间具有一定的并列关系。通知、通报、计划、调查报告等经常采用这种方法。如某个地区的年度计划,开头先提出全年工作总的指导思想,然后分别对经济、政法、党建、精神文明建设等项工作提出工作目标。采用这种方法要注意各个分述部分层次分明,不互相包容;顺序要合理,避免轻重倒置;详略得当、匀称。

(2) 递进式。即按照表述内容,步步深入;或者前后是因果关系。会议决议、调查报告、通报等多采用这种方式。如《中共中央关于加强社会主义精神文明建设若干重要问题的决议》就从加强社会主义精神文明建设的重大意义、社会主义精神文明建设的指导思想和奋斗目标、努力提高全民族思想道德素质、积极发展社会主义文化事业、深入持久开展群众性精神文明创建活动、加强和改善党对精神文明建设的领导等几个部分进行论述,全篇层层相衔、步步深入,把建设社会主义精神文明的意义、目标、途径、要求表述得清晰分明。

(3) 并列式。即各层次之间是并列关系。报告、讲话、会议纪要、通知等常采用这种结构。如《关于研究广东省重点建设项目有关问题的会议纪要》在叙述完会议概况后,就"关于中国东方汽车有限公司生产轻型面包车项目的问题"、"关于开辟国际航线的问题"、"关于顺德大程控交换机项目筹建问题"等分段叙述,这些问题并列,层次清晰,让人一望即明。

在实际运用中,以上三种形式并非界限分明,而是几种形式相互交叉结合使用。

四、应用文的撰写

第一步,列提纲。提纲是文章的基本思路和写作纲要,没有特定的样式,一般要求搭出文章的框架,写清每部分各个层次的安排和内容要点。第二步,拟稿。拟稿是文章的正式写作过程,它不是提纲的再现和扩展,而是思想观点的继续深化,表达逐步完善的过程。

1. 标题

标题是文章的命题,是文章最引人注目的地方,好比人的眼睛。好的标题要画龙点睛,既能显示应用文的内容,又能有提示作用,引发读者的兴趣。应用文的标题要求准确、醒目、简洁、规范。

应用文的标题有以下三种形式:

(1) 公文式标题。由发文单位、事由、文种三部分组成。如《中共中央关于认真学习贯彻党的十六大的通知》。

(2) 新闻式标题。包括三行标题、双行标题和单行标题三种形式，由正题、副题组成。如：《诚信与全面建设小康社会——关于诚信问题的讨论》。

(3) 基本标题式。指一般标题的拟订方式，或直陈，或引用，或列举，或提问。形式活泼，巧妙新颖。如：《加快发展是富民强国的第一要务》、《呼唤"平常心"》、《凭本事吃饭，靠政绩晋升》。

2. 开头

一篇文章的开头在全文中起着"定调"的作用。"调"定好了，全文就会顺利展开并引起读者的兴趣；反之就会文不达意，让人无法理解事情的脉络。应用文的开头一般起句发意，下笔入题，文风朴实，有助于主体部分自然展开。常用有如下方式：

(1) 概述式。即用叙述的方法，概括地写出基本情况、问题，或写出基本的过程。这种写法多用于报告、总结、决定、决议等。

(2) 目的式。这种开头通常以简明的语言说明公文的目的，或开头概述情况，而后引出主旨。这种写法多用于通知、通告、决定、条例、规则等。

(3) 缘由式。即以上级文件、领导指示或有关法规、规定作为行文的依据和出发点，多用于通知、通告等。

(4) 直述式。即开宗明义，直接切入正题，这种形式大都用于批复(答复)。

(5) 结论式。先对情况或工作进行总结，做出评价，提出看法，然后再分别加以论述。这种开头多见于总结、报告等。

(6) 提问式。先提出问题，然后引起下文。这种开头方式易引起读者的注意和思考，常见于调查报告的写作。

(7) 寒暄式。开头问候、祝贺，传情达意，然后再转入正题。这种开头常见于信函和祝酒词。

写好开头，一要注意"开门见山"，避免背景交代过详、虚语套话过多、引据过多或缺乏概括的毛病；二要紧扣全文；三要概括凝练。

3. 主体部分

这是文章的中心部分，是写作的重点。开头提出问题，在此要依照科学的方法，运用材料对所提出的问题和观点进行阐述和分析。主体部分的写作要注意层次段落的安排以及文章各个部分的过渡与照应。

过渡与照应是使文章承前启后、前后呼应、脉络清晰、文气贯通的一种手段。过渡指的是层次之间、段落之间的转换、衔接，起承上启下的作用。一般过渡方式有用关联过渡词、过渡句、过渡段和序列自然过渡等。常用的照应方式有：

(1) 题文照应。应用文的内容，特别是开头，要照应标题；标题则要照应主要内容，做到题文一致。

(2) 首尾照应。开头和结尾关联密切，有什么样的开头就应有什么样的结尾。

(3) 前后照应。文章后面的内容要与前面的内容照应，如果前面提到的问题后面没有回应，这篇文章就不严密了。

4. 结尾

结尾是全文的收尾部分。一般应根据行文需要，有话则说，无话则止。常用的方式有：

(1) 自然结束。一件公文要阐明的问题说完后，全文也就自然结束。

(2) 提出请求。这种结尾都用于上行文，如请示、报告、函。

(3) 指出方向，发出号召或提出要求，多用于通知、通报、决定。

(4) 总结全文。对全文主旨作以简要的概括和总结，肯定成绩，找出差距。

(5) 交待说明。在文章的末尾交代说明有关问题和注意事项，以提起读者的注意。

(6) 强调意义。对事物的性质和行文的意义在结尾处进行强调说明，以引起读者的重视。

(7) 呼应开头。开头揭示主旨，结尾与之呼应。

(8) 提出建议。结尾针对文章主体部分论述、分析的情况，提出解决的意见和相应的措施以及贯彻、处理的要求。这种结尾方式在揭露问题反映情况的调查报告中极为常见。

(9) 祝愿式。结尾处表示祝愿、祝贺或慰问，常见于信函、唁电、欢送词等公关礼仪文书中。

五、应用文的修改

修改是写作中不可或缺的一个程序，它是作者认识不断深化的反映，也是提高应用文质量的重要手段。曹雪芹创作《红楼梦》时前后批阅十载，增删数次，才成就了作品的伟大。文学创作如此，应用文的写作更是如此，因为应用文的直接目的就是应用，对人们的工作生活会产生直接的影响，因此应用文的修改较之文学创作的修改更具有重要的意义。

1. 修改的方式

应用文的修改大体有两种方式：第一种是自己修改。这是最常用的方式。其好处是作者对文章的主旨、构思、创作意图等最清楚，这种修改可以使文章文气贯通；其不足之处在于文章一旦写好，作者容易形成思维定势，不容易发现其中存在的一些问题。第二种是请别人修改。这也是应用文常用的修改方式之一，尤其是一些重要的公文，往往要有初稿、草拟稿、征询稿、定稿、发布稿等环节，都是在较大范围内征集对公文的修改意见，然后再一遍遍地修改，以使其发挥最好的社会效用。

2. 修改的范围

(1) 斟酌主旨。主旨是文章的关键，修改时首先要对主旨进行检查。要看文章的立场、观点有无问题，有没有清晰地表达出作者的意图；同时还要看其是否有新意、深刻，是否能给人留下印象。

(2) 调整结构。结构是文章的骨架，修改时要看各个部分是否围绕主旨构成一个整体，各层次、段落间是否合乎逻辑，开头、结尾是否前后呼应，过渡是否自然、顺畅。

(3) 材料取舍。文章中的观点与材料必须统一，否则就会自相矛盾，削弱其说服力。因此关于材料的修改首先要看它是否真实，这是对于材料最基本的要求。虚假的材料往往会蒙蔽人们对真相的认识，并产生弄虚作假的恶劣影响。其次，还要看它是否围绕主旨，为主旨服务。一篇好的文章，其材料总是紧紧围绕需要说明的问题进行选择，并对这些材料的得当性反复推敲。再次，还要看其是否与其他材料相冲突，当然要择其顺者而留之。

(4) 推敲文字。文字的修改通常被称为对文章的润色，这就像女子的穿着、化妆一样，在基本的思想、骨架、血肉敲定之后，再对其外表方面进行美化，其重要性也可想而知。这主要包括以下几个方面：一是文字是否准确；二是文字是否通顺、规范；三是文章中是否有冗余字、句、段。

(5) 检查格式。包括文种是否正确、行文格式、行文关系，以及书写款式、标点符号、数字用法等，是否规范、合乎要求。

一篇出色的文章，必然如同一个出色的人物，其思想是否深刻、骨架是否均匀、骨肉是否丰满、衣着是否得体、妆容是否精致、配件是否协调等都要在考虑、斟酌、修改的范围之内。

思考

请大家找出自己最近写过的一篇应用文，根据本小节的内容进行自我修改，并体会其不同之处。

阶段练习与自测

一、选择题

1. 作者为完成文章的写作，体现自己的写作意图，从现实生活和文献资料中选取、使用的一系列事实根据和理论根据是应用文的（　　）。

A. 立意　　B. 准备　　C. 拟写　　D. 材料

2. 在立意的过程中，必须根据材料确定主旨，借助材料表现主旨，因此，立意具有（　　）。

A. 客观性　　B. 主观性　　C. 观念性　　D. 时代性

3. 应用文的主旨要紧抓矛盾的关键环节，揭示客观事物的深层本质，因此立意要求（　　）。

A. 准确　　B. 鲜明　　C. 集中　　D. 深刻

4. 确立应用文的主旨就是（　　）。

A. 谋篇　　B. 立意　　C. 提炼　　D. 创意

5. 反映客观事物的发展规律和内部联系是谋篇的（　　）。

A. 含义　　B. 内容　　C. 原则　　D. 类型

6. 应用文的主旨与当前的政治、经济、文化等密不可分，与人民群众所关心的问题分不开。因此立意具有（　　）。

A. 客观性　　B. 现实性　　C. 观念性　　D. 时代性

7. 直接影响主旨的质量优劣和成败的是（　　）。

A. 语言　　B. 谋篇　　C. 立意　　D. 结构

8. 适应不同文体的要求是谋篇的（　　）。

A. 内容　　B. 原则　　C. 含义　　D. 类型

9. 应用文语言的特点之一是（　　）。

A. 平实庄重　　B. 通俗易懂　　C. 间接性　　D. 修饰性

10. 应用文采用哪种文体、格式以及材料的选配，文章结构、篇幅长短，遣词造句都决定于文章的（　　）。

A. 谋篇　　B. 主旨　　C. 主观性　　D. 客观性

二、多选题

1. 谋篇的原则有（　　）。

A. 服从表现主旨的需要　　B. 为读者着想

C. 最好采用纵横式结构　　D. 反映客观事物的发展规律和内部联系

E. 适应不同文体的要求

2. 立意的要求是(　　)。

A. 准确　B. 鲜明　C. 集中　D. 新颖　E. 深刻

3. 应用文语言的特点是(　　)。

A. 规范性　B. 平实庄重　C. 高雅华美　D. 专门性　E. 模棱两可

4. 修改文章从内容方面入手可以包括以下几个方面(　　)。

A. 标题　B. 主旨　C. 结构　D. 语言　E. 材料

5. 修改文章从形式方面入手可以包括以下几个方面(　　)。

A. 标题　B. 结构　C. 语言　D. 标点　E. 格式

6. 立意的方法主要有以下几种(　　)。

A. 对比筛选　B. 分析归纳　C. 集思广益　D. 埋头思考　E. 选准角度

7. 下列关于应用文的实用性特点的说法,正确的是(　　)。

A. 应用文写作的目的在于实用　B. 应用文写作往往有感而发

C. 撰写时要有针对性　D. 应用文写作往往因事而写

8. 下列属于应用文作用的选项有(　　)。

A. 公布告知　B. 沟通交流　C. 阅读欣赏　D. 凭证依据　E. 宣传教育

三、填空题

1. 应用文书是国家机关、企事业单位、社会团体及个人在处理________、________、________和________时使用的具有________的实用性文章。

2. 应用文在内容上,必须 ________,言必有证;在结构上,遵循常规,________。

3. ________ 是应用文的灵魂,必须与党和国家的法律、法令、方针、政策相符合。

4. 材料典型是指写进文书里的材料,深刻地揭示活动的 ________,又具有________。

5. 公文式标题一般由 ________、________和 ________三部分组成。

6. 应用文的修改要从 ________、________、________、________、________等几方面入手。

7. 在资料的搜集中,材料来源有两类:________ 和________。

四、名词解释

1. 应用文书

2. 主旨

3. 构思

4. 材料

五、判断题

1. 应用文是专指处理公务的文书。(　　)
2. 下行文是指下级向上级的行文。(　　)
3. 实用语言只传达词语的词典意义,而文学语言不限于传达词语的词典意义,往往要采取反常化的手段表现生活。(　　)
4. 结构完整是指各个部分之间,在内容上相互连贯、井然有序,在语言紧密衔接、合理过渡。(　　)
5. 文学作品要求构思巧妙、形式新颖,公文虽有相对稳定的格式,但也要有所创新。(　　)
6. 公文中的"来函收到"四个字,可换成"来信收到,内容尽知"。(　　)
7. 格式化用语,对于别的文体来说可能不太受欢迎,但对于公文来说却是一种必需。(　　)
8. 应用文书的写作一般采用以说明为主的表达方式,但个别文种也有议论、抒情的成分。(　　)
9. 应用文说到底就是一种工具。(　　)

六、简答题

1. 应用文的特点是什么?
2. 应用文的语言与文学创作的语言有哪些不同?
3. 应用文材料的选择原则是什么?
4. 应用文要从哪几个方面进行修改?

七、阅读下面两则背景资料,思考并回答问题

背景资料(一)

一位教育家想自费出版散文集,多次到林斤澜家登门拜访,恳求林老为其散文集作序,情真意切。林老诵读过后,回答说:"我没法写序。"教育家无奈:"不写序,那就题词也可以。"林老就写了一个东西给他:

你在哪里

沈从文先生读一篇文章,写的是春回大地,阳光明丽,风和日暖,鸟语花香,万紫千红,花街柳巷,小桥流水……沈从文先生问道:你呢?你在哪里?你的春天呢?你的感觉?你的个性?

背景资料(二)

小赵大学毕业后,就职于某汽车销售公司,被安排在前台做接线员。因其工作能力出众,年底就被调到经理办公室工作,经理准备培养他做办公室主任助理。但不久,经理却放弃了这个打算,这起因于小赵起草的一系列公文。其中一份公司年终工作总结,他是这样开头的:

总　　结

时间如潺潺流水,一转眼生龙活虎的2008年将要过去了。在过去的一年时间里,我公司的经济效益如同穿云燕子,飞向百尺竿头,比去年大幅度上升。公司上下兴高采烈,喜笑颜开。在新的一年到来之际,我们对去年的工作总结如下:

(略)

读后思考:

(1) 背景材料(一)说明了什么问题?背景材料(二)说明了什么问题?

(2) 比较两段背景材料的文字,考虑它们的异同。

(3) 为什么文学作品的语言追求个性化,应用文的语言追求社会化和模式化?

八、修改题

指出下文在语言方面存在的问题,并进行修改。

中共××县委、县政府关于严禁
在公务活动中接受礼金的通知

中共县委、县政府对党政机关及其工作人员在公务活动中不得接受赠送礼金礼品问题曾多次做过规定。但是,一些不执行,一些部门我行我素,一些单位违反规定的现象仍时有发生。这种行为损人利己,不仅违反国家管理制度和财经纪律,而且诱发行贿受贿、搞钱权交易、不给好处不办事等腐败行为。滋生不良作风,损害自身形象,影响改革开放和经济建设的健康发展。为此,特作如下通知:

一、各级党政机关及其工作人员(包括离休、退休干部和受党政机关委托、聘任从事公务的人员),特别是领导机关和领导干部,在公务活动包括礼仪庆典、新闻发布会和经济活动中,不得以任何名义和变相形式接受礼金和有价证券。凡违反规定接受礼金和有价证券,要坚决追究,根据数额多少和情节轻重,给予党纪、政纪处分。对索要或暗示对方赠送礼金和有价证券的,要从重处分。触犯刑律的,要依法惩处。

二、各地区、各部门、各单位(包括企业、事业单位)尽可能不要以业务会、招待会、订货展销会等各种会议和庆典、纪念、商务等各种活动及其他的形式。向党政机关及其工作人员赠送礼金礼品。凡违反规定的,要追究有关领导的责任。

三、各级党政机关及其工作人员在涉外活动中,由于难以谢绝而接收的礼金和礼品，尽可能在一个月左右全部上交。凡不按期交出的，以贪污论处。

四、各级领导干部要切实负起责任，严于律己，带头贯彻执行，并对本地区、本部门、本单位的工作人员加强教育管理，对执行本通知的情况加强监督检查，决不允许敷衍了事。

答案

一、选择题

1. D　2. A　3. D　4. B　5. C
6. B　7. C　8. B　9. A　10. B

二、多选题

1. ADE　2. ABCDE　3. AB　4. AB　5. BCDE
6. ABE　7. ACD　8. ABDE

三、填空题

1. 公私事务　传递信息　解决问题　实行管理　特定格式
2. 实事求是　格式规范　3. 立意　4. 内在规律　典型性
5. 发文单位　事由文种　6. 主旨　结构　材料　文字　格式
7. 直接材料　间接材料

四、名词解释(略)

五、判断题

1. ×　2. ×　3. ×　4. √　5. ×
6. ×　7. √　8. √　9. √

六、简答题(略)

七、阅读(略)

八、修改题(略)

第二章　行政公文(上)

国务院2000年8月24日发布的《国家行政机关公文处理办法》中明确规定:“行政机关公文,是行政机关在行政管理过程中形成的具有法定效力和规范体式的文书,是依法行政和进行公务活动的重要工具。”具体来说,2001年开始实施的国家机关行政公文共有13类13种,分别是命令(令)、决定、公告、通告、通知、通报、议案、报告、请示、批复、意见、函、会议纪要等。

行政公文作为国家管理工作的重要工具,具有领导指挥功能、宣传教育功能、联系知照功能、依据凭证功能。它能够跨越时间、空间的限制,有效传递公务活动所需信息。行政公文虽然数量不多,但却是应用文中的一个主要门类。

通过本章的学习,拟达到的学习目标有:

◇ 掌握公文的概念

◇ 掌握公文的格式和行文规则

◇ 了解并明确本章各文种的适用范围、特点及格式

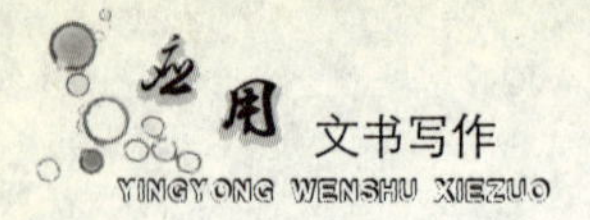

第一节　公文概述

一、行政公文的概念

《国家行政机关公文处理办法》(后文均简称《办法》,见附录一)指出:“行政机关公文,是行政机关在行政管理过程中形成的具有法定效力和规范体式的文书,是依法行政和进行公务活动的重要工具。”行政公文具有策令性、专任性、规范性、庄重性等特点。此外,行政公文还具有领导指挥、法规约束、联系知照、凭证依据、宣传教育等作用。

公文有其法定的作者。行政公文的撰写者只能是机关里具体承担写作任务的工作人员,其撰写完成的也只是公文的草稿。这个草稿只有经过机关领导人审核、批准、签发后,才能成为定稿,然后颁布施行,对社会产生影响力。机关领导人代表机关审核、签发文稿,但他们也不是公文的作者。公文的作者是机关领导人所代表的机关。

这一点与其他应用文不太一样,与文学创作相差更大

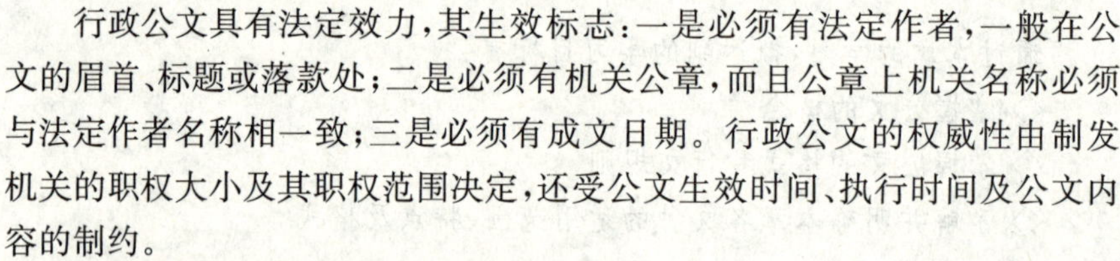

行政公文具有法定效力,其生效标志:一是必须有法定作者,一般在公文的眉首、标题或落款处;二是必须有机关公章,而且公章上机关名称必须与法定作者名称相一致;三是必须有成文日期。行政公文的权威性由制发机关的职权大小及其职权范围决定,还受公文生效时间、执行时间及公文内容的制约。

公文有法定的制作权限和确定的读者,有其特定的行文格式、行文规则和处理办法。根据《办法》的规定,我国行政公文目前有 13 种,即命令(令)、决定、公告、通告、通知、通报、议案、报告、请示、批复、意见、函、会议纪要。这 13 种公文根据行文意图,可以分为告知性公文、报请性公文和沟通性公文三大类。

二、行政公文的格式

具有法定的规范体式是行政公文区别于其他文学样式的显著标志。行政公文的格式指公文的表现形式,也可说是公文的外部组织形式,包括公文用纸规格、装订要求和行文格式等。下面根据《办法》、《国家行政机关公文格式》(GB/T9704-1999)(以后简称《格式》)的有关规定,对公文格式逐一加以说明。

(一) 公文的用纸格式和装订要求

公文用纸的规格大小为国际标准 A4 型纸张。其幅面大小、版心尺寸、

页边距大小等如下图所示(见图 1-1)。其成品幅面尺寸为 210mm×297mm。版心尺寸为 156mm×225mm(不含页码)。公文页边与版心尺寸为:天头(上白边)37mm±1mm;订口(左白边)28mm±1mm。页码与版心尺寸为 7mm。通告、通知、公告等公开张贴的公文用纸大小,可视实际需要确定,不做硬性规定。

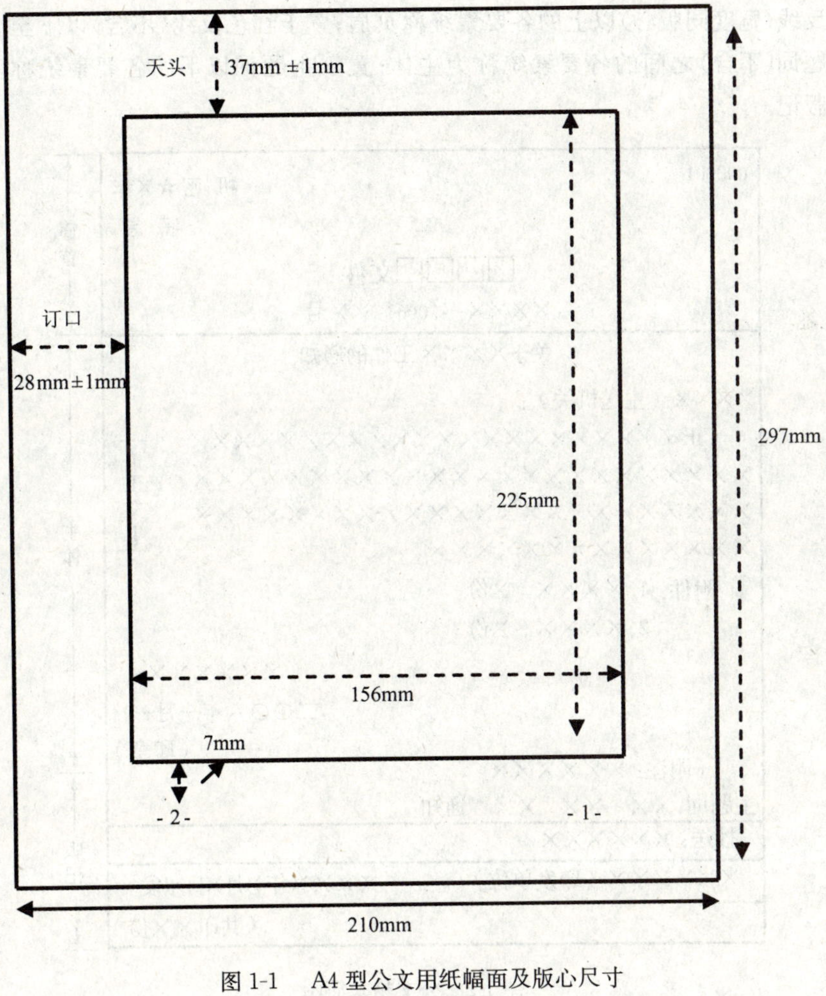

图 1-1　A4 型公文用纸幅面及版心尺寸

公文排版规格为:正文用 3 号仿宋体字,一般每面排 22 行,每行排 28 个字。在装订要求上,应要双面印制,左侧装订,不掉页。包本公文的封面与书芯不脱落,后背平整。在少数民族自治地方,可以并用汉字和通用的少数民族文字。

（二）公文的行文格式

根据《办法》规定，公文格式有文件格式和特殊格式两种，其中信函格式、命令格式和会议纪要格式为特殊格式，有其特定的版式要求。下面我们着重介绍常规的文件格式。

公文格式由眉首、主体和版记 3 个部分组成（见图 1-2）。置于首页红色反线（宽度同版心）以上的各要素统称页眉；置于红色反线（不含）以下至主题词（不含）之间的各要素统称为主体；置于主题词以下的各要素统称为版记。

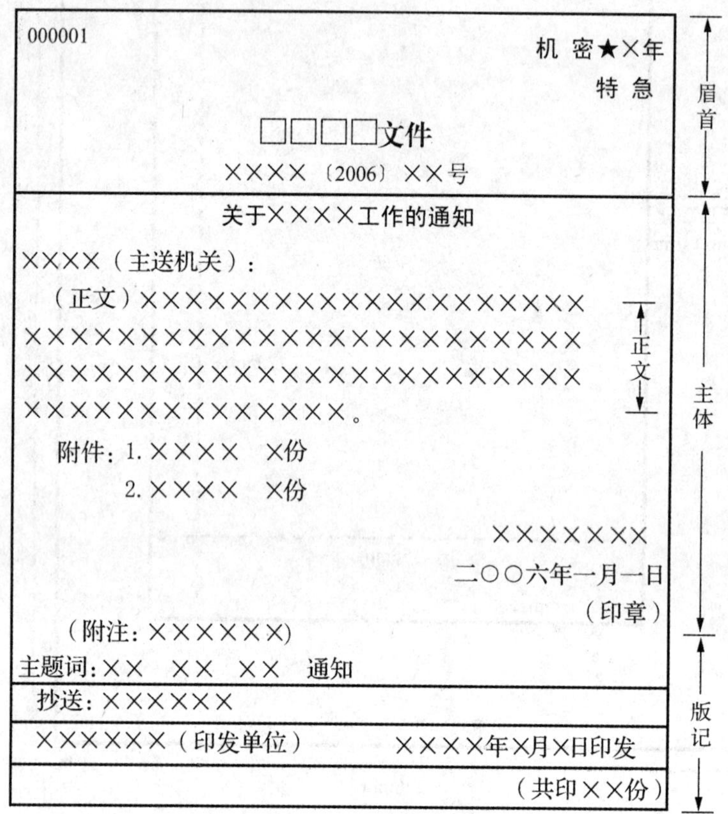

图 1-2　公文格式简图

1. 眉首（文头部分）

公文的眉首又称为版头、文头，包括文件名称、发文字号、签发人、紧急程度、秘密等级和份号等内容。位于公文首页 1/3 或 2/5 处。

(1) 公文份数序号（简称份号或编号）。标注方法为用阿拉伯数字顶格

标识在版心左上角第1行,编码不得少于两位数,如:01、001。

(2) 秘密等级(简称秘级)和保密期限。秘密等级包括秘密、机密、绝密三级。秘密等级和保密期限,用3号黑体字,顶格标识在版心右上角第一行,两者之间用“★”隔开。标注方法如:“秘密★10年”。

(3) 紧急程度(简称急度)。紧急公文分别标明“特急”、“急件”,用3号黑体字,顶格标识在版心右上角第一行,两字之间空1字。紧急电报分别标明“特提”、“特急”、“加急”、“平急”。

(4) 发文机关标识(文件名)。文件名由发文机关全称或规范化简称后面加“文件”组成,如“国务院办公厅文件”、“××省人民政府文件”。

(5) 发文字号(简称文号)。发文字号由发文机关代字、年份和序号组成,如“国发〔2006〕1号”。年份、序号用阿拉伯数字标识,用六角括号“〔〕”括入,序号不编虚位(即1不编为001),不加“第”字。几个机关联合行文,只标明主办机关发文字号。

(6) 签发人。签发人是批准发出公文的机关领导人。上报的公文需标识签发人姓名,平行排列于发文字号右侧,发文字号居左空1字,签发人姓名居右空1字。

以上各部分(包括下横线)均用红色字体,称为套红(俗称“红头文件”),以示庄重、正式。

2. 主体(主文部分)

主体部分主要包括:

(1) 公文标题。公文标题位于红色反线下空2行,可分一行或多行居中排布。

(2) 主送机关。主送机关即负责处理、执行公文的机关,要使用全称、规范化简称或同类型机关的统称,位于公文标题下空1行,左起顶格书写,如:“各省、自治区、直辖市人民政府,国务院各部委、各直属机构:”。

(3) 正文。正文是公文的核心部分,位于主送机关下一行,另起一段空两格书写,包括缘由、事项、结语三部分。段落层次的序数,第一层为“一、”,第二层为“(一)”,第三层为“1.”,第四层为“(1)”。

(4) 附件说明。公文如有附件,应在公文正文下空一行左空2字标识“附件”两字,后标全角冒号和附件名称。

(5) 成文日期。成文日期以发文机关的负责人签发的日期为准,联合行文以最后签发机关负责人签发日期为准,电报以发出日期为准。成文日期应用汉字将年、月、日标全,“零”应写为“○”,如“二○○六年一月一日”。

(6) 印章。印章即公文最后生效标识。公文除会议纪要和印制有特定版头的普发性公文外，应当加盖印章。联合上报的公文，由主办机关加盖印章；联合下发的公文，联合发文机关都应加盖印章。

(7) 附注。附注主要用于说明公文的传达范围、说明有关引文出处、解释有关名词术语等内容，居左空 2 字加圆括号标识在成文日期下一行。《办法》规定，"请示"应当注明联系人的姓名和电话。

3. 版记（文尾部分）

这个部分主要包括：

(1) 主题词。主题词是经过规范化处理用来标引公文主题内容的词语，其作用在于方便于电脑存储和检索文件。主题词位于在抄送机关上方，"主题词"三字用黑体字居左顶格标识，后加全角冒号，词目之间空1字。

主题词标引根据《国务院公文主题词表》（国务院办公厅秘书局 1997 年 7 月修订）。公文主题词一般不超过 5 个。标引的顺序是：类别词＋类属词＋文种。如《国务院关于加强农业水土保持工作的通知》的主题词标引为："主题词：农业 水土保持 通知"。在主题词下有一根下横线与抄送机关分开。

(2) 抄送机关。抄送机关是主送机关之外需要执行或知晓公文的其他机关。公文如有抄送，在主题词下一行；抄送机关间用逗号隔开，回行时与冒号后的抄送机关对齐；在最后一个抄送机关后标句号，如："抄送机关：省委各部门，省人大常委会办公厅，省政协办公厅，省法院，省检察院，济南军区，省军区。"在抄送机关下有一根下横线与印发机关分开。

(3) 印发机关和印发日期。位于"抄送机关"之下（无抄送机关时在主题词之下），占 1 行位置。印发日期以公文付印的日期为准，用阿拉伯数字标识。

三、公文的行文规则

公文只有准确、快捷地传递给受文者才能产生效用。为此，必须有效地掌握公文的传递过程，保证其方向正确，速度合理，抑制无价值的公文产生，阻止公文进入不必要的"旅行过程"。因此，《办法》明确规定了公文的行为规则。概括而言，有以下几点：

1. 必须按照机关间的工作关系行文

处于领导、指挥地位的上级机关，可以向被领导、被指挥的下级机关主送指导、指挥、询问、规定性的下行文，如命令、决定、通报、通知、批复等。处

于被领导、被指挥地位的下级机关只能向上级机关主送陈述呈请性的上行文,如请示和报告。有平行关系和相互没有隶属关系的单位之间只能相互主送商洽性、知照性的平行文,如函。

2. 选择适当的行文方式,不能越级行文

处于同一组织系统和专业系统的机关行文时,必须尊重该系统的结构层次划分,如无特殊情况,均应按照这一结构层次上传下达或只对直属上下级机关行文,即要逐级行文。应尽量避免频繁的越级行文。

越级行文时,应同时向被越机关抄送文件。

3. 正确区分主送与抄送对象,严格控制抄送范围

公文的传递有主次之分。主要方向即为主送单位,次要方向为抄送单位。为保证公文的效率,必须正确区分主送与抄送对象。为减少无用信息的干扰,还要严格控制抄送范围。

受双重领导的单位,向上级请示问题时,应写明主报单位和抄报单位,而不能同时出现两个以上的主报单位,以免无人受理。

4. 坚持党政公文分开

这包括以下几点:

(1) 不能以行政组织的名义向党组织发布指示、命令,除特殊情况外,也不能直接向其报告工作,请求指示。

(2) 行政组织的党组不是一级的党委会,在日常工作中只对批准其成立的上级党委负责,因此,只能以党组的名义向上级党委行文,汇报工作,请求指示。

(3) 党的组织不向行政组织请示或报告,除特殊情况外,也不直接向行政组织下达命令或指示;一般应向行政组织中的党委或党组行文解决问题。

(4) 要尽量避免不必要的党政联合行文,党的组织不干预具体的行政事务。

5. 联合行文时,作者必须是同级关系

为保证公文的权威性,在两个或两个以上的机关联合制发公文时,这些机关应处于同级关系。

6. 行文前就有关问题协商一致

为保证政令的统一,制订下行文时,如公文内容涉及其他机关或部门的职权或业务范围,必须就其中的有关问题协商一致,否则一律不得按本机关的意见向下行文。

知识岛

公文的历史沿革

一、公文的产生

根据考古发现和大量的文献资料证实，公文是人类建造的文章大花园中最早栽下、最先绽开的一丛鲜花。

从1898年起，我国考古工作者在河南安阳小屯殷墟遗址等地陆续出土大量刻有文字的甲骨，到目前为止，数量已逾十万片。这就是在中国文化史上占据重要地位的“甲骨文”。据学者考证，甲骨文主要是用来占卜的。甲骨文是埋在地下的殷代王室的档案，大部分都是公务文书。

商周时代盛行的在青铜器上铸刻文字，就是我们常与甲骨文并称的“钟鼎文”。钟鼎文有的用来记载统治者的制度法令，有的记载统治者的文德武功，还有的记载贵族之间的商务活动，多数属于公文的范畴。我国最早的文章总集《尚书》，所收录的文章多数也是公文。《尚书》中的文章，分为6种体式：典、谟、训、诰、誓、命。其中，“典”用于记述典章制度，“谟”是议政的策论，“训”是进行教诲开导的论说文，“诰”是进行训诫的文告，“誓”是军队出征的誓词，“命”是君主的命令和诏书。这些文体，跟现代的命令、决定、决议，公告、通告、通报、报告等，都有一些近似之处。从以上介绍可见，在文字的早创时期，公文就已经产生了。

二、公文的发展

到了秦代，公文从文类到体式都得以充分的发展。秦始皇在李斯辅佐下，建立了第一代中央集权制的国家政权，统一了文字和度量衡，实行“车同轨、书同文”的措施。李斯等人为了提高公文的办事效率和可靠程度，还制订了现在仍在沿用的“抬头”、“用印”等制度，还标志着公文在当时已经相当成熟。

汉代的公文体式主要有书、议、策、论、疏、诏、制、敕、章、奏、表等，其中，皇帝对臣下使用的文体主要是诏、制、策，臣下对皇上则主要用章、奏、表、议等，已有了大致固定的下行文和上行文的区别。同时，在表达和结构上，也有了一些相对固定的格式。尤其值得一提的是，当时的公文还产生了一些流传后世的名篇，如贾谊的《陈政事疏》、《论积贮疏》，晁错的《论贵粟疏》，司马相如的《上书谏》等。

汉以后的魏晋南北朝时期，公文无论是从写作实践还是从理论上看，都

有明显的发展进步。主要代表人物首推曹操和曹丕。曹操亲自己动手写过不少公文,代表作有《求贤令》、《求逸才令》、《慎行令》、《修学令》、《请增封荀表》等。曹丕则不仅亲自撰写公文,还撰写了有关公文写作的理论专著《典论·论文》。他说文章是"经国之大业,不朽之盛事",应该主要是指公文而言。他把文章体式分为"四科八体",并指出它们各自的特点:"奏议宜雅,书论宜理,铭诔尚实,诗赋欲丽"。其中的奏、议、书、论、铭、诔都是应用文,多数都可作为公文体式,只有后两种是文学作品的体裁。

唐宋时代更是中国古代公文走向成熟的时期。魏徵(征)的《谏太宗十思疏》、《十渐不克终疏》,陆贽的《奉天请罢琼林二库状》、《论两税之弊须有厘革》,范仲淹的《答手诏条陈十事》等,都是脍炙人口的佳作。出于八大家之手的名篇则更多:韩愈的《论佛骨表》,柳宗元的《上枢密韩太尉书》,欧阳修的《朋党论》、《与高司谏书》,王安石的《上仁宗皇帝言事书》,苏轼的《为政之宽严》、《乞校正陆贽奏议进御札子》等,不胜枚举。

元明时期,在应用文研究方面渐趋深入,明代吴纳的《文章辨体》,徐师曾的《文体明辨》,清代姚鼐《古文辞类纂》,刘熙载的《艺概·文概》等,都是影响广泛的学术专著,其中对公文的各种体式论之甚详。

辛亥革命以后,南京临时政府于1912年颁布了第一个现代公文程式条例。中国共产党成立后,也很快有了自己的公文体式,瞿秋白还于1931年起草了《文件处理办法》。1942年,陕甘宁边区政府发布了《新公文程式》。建国后,政务院于1951年就发布了《公文处理暂行办法》,以后多次修改,国务院于2000年8月24日又发布了《国家行政机关公文处理办法》,自2001年1月1日起施行。1993年11月21日国务院办公厅发布、1994年1月1日施行的《国家行政机关公文下理办法》同时废止。

延伸阅读

当前公文行文关系存在的主要问题

在行文过程中由于没有正确处理行文关系,公文使用还存在着种种问题,主要表现在以下几个方面:

(一) 党政不分

长期以来,党政不分、以党代政的结果,使很多人头脑中残存着党委公文比行政公文更重要的旧观念,因而造成了制发公文上的党政不分。具体表现在:

(1) 纯属行政主抓的工作错误地由党委包揽行文。

(2) 党的机关公文主送行政部门单位。

(3) 行政机关公文主送党组织。

(4) 非党政机关联合行文而党政混杂一并主送。

在一些基层单位和业务部门,任免干部党政不分的现象尤为严重。如某县级单位党委发出的公文《××党委关于对交通科〈……事故的处理意见〉的批复》就是犯了党政不分的毛病。从公文内容来看,属责任事故,责任人受政纪处分,不宜党委行文;而从行文关系来说,党委对行政科室直接行文也不妥。

(二) 随意请报

"请报"是指以机关名义向上级报送"请示"、"意见"和"报告"。随意请报主要有主送个人、多头主送和越级上报3种情况。

1. 主送个人

(1) 贪图方便。即为了走捷径,自觉不自觉地主送给上级机关负责人。如:"×书记"、"×市长"、"×局长"等。

(2) 多此一举。即主送上级机关的同时,不必要地主送给上级负责人,造成既对组织又对个人的情况。如:"××党委并×书记"、"×政府并××长"等。

(3) 瞒天过海。即报请的问题在有关主管部门那里难以过关,而采取"挟天子以令诸侯"之策,直接上请领导让其签字表态,迫使主管部门"开绿灯"。

2. 多头主送

(1) 一并主送给上级党、政机关。如:"省委、省政府"、"市委、市政府"等。

(2) 一并主送给有双重领导关系的两个上级机关。如:"县委并市纪委"、"市政府并省××局"等。

(3) 一并主送给上一级机关和更上一级机关。如:"县政府并市政府"、"市委并报省委"等。

(4) 一并主送给上级机关和若干个上级机关所属部门。如:"××党委并组织部"、"市政府、市××委、市××局"等。

3. 越级上报

(1) 在正常情况下(非紧急情况,非更上一级交办并指定越级上报的事项等),将公文越过直接上级机关上报。

(2) 要求解决具体问题，不按部门职权范围报主管部门处理而直接行文呈报上级机关。

(3) 违反《条例》关于“党委各部门应当向本级党委请示问题”的规定，未经本级党委同意或授权，越过本级党委向上级党委主管部门请示重大问题。

(三) 乱抄滥送

(1) 不分有无关系、有无必要，随意抄送上下左右诸多机关、部门和单位。

(2)“请示”同时抄送下级机关。

(3) 把向下级机关制发的一般性公文，无必要地抄送上级机关。

(4) 对受文单位领导一一抄送。

(四) 违规行文

1. 包揽部门行文

即为抬高“文价”，明明属于主管部门职权范围内可以解决的业务性甚至是事务工作，也要由党(或行政)机关或其办公部门行文。

2. 错误联合行文

这主要表现在非同级机关或部门联合行文。

3. 超越职权行文

某些部门对下一级党政机关发出指示性公文时有发生。

——摘自栾照钧，《公文病例矫正指南》(中国时代经济出版社)。

实训活动

一、选择题(至少一个是正确的)

1. 公文具有(　　)特点。

A. 策令性　　B. 程式性　　C. 作者、读者专任性

D. 庄重性　　E. 规范性

2. 2000年国务院颁布的《国家行政机关处理办法》中，法定公文种类有(　　)。

A. 12类13种　B. 13类13种　C. 13类14种　D. 14类14种

3. 下列属于上行文文种的有(　　)。

A. 请示　　B. 报告　　C. 通报

D. 决定　　E. 函

4. 公文作用有(　　)。

A. 领导和指导作用　　B. 法规约束作用
C. 知照联系作用　　D. 依据和凭证作用
E. 宣传和教育作用

5. 公文的策令性是指公文的(　　)。
A. 说服力、感染力、权威性　　B. 感染力、强制性、约束力
C. 权威性、强制性、约束力　　D. 强制性、感染性、说服力

6. 公文的专任性是指(　　)。
A. 公文写作方式、语言的专任　　B. 公文写作格式、语言的专任
C. 公文写作格式、作者的专任　　D. 公文作者、读者的专任

7. 公文体式的构成要素有(　　)。
A. 眉首部分　　B. 主体部分
C. 版记部分　　D. 中间部分

8. 下列公文发文字号书写正确的是(　　)。
A. 国办字〔2008〕10 号　　B. 国办字〔08〕10 号
C. 国办发〔2008〕10 号　　D. 国办发〔08〕10 号

9. 公文的秘密等级可分为(　　)。
A. 绝密　　B. 机密
C. 秘密　　D. 普通

10. 公文标题构成的 3 个基本要素是(　　)。
A. 发文机关名称　　B. 发文事由
C. 公文种类　　D. 时限

11. 公文中的附注主要用于(　　)。
A. 说明文件的传达范围　　B. 规定使用方法
C. 解释名词术语　　D. 对文件内容起补充和说明

12. 文件的成文日期,指(　　)。
A. 绝密文件印制的日期　　B. 文件的拟稿日期
C. 文件发出日期　　D. 领导人签署的日期

13. 抄送机关指(　　)。
A. 收文机关　　B. 办理或答复收文的机关
C. 需要了解收文内容的机关　　D. 必须送达的机关

14. 公文的成文时间,正确的写法是(　　)。
A. 2010 年 5 月 16 日　　B. 二〇一〇年五月十六日
C. 2010. 5. 16　　D. 一〇年五月十六日

二、判断题

1. 公文的作者是机关领导人。(　　)
2. 公文的作者是秘书写作班子。(　　)
3. 公文生效的标志是机关领导的签字。(　　)
4. 公文的版心尺寸为 210mm×297mm。(　　)
5. 公文的左侧为切口,右侧为订口。(　　)
6. 红色反线以上的部分是版记,反线以下至主题词以上部分是主体。(　　)
7. 紧急电报的紧急程度可分为“特提”、“特急”、“加急”和“平急”。(　　)
8. 党政机关可以联合行文。(　　)

第二节　命令(令) 决定

一、命令(令)

例文·点评

中华人民共和国主席令　　标题

第十八号　　发文字号

《中华人民共和国主席令》已由中华人民共和国第十届全国人民代表大会常务委员会第十一次会议于 2004 年 8 月 28 日通过,现予公布,自 2005 年 4 月 1 日起施行。　　正文

中华人民共和国主席　胡锦涛　　落款

二〇〇四年八月二十八日　　成文日期

【点评】这是一篇公布令。标题为省略式“发文机关+文种”,命令的标题多为此种。正文仅一句话,写明发文事由。后有签署和日期。格式规范,行文简朴、庄重。

知识归纳

(一) 命令(令)概述

1. 概念

命令(令)是国家权力机关、行政机关、军事机关及其负责人颁布的,具有强制性执行性质的领导性、指挥性的下行公文。

2. 特点

命令(令)具有重要性、权威性和强制性。

3. 适用范围

命令(令)适用于依照有关法律公布行政法规和规章;宣布实行重大强制性行政措施;嘉奖有关单位及人员。

令概括了一切特殊专令,如主席令、委员长令等,内容比较单一,用法比较固定。

4. 种类

命令(令)的种类包括发布令、行政措施令、任免令、嘉奖令,以及特赦令、戒严令、动员令、通缉令等。

(二) 命令(令)的格式

命令(令)由标题、发文字号、正文、落款组成,且使用命令格式。

1. 标题

一般有两种形式:

(1) 全项式。由发文机关、事由和文种构成,如《中华人民共和国关于发行新版人民币的命令》。

(2) 省略式。由发文机关和文种构成,如《中华人民共和国主席令》;或由发布内容和文种构成,如《向全国进军的命令》。

2. 发文字号

有两种形式:

(1) 文件式。即由机关代字、年份、序号构成,如“国发〔2006〕3 号”。

(2) 序号式。如“第 387 号”。

3. 正文

不同命令(令)其正文的写法有所不同:

(1) 发布令。正文包括 3 项内容:发布内容,即行政法规或规章的名称;发布行政法规、规章的依据;施行日期。

(2) 行政令。用来宣布施行重大强制性行政措施,包括戒严令、特赦令、

动员令等。正文包括3项内容:发布命令的原因、目的、依据;内容要求;执行办法。

(3) 嘉奖令。用于嘉奖有突出成就和重大贡献的单位及人员。正文一般包括:嘉奖对象情况、嘉奖决定、嘉奖的目的与希望。

(4) 任免令。用于任免国家高级干部和其他重要工作人员,如国务院总理、各部部长、各委员会主任、驻外国全权代表等。包括任免依据和任免事项两项内容。

4. 落款

一般由发令机关(或发令者职务和姓名)、成文时间构成。发令机关要加盖公章,若成文时间已经在标题之下,这里可不再写。

(三) 命令(令)的写作要求

(1) 注意其适用范围。根据《中华人民共和国宪法》和《地方各级人民代表大会组织法》规定:中国人大常委会委员长、中华人民共和国主席、国务院总理、各部部长、各委员会主任可以发布命令。其他机关(包括党的组织)不得使用。在处理重大紧急事务时,如救灾抢险,地方县以上领导机关及其主要负责人偶尔可以使用。

(2) 其作者有限定性。命令(令)是国家权力机关、行政机关、军事机关及其负责人颁布的。

(3) 任免令仅限于任免部长级以上的官员,一般官员不用命令任免;嘉奖令仅限于嘉奖具有重大影响的人或事,普通表彰不用令。

(4) 其文辞庄重、准确,结构严谨、平实。

实训活动

2008年北京奥运会上,我国运动员取得了优异成绩。其中广东省籍的运动员共获5金4银2铜,位列金牌贡献榜的第三位。尤其是广东籍的举重运动员陈燮霞不畏强敌,为中国体育代表团夺取了本届奥运会的第一块金牌。根据相关内容,请你以广东省人民政府的名义,写一份嘉奖令,为在北京奥运会上获得优异成绩的所有运动员进行通令嘉奖。

延伸阅读

“命令”的由来

“命令”在我国是一种很古老的文种。“命”这个名称最早出现在《尧典·

说命篇》中的“王言惟作命”句；“令”这个名称最早出现在《尚书·同命篇》中的“发号施令”句。

在夏、商、周三代，属于“命”这一文种的还有“誓”、“诰”等。“誓”用来训诫军队，“诰”用来发布命令。到了战国时代，以上几种又并称为“命”。秦统一天下后，把“命”改为“制”。西汉初年，又把“命”分为四类：策书、制书、诏书、戒敕。策是用来封王封侯的，制是用来发布赦令的，诏是用来告诫百官的，敕是用来告诫州郡的。以后历代统治者凡是表示国家最高机关意思的文书，大都用制、诏、策、旨、谕等名称，不再用命令。这些文书名称，辛亥革命后均废止不用，而用集、令代行之。

中华人民共和国成立之后，沿用了命令、令这种名称。1951 年 9 月中央人民政府政务院颁布的《公文处理暂行办法》中，定名为命令；1957 年 10 月《国务院办公厅关于对公文名称和体式问题的几点意见(稿)》和 1981 年 2 月国务院办公厅发布的《国家行政机关公文处理暂行办法》中，改为命令、令；1987 年 2 月国务院办公厅发布的《国家行政机关公文处理办法》中，正式定为命令(令)；后沿用至今。

二、决定

例文·点评

省略式标题

关于表彰我省第二届优秀民营企业和优秀民营企业家的决定

主送机关

各地级以上市人民政府，各县(市、区)人民政府，省政府各部门、各直属机构：

正文

中共广东省委、广东省人民政府《关于加快民营经济发展的决定》(粤发〔2003〕4 号)出台以来，我省民营经济快速发展，成为全省经济的重要组成部分，涌现出一批创新能力强、管理水平高、企业信用好、社会贡献大的优秀民营企业和勤奋创业、诚信守法、与时俱进、真诚奉献的优秀民营企业家。为表彰先进，省人民政府决定，对美的集团有限公司等 60 家优秀民营企业和黄华明等 40 名优秀民营企业家予以表彰。

受表彰的企业和企业家要再接再厉，抓住机遇，迎接挑战，加快自主创新步伐，创造和谐企业文化，为实现全省加快发展、率先发展、全面协调可持续发展作出新的贡献。各地、各有关部门要继续鼓励、支持和引导民营经济加快发展，共同促进我省民营经济发展迈上新台阶。

附件:广东省第二届优秀民营企业和优秀民营企业家名单

广东省人民政府(印章)　　落款

二〇〇六年一月二十七日　　日期

【点评】这是一篇表彰性决定。标题省去了发文单位,正文主体先概述民营企业的发展状况和优秀企业、企业家的良好表现,因表彰的对象是众多的先进集体和个人,只能概说,不能分说,并把对他们的评价融进去,接着,用一句话写出对他们"表扬"的决定,最后,对受表彰单位、个人以及政府的有关部门提出希望。层次清晰,主题明确,语言简洁凝练,是一篇规范的例文。

知识归纳

(一) 决定概述

1. 概念

决定是对重要事项或者重大行动做出安排,奖惩有关单位及人员,变更或者撤销下级机关不适当的决定事项的公文。

2. 特点

决定具有指令性、具体性和广泛性。

3. 种类

包括 4 种:重要事项决定、重大行动安排决定、法规决定和奖惩决定。

(二) 决定的格式与写法

决定一般由标题、主送机关、正文、落款四部分构成,也可采用无主送机关形式,仅由标题、题注、正文构成。

1. 标题

一般由发文机关、事由、文种构成,如《××市人民政府关于表彰 2008 年度维护稳定及社会治安综合治理工作先进单位、先进工作者的决定》。

2. 主送机关

决定一般要写主送机关,但如果制发对象很明确,可省略主送机关。

3. 正文

(1) 开头。简要说明发文缘由、根据、目的,通常用"特做出如下决定"或"特决定如下"过渡下文。

(2) 主体。具体说明决定的事项。内容较多的,可采用条文式写法。

(3) 结尾。提出执行的要求,发出号召或说明有关事项。

4. 落款

落款由成文时间和发文机关,加盖印章构成。会议通过的决定,时间通常采用题注形式,直接标注在标题之下,用圆括号括入。

病例评析

××市人大常委会关于在城区禁止燃放烟花爆竹的决定

(20××年12月28日××市第十一届人大常委会
第十四次会议通过)

××市第十一届人大常委会第十四次会议听取审议了市人民政府关于在城市城区禁止燃放烟花爆竹议案办理情况的报告,对此做出如下决定:

一、禁止燃放烟花爆竹,对于移风易俗,减少环境污染,防止火灾和人身伤害事故,维护社会秩序,建设现代化文明城市,具有重要作用。禁放工作是利国利民之举,势在必行。

二、自20××年1月31日起,城区所有党政军机关、社会团体和企事业单位不得燃放烟花爆竹;20××年4月1日起,城区范围内一律禁放烟花爆竹。但是,经市政府批准的举行重大庆祝活动所燃放的烟花焰火除外。

三、市人民政府要根据本决定制订具体实施办法,认真组织实施。全市各级党政机关、社会团体和企事业单位,要坚决执行本决定,为人民群众做出表率。公安、工商行政管理、城市管理、环境保护及新闻等部门要齐抓共管,真正负起责任。广大市民要响应号召,移风易俗,自觉遵守有关规定,保证城区禁放烟花爆竹工作的顺利进行。

【评析】这是一份政策性决定。主要问题是:第一,结构不合理。发文缘由是人大常委会听取审议了市人民政府的报告,接下来的3条是因为这个原由而作出的具体指示事项。但第一条讲的是禁止燃放烟花爆竹的益处、作用,称不上是决定的事项。第二,内容不合逻辑。第二条是基本的指示事项,但前后矛盾,如前面说"一律禁放",后面紧接着说"除……外"。显然发文机关的本义不是"禁止"而是"限制",或说"禁止随便燃放"。同时文中对"烟花爆竹"和"烟花焰火"两个概念没有分清楚。

知识岛

命令与决定的区别

(1) 制文级别不同。命令的发布机关级别高,一般县级以上的机关才能

发布，是具有最高权威的下行文。而决定的发布机关极为广泛，企事业单位、群众团体和基层单位都可做出决定。

(2) 制约性强弱不同。命令的制约性强，正所谓“军令如山”，理解要执行，不理解也要执行。决定的制约性不如命令，它对于上级作出的决定当然也要执行，但不理解的地方可请求上级解释，有特殊的情况可向上级请示。

(3) 适用的范围不同。命令和决定虽然都可用来发布重要行政措施，安排重要行动，奖惩有关人员，撤销下级不当的决定，但命令可以用来发布行政法规和规章，而决定则不具备这一功能。

实训活动

一、判断题

1. 命令适用于依照有关法律公布行政法规和规章。(　　)
2. 命令适用于依照有关法律宣布和施行重大强制性行政措施。(　　)
3. 命令的核心使命是上级要求下级做什么下级必须做什么。(　　)
4. 决定适用于对重要事项或者重大行动做出安排。(　　)
5. 决定适用于奖惩有关单位及人员。(　　)
6. 任何级别机关都可使用“命令”和“决定”文种。(　　)

二、阅读下面一份决定，指出其错误，并加以修改

关于处理××的决定

×××，男，21岁，进校两年来，不遵守学校规章制度，经常旷课，学习不认真，曾多次补考，学校多次批评、教育他，他始终置若罔闻。今年期末考试又作弊并被监考教师当场抓获，为此，决定给予×××留校察看一年的处分。

知识岛

决定与决议的区别

(1) 产生过程不同。决议须由有关法定会议正式表决通过方能成文，并以会议名义发布。

决定既可在会议通过后由权力机关发布，亦可由领导机关直接制订

发布。

(2) 行文用语不同。决议常用“会议认为”、“会议号召”、“会议指出”等领起下文。

决定常用“为此，特作以下决定”带出决定事项。

第三节　公告　通告

一、公告

例文·点评

* 例文一

标题：发文机关十文种

中国人民银行公告

发文字号

2002 年第 8 号

前言：交代发文目的

中国人民银行定于 2002 年 4 月 26 号发行 2002 年观音幻彩纪念金币一枚。该币为中华人民共和国法定货币。

一、纪念金币图案

(一) 正面图案

该纪念金币正面图案为普陀山朝圣门，并刊国名、年号。

主体：分述具体事项

(二) 背面图案

该纪念金币背面图案为幻彩背景的送子观音图，并刊面额。

二、纪念金币规格和发行量

该纪念金币为精制币，含纯金 1/10 盎司，形状为圆形，直径 18 毫米，面额 50 元，成色 99.9%，发行量 33 000 枚。

三、该纪念币由瑞士 PAMP S. A. 铸造，中国金币总公司总经销。

落款

中国人民银行(印章)

成文日期

二〇〇二年四月十七日

【点评】这是一篇知照性公告。内容明晰，层次井然。语言简约、周密。

* **例文二**

全国人民代表大会公告

第二号

第十届全国人民代表大会第一次会议于2003年3月15日选举：

胡锦涛为中华人民共和国主席

曾庆红为中华人民共和国副主席

现予公告。

中华人民共和国第十届全国人民代表大会第一次会议主席团

二〇〇三年三月十五日于北京

【点评】这是一则国家事项类的公告，写明了公告的具体内容，文字简明、准确，格式规范。

知识归纳

(一) 公告概述

1. 概念

公告是一种适合于向国内外宣布重要事项或者法定事项的公文，属于公开宣布的知照性下行文。

2. 特点

公告具有发布内容重要、发文机关级别高、发布范围广泛、发布形式独特等特点。

3. 种类

公告按照性质、内容和发文机关的不同，可分为国家事项公告和司法公告。

国家事项公告，主要宣布关系国家、经济、军事等方面的重要事项。司法公告，则是由司法机关依照法律的有关规定发布重要事项时使用的公告。

按照《中华人民共和国诉讼法(试行)》规定，人民法院送交诉讼文书，无法送达本人或代书人时，可以发布公告送达；法院强制迁出房屋或强制退还土地，要发布公告，通知被执行者限期履行；法院公开审理有关案件时，要事先发布公告，说明当事人姓名、案由和开庭时间、地点等。

（二）公告的格式

公告一般由标题、编号、正文、落款构成。

1. 标题

(1) 全项式标题，由发文机关名称、事由、文种构成，如《中国人民银行关于调整储蓄利率的公告》。

(2) 由发文机关和文种构成，如《中华人民共和国外交部公告》。

(3) 只写文种，如《公告》。

2. 编号

公告单独编号的通常用“第×号”或“××××年第×号”标于标题正下方，外加圆括号。还有些公告的编号用标准的发文字号。

3. 正文

(1) 缘由，简明扼要写明发布公告事项的依据或缘由。

(2) 事项，写明发布公告事项的内容。

(3) 结语，常用“特此公告”、“现予公告”等规范化的语言。

4. 落款

正文的右下方标注发文机关加盖印章和成文时间。登报或张贴的公告可略去编号，成文时间也可写在标题下面。

病例评析

“人间得晚晴，情系×××”
大型健康知识讲座公告

老年朋友：

您们好！

×××集团是国家医药行业的重点骨干企业，主要从事医药实业投资开发和医药产品的制造、销售和技术咨询服务。公司生产的植物药××牌普乐安片（前列腺疾病治疗药）、××牌银杏叶片（心脑血管疾病治疗药）因其独特的疗效、优秀的品质自上市以来就得到了广大医务工作者和老年患者的接受和好评。

为了感谢广大老年朋友对×××集团的支持和厚爱，在新世纪重阳节到来之际，我公司特举办“人间重晚晴，情系×××”大型健康知识讲座，在讲座同时安排重阳电影招待会，欢迎各位老年朋友参加。请各位老年朋友参加。

请各位老年朋友于10月22、23日携带本人身份证到剧院售票处领取入

场券。具体安排如下：

讲座内容：心脑血管疾病预防与治疗

时间：2001年10月25日上午8:30—11:30

主讲人：心血管教授

电影：《留住心中的月亮》

地点：西北影城三楼大厅

【评析】这则公告，主要问题是：第一，文种不应用“公告”，根据内容，可以用通知、启事或海报等文体。第二，本文的单位是一般企业，发布“公告”属于越权行事。第三，称呼语“您们好”有误，应改为“您好”或“你们好”。第四，落款应署发文单位、日期。

实训活动

指出下则公告的不当之处，并加以修改。

××乡人民政府公告

（第3号）

各村委会：

煤炭资源是国有资源，不得乱开滥采。可是，近几个月来，乱开滥采煤炭的现象蔚然成风，为此，我乡人民政府再次重申，严禁乱开滥采煤炭。

特此公告

××乡人民政府(印章)

二○○×年×月×日

知识岛

“公告”的由来演变

公告在新中国成立之前，未被用作正式公文名称，只是在国民党统治时期的“杂体文”中出现过“公告”，而且与“通告”通用，二者的程式和用语也基本相同。

1951年9月，中央人民政府政务院颁布《公文处理暂行办法》，第一次将公告正式用作公文名称。公告与通告、布告同属于一类,但适用范围不同。《暂行办法》规定:对人民公布关于法令性的事项时用“布告”;重大事件需要宣告国内外周知时用“公告”;一般事件需要在一定范围内,对人民或机关、团体通告周知时用“通告”。

1981 年发布的《国家行政机关公文下理暂行办法》和 1987 年发布的《国家行政机关公文处理办法》都沿用了 1951 年的规定,1993 年的修订版去掉“布告”一种,留下公告、通告。《新办法》将“公告”与“通告”分开,各自成为独立文种。

二、通告

例文·点评

北京市人大常委会关于对《北京市信访条例(修订草案)》征求意见的通告

市人大常委会将在 5 月 25 日召开的第二十七次会议上,对《北京市信访条例(修订草案)》进行第一次审议。为了更加充分地听取各方面意见,提高立法质量,定于 2006 年 5 月 17 日至 5 月 23 日通过市人大常委会门户网站(http://www. bjrd. gov. cn),对《北京市信访条例(修订草案)》进行公示。请积极参与发表意见。

北京市人大常委会法制办公室(印章)
二〇〇六年五月十六日

【点评】这是一篇知照性通告,篇幅简短,但通告的缘由、目的、事项、要求等均清楚明白,结构完整,语言精练。

知识归纳

(一) 通告概述

1. 概念

通告是在一定范围内公布应当遵守或周知的事项的公文,属于公开发布的知照性下行公文。

2. 特点

(1) 内容具体,业务性强。通告的内容一般属于业务方面的问题,而且

多为局部的、具体的问题。

(2) 发文机关广泛。任何级别的党政机关、企事业单位、人民团体等社会组织都可以发布通告。

(3) 发布范围有限。通告只适用于一定范围公布，让一定范围的相关人员周知。

(4) 发布方式特殊。通告一般不用文件的形式发布，而是以登报或张贴的形式发布。

3. 种类

(1) 知照性通告。是指告知一些应当知道或需要遵守的简单事项通告，如《中华人民共和国公安部关于在全国实施居民身份证使用和查验制度的通告》。

(2) 办理性通告。是指办理一些例行事项的通告，如注册、登记、年检等。

(3) 行止性通告。是指公布一些令行禁止类事项的通告，如查禁淫秽书画、收缴非法枪支、加强交通管理、查出违禁物品等。

(二) 通告的写法

通告的结构一般由标题、发文字号、正文、落款构成，通常省略主送机关。

(1) 标题。可以是全项的，即发文单位、事由和文种，如《公安部关于清理收缴枪支的通告》；也可以省去事由，由发文单位和文种组成，如《中华人民共和国公安部通告》。

(2) 发文字号。常用文件式编号，如“×政告〔2008〕13号”。

(3) 正文。有3个层次，即缘由、事项和结尾：第一，缘由，简明扼要地写明发布通告的目的、意义或依据；第二，事项，具体写明应当遵守或周知的事项，内容较多的一般分条款来写；第三，结尾，写执行通告事项的要求或发出号召。有的通告没有结尾，用“特此通告”结束全文。

(4) 署名和日期。最后要写上发文机关的全称，加盖公章，以及成文日期。

病例评析

关于加强市区犬类管理的通告

×府告〔2003〕5号

为了预防和控制狂犬病，保障人民群众人身安全，维护社会秩序，保证市区清洁卫生，根据创建省卫生城市的标准要求和《××省犬类管理规定》(×府〔1992〕111号)，经市政府研究，现就加强市区犬类管理工作通告如下：

一、从2002年12月19日起，严禁一切犬类在市区内大街小巷、公共场所走动，应依规办理有关手续后，在室内圈(拴)养。二、严格犬类的粪便管理，禁止犬类在室外拉粪便。三、犬类咬人致死、致伤，除责令立即捕杀外，犬主要按有关规定承担相关责任。四、要加强对饲养的管理，凡发现犬类上街、到公共场所走动或乱拉犬粪的，公安等有关部门应按有关规定没收该犬或对犬主予以处罚。

××市人民政府(印章)

二〇〇三年二月二十五日

【评析】这篇通告存在的问题有：第一，通篇没有分段，使通告层次不清楚、内容不突出。通告缘由和事项应分段，事项的各点内容应分段。第二，缘由部分“根据创建省卫生城市的标准要求”应明确交代是哪个机关提出的。第三，第一条中“严禁一切犬类在市区内大街小巷、公共场所走动”，“公共场所”已包括“大街小巷”，前后为从属关系，不能并列表述。第二条中“禁止犬类在室外拉粪便”，“室外”的概念过于宽泛，且与前述“犬类不得在公共场所活动”的规定不一致。

实训活动

一、根据下面提供内容，从备选答案中选择正确文种

A. 公告　　　B. 通告　　　C. 启事

1. 某市税务局公布征收2006个第二季度税款(　　)
2. 全国人大公布有关领导职务选举结果(　　)
3. 某市港船监督局因航道施工告知行船在一规定时间内航行注意事项(　　)
4. 某公海海域进行军事演习，告知各国行船、飞机绕道航行(　　)
5. 告知开张日期及优惠办法(　　)
6. 关于禁止乱砍滥伐、爱护山林的具体事项(　　)
7. 中国人民银行公布发行国库券的具体事项(　　)
8. 某商场告知地址搬迁(　　)
9. 某市建设银行告知发行某债券的事项(　　)
10. 某土地征用、告知搬迁山坟的具体事宜(　　)

二、根据下面提供的材料，拟写一份通告

××大学校门口的治安秩序很差，校门口经常有黑车拉客非法运载，卖羊肉串的、烤白薯的搞得烟雾熏天，有些小流氓还在门口寻衅闹事。为了整

顿校园治安环境，保障学校能开展正常的教学、科研工作，请你以××大学保卫处的名义，拟写一份关于整顿校门口治安秩序的通告。

知识岛

公告与通告的异同

《国家行政公文处理办法》明确规定，“公告”适用于向国内外宣布重要事项或者法定事项，“通告”适用于在一定范围内公布应当遵守或者周知的事项。从上述定义和实际运用的情况来看，公告和通告有两个共同的特点：一是它们都属于公开性文件，在有效的范围，了解其内容的人愈多愈好。二是在写法上要求篇幅简短，语言通俗易懂、质朴庄重。

当然，这两个文种的区别也是比较明显的：

第一，内容属性不同。公告用于“向国内外宣布重要事项或者法定事项”，兼有消息性和知照性的特点；与公告相比，通告的内容是“在一定范围内应当遵守或周知的事项”，具有鲜明的执行性、知照性。

第二，告启的范围不同。公告面向国内外的广大读者、听众，告启面广；通告的告启面则相对较窄，只是面向“一定范围内的”的有关单位和人员。

第三，使用权限不同。公告通常是党和国家高级领导机关宣布某些重大事项时才用，新华社、司法机关以及其他一些政府部门也可以根据授权使用公告。而通告则适用于各级行政机关和企事业单位。

第四节　通知　通报

一、通知

例文·点评

＊ 例文一

国务院办公厅关于印发
《省级政府耕地保护责任目标考核办法》的通知

各省、自治区、直辖市人民政府，国务院各部委、各直属机构：

《省级政府耕地保护责任目标考核办法》已经国务院同意，现印发给你们，请遵照执行。

附件：《省级政府耕地保护责任目标考核办法》

国务院办公厅（印章）
二〇〇五年十月二十八日

【点评】这是一则发布性通知。主送机关由主到次排列，同一级别用顿号隔开，不同级别用逗号隔开。正文主要交代发布文件名称和发布依据，后提出实行要求，全文简洁明了。

＊ **例文二**

××大学文件

校后〔2010〕10号

××大学关于对教师公寓（集体宿舍）租用情况进行清理检查的通知

近一阶段来，因为部分教职工租住教师公寓（集体宿舍）时间过长、变更使用性质、转租及超出租赁协议条款范围等原因，造成教师公寓（集体宿舍）房屋资源严重紧缺、流动周转率低下等情况，出现新职工申请教师公寓（或集体宿舍）等待周期长、急需安置的新进教师难以安排住宿等现象。为了加强对学校公有房屋资源的统一管理，防止学校资源流失，纠正不规范行为，合理解决新进教职工的住宿问题，经学校研究，决定对学校教师公寓（集体宿舍）进行全面清理检查。现将有关事项通知如下：

一、清理检查范围

化工××村、化工××村、梅花苑、梅陇×村内独立成套教师公寓、团结楼、××公寓。

二、清理检查内容

（具体内容略）

三、清理检查工作安排

本次清理检查分为自查、公示、举报、清查和处理五个阶段。

（具体内容略）

附件：1. 教师公寓（集体宿舍）清理检查工作小组通讯录
　　　2. 各单位教师公寓（集体宿舍）自查情况报告表
　　　3. 教师公寓（集体宿舍）检查情况报告表

××大学
二〇一〇年七月十二日

主题词：后勤 教师公寓 清理 检查 通知

内发：各学院、所，机关各部门，奉贤校区管委会，金山科技园管委会，后勤。

××大学校长办公室　　2010年7月12日

【点评】这是一则指示性通知。有文头、字号。标题为全项式，由发文单位名称、事由和文种构成。因为是校内普法性通知，因此没有主送单位。正文开篇说明了该通知的发文原因和意义，接着公布了清查范围、工作内容、阶段安排及相应处罚等，内容详细，可操作性极强。尾部标注了主题词、内发部门、制发单位和制发日期。格式完备，层次清晰，语言简练。

知识归纳

（一）通知概述

1. 概念

通知适用于批转下级机关相关的公文，转发上级机关和不相隶属机关的公文，传达要求下级机关办理和需要有关单位周知或者执行的事项，任免人员。

通知均以机关的名义发布。

2. 特点

(1) 使用范围广。通知是机关使用最频繁的公文文种，适用范围非常广泛，任何级别的党政机关、企事业单位都可使用，上至国家性重大事项，小至单位内部告知一般事项，都可用通知行文。

(2) 时限性强。通知传达信息、告知事项，或要求办理、遵照执行事项，都要在规定时间内完成，不容拖延。

(3) 可操作性强。无论告知事项、布置工作还是发布文件，通知都得明确处理问题的原则、要求及具体措施，让受文机关明确做什么、怎么做，达到什么样的要求，以利于贯彻执行。

(4) 行文方向不确定。通知一般用作下行文，具有指挥、指导下级部门工作的作用，但也可作为平行文，用在同级部门或不相隶属部门之间，主要起知照作用。

3. 种类

可分为会议通知、批转性通知、转发性通知、指示性通知、发布性通知、任免通知、一般事项通知等。

(二) 通知的格式

通知由标题、受文单位、正文、签署和日期几部分组成。

注意：正式行文的通知，其标题不能只用"通知"两字，与其他公文标题相比，通知的标题一般语句长、字数多，特别是发布、批转、转发性通知，标题要体现不同通知的性质，因此比较难定，要仔细推敲。

1. 标题

有两种写法：一种是发文机关、事由、文种三要素俱全，如《国务院关于严格控制农业生产资料价格的通知》；另一种是只有发文事由和文种两要素，如《关于春节放假的通知》。

2. 受文单位

即被通知对象或主送单位，一般是单位，也可是个人。

3. 正文

这是通知的主体，即通知的内容。有如下几种：

(1) 一般事项性通知，要在正文中写清什么事情，如何处理等；任免通知，要写任免与聘任人员的具体职务即可。

(2) 指示性通知，一般由三部分组成：发文的缘由（或目的）、通知的具体事项和执行要求。

(3) 批转、转发性通知，即对被批转、转发的公文所写的按语，有说明性按语、指示性按语、批示性按语3种。

(4) 发布性通知，包括发布文件的名称和发布意义、表明态度、提出实施要求等。

(5) 会议通知，主要包括会议目的、意义、会议名称、时间、地点、内容、参加人员、报到时间和地点、费用、准备材料和其他注意事项等，常用分条列项式写法。

4. 签署和日期

除发文机关的名称和日期外，还要加盖公章。

病例评析

××县水电局关于召开局系统2003年上半年生产会议的通知

××局办发字(2003)第18号

局属各单位：

为了及时总结我局系统半年来的生产情况，更好地完成和超额完成下半年生产任务，经2003年7月15日第19次局务会议研究决定，定于七月二十六日召开局系统上半年生产会议。现将会议有关事项通知于后：

(一) 参加会议人员：各单位主要负责人。

(二) 会议时间：七月二十六日一天。

(三) 会议地点：局本部会议室。

(四) 准备下列内容的材料：

1. 今年1～6月份生产进度数字及存在的主要问题。

2. 下半年生产进度安排意见及完成任务各项具体措施。

3. 安全生产情况及存在的主要问题和解决办法。

4. 职工思想状况及需要解决的主要问题。

局办公室

2003年7月16日

【评析】这则通知存在如下问题：第一，标题发文机关与落款不一致，落款要改为"××县水电局办公室"；第二，发文字号不规范，"字第"属多余，"()"应该为"〔 〕"；第三，语义表达不清、重复啰唆或前后矛盾；第四，落款日期形式不对，应该为小写汉字数字的时间表达方式。

实训活动

根据"评析"内容，将上述《通知》修改规范。

“通知”的由来演变

“通知”用作公文名称较晚。自秦汉到明清乃至北洋军阀政府统治期间，官府之间有事互相告知，或者上级机关告知下级机关，所使用的公文均无“通知”这一名称。1942年国民党政府为了消除公文体制上的混乱，在此前经过5次公文调理的基础上，作了新的变动，公布了新的《公文体式条例》。在这次变革中取消了原来的“咨”和“任命状”，增加了“通知”和“报告”，这是我国第一次将“通知”用作公文名称。

1949年，华北人民政府发布的《公文处理暂行办法(草案)》，把“通知”正式列为行政公文名称，其适用范围是：“对于特定事项特定机关人员，通知以必须知照之事项，用通知。”新中国成立后，1951年9月29日，政务院颁布的《公文处理暂行办法》中将“通知”列为独立文种，而是附在“通报”之后，但在实际工作中“通知”却广泛使用，但不够规范。为此，国务院秘书厅1957年11月所发的《关于对公文名称和体式问题的几点意见(稿)》和国务院办公厅1981年2月发布的《国家行政机关公文处理办法》以及1987年2月发布的《国家机关公文处理办法》都将“通知”列为主要文种，至今未变。

二、通报

* 例文一

××市食品酿造公司关于
××食品厂司机×××擅自开车到北戴河游玩的通报

公司所属各单位：

今年8月8日晚，××食品厂司机×××以磨合汽车为借口，擅自驾驶“630”食品防尘车并带上5人从××分厂去北戴河游玩。10日8点抵达北戴河，至12日夜间12点才返回公司。行程六百多公里。

×××的行为，违反组织纪律，错误实属严重。车队负责人在问题发生后未及时向公司汇报，这种做法也是错误的。为了严肃纪律，维护公司利益，同时教育×××本人，经公司研究决定：对司机×××予以通报批评，扣

发3个月奖金,并责令其上交全程所用汽油费。

望各单位接此通报后,组织员工们及时学习、讨论,从中吸取教训,把各项工作提高到一个新水平。

××市食品酿造公司

二〇〇五年八月十八日

【点评】这是一篇批评性通报。正文第一层次陈述了当事人的错误事实和经过;第二层次对当事人的错误行为进行了批评分析,同时做出了处理;第三层次对下属公司提出希望和要求。全文层次分明,语言明晰,分析评价精准,格式规范。

* 例文二

关于表彰全国城市园林绿化先进集体先进个人的通报

各省、自治区建设厅,直辖市、计划单列市园林局,新疆生产建设兵团建设局,解放军总后勤部营房部:

自2001年国务院召开全国城市绿化工作会议以来,全国城市园林绿化主管部门及广大园林绿化工作者,以邓小平理论和"三个代表"重要思想为指导,以科学发展观统领各项工作,在各地党委、政府的领导下,认真贯彻《国务院关于加强城市绿化建设的通知》(国发〔2001〕20号)精神,为促进城市园林绿化事业健康发展、城市生态环境建设作出了积极的贡献,涌现出了一批先进集体和先进个人。为总结经验,表彰先进,进一步调动全民参与城市园林绿化工作的积极性,我部决定授予北京市东城区园林局等104个单位"全国城市园林绿化先进集体"荣誉称号,授予牛有成等50名同志"全国园林绿化优秀市长"荣誉称号,授予郑贵云等10名同志"全国园林绿化十大标兵"荣誉称号,授予郝建国等220名同志"全国园林绿化先进工作者"荣誉称号。

希望受到表彰的先进集体和先进个人珍惜荣誉、发扬成绩、再接再厉,在城市园林绿化事业和社会主义现代化建设中发挥表率作用,取得新的成绩。希望各地城市园林绿化部门和广大园林绿化工作者以先进集体和先进个人为榜样,全面贯彻落实科学发展观,与时俱进,开拓创新,不断开创城市园林绿化事业新局面,为全面建设小康社会和构建社会主义和谐社会作出新的更大贡献。

附:全国城市园林绿化先进集体和先进个人名单

中华人民共和国建设部(印章)
二〇〇六年三月三十日

【点评】这是一篇表彰性通报。第一段概括出城市园林工作取得的成绩,并对表现突出的单位和个人提出表彰,最后提出希望和号召。全文结构层次清晰,结构严谨。

知识归纳

(一) 通报概述

1. 概念

通报是党政机关、企事业单位、学校、部队用来向所属单位或群众传达重要情况、表扬好人好事、批评错误的一种公文形式。

通报均以机关名义发布。

2. 通报的适用范围

通报适用于表彰先进,批评错误,传达重要精神或者情况。

3. 通报的特点

(1) 典型性。通报的材料必须是典型人物、事件或情况,且具有典型意义,而非一般性的人、事、情况。

(2) 教育性。无论是表彰性的,还是批评性的,抑或是传达性的,通报都不是就事论事而发的,而是要发掘其社会意义,达到对受众进行教育的目的。

(3) 真实性。通报中的材料必须是真实的,要求准确无误,不允许任何的弄虚作假,否则将失去正面教育意义,更无法达到教育的目的。

(4) 时效性。通报具有极强的时效性,写作时须抓紧第一有利时机,及时制发,才能达到教育、宣传的目的,取得良好的教育效果。

4. 通报与通告、通知的区别

(1) 受文对象不同。通告、通报的受文对象较广泛;通知的受文对象具体。

(2) 发文目的和要求程度不同。通告只需知晓或遵守;通报是以好的、坏的典型事例对人教育,多为精神或原则;通知要求执行,有约束力。

(3) 具体写法不同。通告、通知为要求,多祈使句;通报为写事,多叙述。

(二) 通报的写法

通报由标题、正文、发文单位和日期组成。

(1) 标题。由发文单位、事由和文种三要素组成。

(2) 正文。有直述式和转述式。

如果通报内容来源于第一手材料,宜采用直述式,内容层次为:基本事实,对基本事实的认识、评价意见,对受文单位的希望和要求。

如果通报内容来源于间接材料,就用转述式,内容包括:被通报材料的名称和通报目的,对受文单位的具体要求。

(三) 撰写通报的注意事项

第一,写入通报的内容必须真实、典型。

第二,对奖惩性通报,就其内容来说,表扬和批评一定要旗帜鲜明、恰如其分。遣词造句要讲究分寸,力求准确无误。

病例评析

热血铸警魂

——关于××县公安局民警见义勇为事迹的通报

今年2月13日下午1点多,××县民警××正和儿子××在儿童公园游玩,忽然从不远处的明月湖畔传来救命声,××飞奔到明月湖畔,原来有一男孩不慎落水,××来不及多想,只想到他是一名警察,他脱掉大衣,跃入水中。二月的东北,水凉得扎骨,但他没有想到个人安危,他心中只有一个念头:救孩子。××一次、两次、三次潜入水中,终于把落水儿童救到岸上,孩子得救了,而××昏迷了三天三夜。目前,经过抢救,××已经脱离了生命危险。××真是新时期最可爱的人,他的精神是多么值得人们学习呀!

××在生与死的关键时刻,为抢救落水儿童,不顾个人安危,临危不惧,不怕牺牲,表现了人民警察热爱人民的高尚情操和献身精神。

希望各单位职工向××学习,发扬见义勇为、不怕牺牲的精神,为搞好各项工作做出更大的贡献。

××县人民政府

二〇〇三年三月一日

【评析】这篇通报存在如下几个问题:第一,标题不恰当,通报的标题由发文机关、事由、文种三要素构成，与通讯的标题不同，应该为"××县人民政府关于表彰民警××抢救落水儿童的通报"；第二，缺少主送机关，从内容看，这是下发到有关单位的，因此要有主送机关"××县人民政府所属各单位"；第三，正文内容不合理，通报正文的3个层次是：陈述事实、对事实的评价和提出希望，该文对事实陈述不全，且缺少表彰决定的内容；第四，语体风格不恰当，首段用了描写和抒情，这与平实、朴素的公文事务语体风格不符，如这段可改为："2003年2月13日13时左右，我县民警××和儿子在儿童公园游玩，忽然发现有一男童不慎落入儿童公园的明月湖，××一边跑一边脱掉大衣，飞奔到湖边，跃入刺骨的水中。××一次、两次、三次潜入水底，终于将落水男童就到岸上，而××昏迷了三昼夜。经过医务人员的奋力抢救，××目前已经脱离了生命危险。"

实训活动

一、根据下列材料写一份通报。

2008年8月6日，某造纸厂职工刘坤在职工宿舍内使用电炉烧水，突然停电，刘坤未将插头拔出便离开了宿舍。下午5:00来电，刘坤不在场，因电炉长时间烘烤旁边的木床，引起一场火灾。为此厂里给刘坤行政记过处分一次，并责令按价赔偿火灾造成的损失。

二、根据下列内容拟写一份通知，要求内容齐全，格式正确。无法标明的用××代替。

××省为了贯彻全国农村经济工作会议精神，总结、交流2008年农村经济工作的情况和经验，部署2009年农村经济工作任务，讨论修改农村经济工作管理办法和农业系统反腐倡廉的有关规定，推动全省农业的发展，省委省政府决定：于2009年2月12日在××市召开全省农村经济工作会议。参加人员为各地(市)、县(市)委书记、行署专员，县(市)长，各地市、州、县农业局长、省直厅局有关单位负责人。参加人员于2月11日到××市××宾馆报到，会期5天。与会单位对2008年深化农村改革、科技兴农、严肃党纪、端正党风、纠正行业不正之风等方面的经验，可写成书面材料带到会上交流。

知识岛

"命令(令)"、"决定"、"通报"的不同使用

"命令"、"决定"、"通报"在使用中容易混淆。表彰先进，有时用"命令

(令)”,有时用“决定”。同是批评错误,有时用“决定”,有时用“通报”。

它们适用情况是:

关于表彰先进。“命令(令)”是嘉奖有关单位与人员,被嘉奖的单位与人员必须是在全国或在一个大的地区内具有重大影响的先进典型,一般都需要授予荣誉称号。“决定”是“奖惩有关单位与人员”,其中的奖励事项、事迹应是比较突出的,在全国或某一地区、某一系统内具有较大影响,但不一定授予荣誉称号。而“通报”所表扬的先进则属于一般性的典型。

关于批评错误。需要使用“决定”惩戒有关单位和人员的,其错误或过失都比较严重的,具有一定的普遍意义和教育作用,而用“通报”批评错误,其错误或事故,虽然也有一定影响,但毕竟是有一定限度的,所以发通报,主要目的是要引起警惕。如《关于××外国语学院发生火灾问题的通报》。

阶段练习与自测

一、名词解释

1. 行政机关公文 2. 命令 3. 决定 4. 通报 5. 公告 6. 通知

二、填空题

1. 公文生效的标志包括:________、________和________。
2. 我国行政公文包括13种,有命令、________、________、通告、通知、通报、________、________、请示、批复、________、________、会议纪要。
3. 根据行文意图,公文可分为________、________和________。
4. 行政公文具有凭证、________、规范、________和晓谕的作用。
5. 公文用纸为国际标准________。
6. 公文的标题一般由________、________和________组成。
7. 通报的正文有3个层次,依次是________、________和________。
8. 公文的主要受理机关称为________。

三、单项选择题

1. 把两种性质、特征各不相同的事物加以对照,使它们彼此的本质显现的更加突出和鲜明的论证方法是( )。

A. 归纳论证法 B. 对比论证法 C. 比喻论证法 D. 因果论证法

2. 对某一问题、某一事物进行分析、评论，以表明自己的观点和态度的这种表达方式是（　　）。

A. 说明　　B. 解释　　C. 议论　　D. 叙述

3. 材料具有多义性，提炼主旨时，应把材料本身的特点与解决具体问题的实际需要结合起来，对材料进行（　　）。

A. 对比筛选　　B. 规范格式　　C. 充分论证　　D. 修改润色

4. 公布国家领导人的出访情况时用（　　）文种。

A. 命令　　B. 决定　　C. 公告　　D. 通告

5. 在下列行政公文中，规定性程度最高的是（　　）。

A. 决定　　B. 公告　　C. 通告　　D. 批复

6. 命令（令）是政府和行政机关行使重要职权的公文，一经发出，受文单位必须无条件执行。因此制发命令（令）必须要有依据。最根本的依据是（　　）。

A. 受文单位的实际情况　　B. 受文机关的请求

C. 法律和行政法规　　D. 领导的指示

7.《国家行政机关公文处理办法》第十条指出，公文格式由 16 个部分组成。其中主送机关指公文的主要受理机关。一般公文都有主送机关。但下列有一种公文属普发性的，不必写主送机关。这种普发性公文指的是（　　）。

A. 通知　　B. 通告　　C. 通报　　D. 决定

8.《××市国家税务局关于对沈××、高××、张××等人受贿案件的通报》可归类于（　　）。

A. 表扬性通报　　B. 批评性通报

C. 知照性通报　　D. 情况通报

9. 例文《国家税务总局令》（第 1 号）："《税务部门规章制度实施办法》已经 2002 年国家税务总局第 1 次局务会议审议通过，现予发布，自 2002 年 3 月 1 日起施行。"从其作用看，该例文应该归类于（　　）。

A. 行政令　　B. 嘉奖令　　C. 发布令　　D. 任免令

10. 通知的写作目的在于解决和处理某方面的问题，问题解决了，目的达到了，通知也就失去了效力，因此，通知写作时要求（　　）。

A. 针对性强　　B. 论证充分　　C. 具有号召力　　D. 说服力强

四、多项选择题

1. 要做到立意深刻，主要应做到（　　）。

A. 紧抓矛盾关键环节　　B. 不落俗套，应与众不同

C. 揭示客观事物的深层本质　　D. 阐明事物之间的必然联系
E. 尽量不采用他人意见

2. 命令(令)是适用于下列情形的一种公文形式(　　)。
A. 依照有关法律、法规发布行政规章　　B. 嘉奖有关单位和人员
C. 宣布施行重大强制性行政措施　　D. 任免干部

3. 通告是适用于公布社会各有关方面应当遵守或者周知事项的公文。下列各项中可以用通告公布的有(　　)。
A. 政治决策　　B. 事项安排
C. 军事行动　　D. 政务措施
E. 人事任免

4. 某市国税局要开展年度税收执法检查,在发通知时,主送单位应包括(　　)。
A. 各县(市、区)国税局　　B. 各县(市、区)地税局
C. 市区各分局　　D. 机关各科室

5. 下列哪些公文在某些时候可以不写主送机关(　　)。
A. 通知　　B. 通告　　C. 公告　　D. 函

五、判断正误

1. 制发张贴式通告,要求有关机关受理,一定要写主送机关。(　　)
2. ××市国家税务局关于开展2002年度增值税专用发票清理工作的通知是一典型的指示性通知。(　　)
3. 通报始终都贯穿着宣传教育的目的性,因此它在写作时一定要多发议论,多作分析,充分发挥说理的作用。(　　)
4. 命令(令)一旦发出,受文单位和人员必须无条件执行。(　　)
5. 通报和通知一样,一般都属于下行文,但通报有时也可用于上行和平行。(　　)
6. 无论是现实的还是历史的事件,只要材料典型,就应制发通报告知下属机关(单位)。(　　)
7. 凡向不相隶属机关行文,均可使用通告。(　　)
8. ××县国家税务局关于××税务所火灾事故的决定。(　　)
9. 办公室更改电话号码可用通知。(　　)
10. 所有通告的标题都是由发文单位+事由+文种构成。(　　)
11. 通告适用于公布社会各有关方面应当遵守或者周知的事项。(　　)
12. 公告具有较强的严肃性,因此一般不适宜在新闻媒体上发布。(　　)

六、综合写作题

(一) 根据下面材料,代××电力公司拟写一篇通知

×× 电力公司收到上级电力公司《 ×× 电厂“3·15”人身伤亡事故的通报》,其中说明该厂职工在进行炉内检修时,因检修平台悬吊钢丝绳断裂而倾覆,致使1人死亡,多人受伤。此事引起 ×× 电力公司领导高度重视,制订《炉内检修平台安全使用规定》,欲将其下发给下属各单位,请你拟写一份下发通知,题目自拟,字数200字以上。

(二) 根据下面材料,代×× 市公安局拟一篇表彰性通报

杨辉是××市一大队三中队的交警,共产党员。杨辉自1998年参加工作以来,一贯表现突出。在值勤中,杨辉积极疏导堵塞的车辆,主动帮助老人、小孩、盲人过街,为群众推车、修车……连续两年被评为局先进工作者。

2005年5月8日,杨辉和往日一样,在宝富路与国福路十字路口值勤。下午3时许,突然,从不远处的一辆出租车中跳出一个人来,他边跑边喊:“抓坏人,抓坏人!”“砰”一声枪响,歹徒开枪击中跑者的右手。正在值勤的杨辉听到枪声,立即奋不顾身冲上前。歹徒向杨辉开枪,杨辉手臂中弹,鲜血直流,他不顾伤痛,拼命追赶歹徒,周围群众见状,都向歹徒追去,几分钟后,歹徒被群众围住。杨辉猛扑上去,将歹徒死死抱住,歹徒当场就擒。

答案

二、填空

1. 有法定作者　有机关公章　有成文日期
2. 决定　公告　议案　报告　意见函
3. 上行文　下行　平行文　4. 指挥　宣传　5. A4
6. 发文机关　事由　文种
7. 基本事实　对事实的评价　对受文单位的希望　8. 主送机关

三、单选题

1. B　2. C　3. C　4. B　5. A
6. C　7. B　8. B　9. C　10. A

四、多选题

1. ACD　2. ABCD　3. BCD　4. AC　5. BC

五、判断题

1. ×　2. √　3. ×　4. √　5. √
6. ×　7. ×　8. ×　9. √　10. ×
11. √　12. ×

第三章　行政公文(下)

国务院2000年8月24日发布的《国家行政机关公文处理办法》中明确规定:"行政机关公文,是行政机关在行政管理过程中形成的具有法定效力和规范体式的文书,是依法行政和进行公务活动的重要工具。"具体来说,2001年开始实施的国家机关行政公文共有13类13种,分别是命令(令)、决定、公告、通告、通知、通报、议案、报告、请示、批复、意见、函、会议纪要等。

行政公文作为国家管理工作的重要工具,具有领导指挥功能、宣传教育功能、联系知照功能、依据凭证功能。它能够跨越时间、空间的限制,有效传递公务活动所需信息。行政公文虽然数量不多,但却是应用文中的一个主要门类。

通过本章的学习,拟达到的学习目标有:

◇ 掌握本章各文种的概念

◇ 掌握本章各文种的格式

◇ 了解并明确本章各文种的适用范围、特点

第一节 请示 批复

一、请示

* 例文一

××市金沙区交通分队
关于绵阳路禁行4吨以上汽车的请示

××市公安局：

我区辖内主要马路绵阳路路面狭窄(仅6米)，近年来，马路两侧商店日渐增多，行人拥挤，往往占用马路行走，造成与自行车和汽车争道，以致交通经常堵塞，引发交通事故多起。为了保证附近单位及行人的安全，拟从5月1日起禁止4吨以上汽车在绵阳路通行。上述车辆可绕道附近的两英路行驶。

如无不当，请予批准。

××市金沙区交通分队
二〇〇八年四月一日

【点评】这是一篇请求批准的请示。请示缘由开门见山，理由充分，言简意赅。请示的事项具体明确，而且提出的要求合理，便于操作。这篇公文格式规范，层次清晰，语言简洁。

* 例文二

关于承办省第×届大学生篮球赛器材经费的请示

省高教局：

将于200×年举行的省第×届大学生篮球赛由我校承办，鉴于我校目前比赛场地仍很简陋，比赛用的器材也较缺乏，为保证比赛顺利进行，需要改善设备和补充器材，希望省厅能拨给专用经费。经核算，共需经费50 5846

元,请审批。

附件:省大学生篮球赛器材设备预算表

××大学

二〇〇×年八月一日

【点评】这是一篇请求批准的请示。请示缘由充分,请示事项要求具体,体现了这类请示写作的特点。

知识归纳

(一)请示概述

1. 概念

请示是向上级机关请求指示、批准的公文,属于呈请性的上行文。

2. 请示的特点

(1) 行文关系具有固定性,如无特殊情况,请示要逐级行文。

(2) 内容具有单一性,要"一文一事一请示",不能几件事同时发请示。

(3) 目的具有鲜明性,请求上级批准的要求必须明确具体。

3. 请示的作用

请求上级机关明确新的方针、政策;请上级机关审批本机关制订的重要方针、政策、计划;请上级转请有关方面协助办理本地区、本系统、本单位无法解决的问题等。

4. 种类

政策性请示、事项性请示。

(二)请示的格式

由标题、主送单位、正文、签署及日期组成。

1. 标题

标题一般由发文机关名称、事由、文种构成,也有的只写事由和文种,但不可只写文种。其中,事由必须是请示的主要内容的精炼概括,如《××市公安局关于增加选举工作干部编制名额的请示》。

2. 主送机关

请示的主送机关只有一个,即请示单位的直接上级机关。

3. 正文

请示的正文由请示缘由、事项和结束语组成。

(1) 缘由,说明请示的原因,突出请示的必要性和迫切性。

(2) 事项,主要说明请求上级机关批准或指示的具体事项。

(3) 结语,提出请示要求。结语惯用语有“以上请示,请批复(审批)”、“以上请示如无不妥,请批复”等。

4. 落款

署上发文机关和成文时间,并加盖印章。

(三) 请示与报告的区别

1. 行文目的不同

请示用于向上级请求指示或批准,等审批意见回复后才能进行工作,可向上级提出务必要答复的要求;报告不能请求批示,也不能提出要求。

2. 作用不同

请示对工作起到起始或结束的作用;报告则只是汇报工作、反映情况,供上级机关了解或参考。

3. 形成时间不同

请示只能在事先;报告在事后或事情进行中形成。

4. 内容多寡不同

请示只能有一件事;报告可以有多件事。

(四) 请示的写作要求

(1) 行文严格遵守“六不”:第一,不多头请示;第二,不事后请示;第三,不越级请示;第四,不要一文多事;第五,不直接送个别领导;第六,不得抄送下级机关。

(2) 缘由充分,要求合理。

(3) 语言简明,语气得体。

病例评析

××研究所关于增加办公室编制、经费和解决办公用车的请示

××:

我所办公室自××年×月成立以来,在有关部门的大力支持下,工作进展顺利,但目前仍存在一些较为实际而又急需解决的困难。

第一,我所在办公室编制甚少,现编制4人,除两名正、副主任外,只有两

名工作人员，又因本部门工作需经常外出调查，故工作不能很好地开展。

第二，经济严重不足。由于我所辖地目前有5个肿瘤高发区现场，需要我们组织人、财、物力调查发病原因及有关数字，但包干的经费远远不够所需开支的资金。有些工作，由于经济不足，已陷入瘫痪状态。

第三，出车难问题。由于交通工具不便，人少经费紧张，我们需要批给一辆卧车和司机。

以上请示报告，请批复。

××研究所
二〇〇六年×月×日

【评析】该文有以下几个主要问题：第一，违背了“一文一事一请示”的原则，同时请示编制、经费和车辆“三件事”；第二，请示要求不具体：编制要增加几人？派何用场？经费需增拨多少万元？用在何处？“批给一辆卧车”是要上级批指标还是批钱自购？第三，请示理由矛盾，如前面说“工作顺利展开”，后面却说“故工作不能很好地开展”、“已陷入瘫痪状态”，用车请示中的司机应列入编制之内；第四，用语不够谦和、准确，如“需要批给”宜改为“请求批给”，“经济严重不足”应为“经费严重不足”；第五，结束语中“以上请示报告”，混用了“请示”和“报告”两个文种，应该为“以上请示，请批复”。

实训活动

结合“评析”将上述病例修改为正确的形式。

趣味阅读

一份有趣的“请示”

一对退休干部夫妇，为了重温过去做领导的感觉，要求保姆每天早上就当天买菜计划写一份“请示”，以供批示。小保姆从没写过请示，但又不能不满足这对退休领导的“官瘾”，情急之下找到老乡。老乡告诉她，用不着写正儿八经的合乎规范的“请示”，列个单子就行了。于是，几天后小保姆呈上一张单子：

今日买菜请示

桂花鱼一条　手撕鸡半只

白豆腐三块　小白菜两把

姜、蒜、葱若干……

共需××元左右

两位“领导”的“批示”是：

拟同意，请罗局长审定。李××。

同意，希望抓紧落实。罗××。

二、批复

例文·点评

* 例文一

此为“批复”的标准起始语，全国考试中极易考到。

国务院关于福建省海洋功能区划的批复

国函〔2006〕117号

福建省人民政府：

你省《关于报请审批福建省海洋功能区划的请示》（闽政文〔2005〕53号）收悉。现批复如下：

一、原则同意《福建省海洋功能区划》（以下简称《区划》）。

二、福建省东临台湾海峡，海岸线较长，海岛和港湾众多，海洋经济总量较大，丰富的海洋资源是发展海峡西岸经济的重要载体之一。要按照全面落实科学发展观、构建社会主义和谐社会的要求，始终坚持在保护中开发、在开发中保护的方针，严格执行海洋功能区划制度，优化海洋产业结构，促进海域资源的节约利用和优化配置，有效保护海岛和海洋生态环境，保障海洋经济的可持续发展。

三、《区划》是科学使用和管理海域的重要依据。要依据《区划》审批海域使用项目，合理安排交通运输、渔业、旅游用海，严格控制不合理的资源开发利用活动。要采取有力措施，严格控制在海湾、海岛地区的填海、围海及开采海砂等用海活动，防止对海岸、海湾和海岛的破坏性利用。涉及使用海域的工程建设项目，海洋行政主管部门要依据《区划》对项目用海加强预审。……

四、严格海洋环境保护措施。要依据《区划》，加强对各类涉海自然保护区的管理；严格审批海岸和海洋工程等的环境影响报告书，确保沿海新建、扩建和改建工程的选址符合《区划》要求；加强海洋环境监测和监督管理，对

陆源污染物严格实行处理达标后排放,并根据《区划》要求选择排污口位置,逐步实行深海离岸排放。

五、依据《区划》,尽快完成沿海市、县(市)海洋功能区划的修编工作。修编《区划》要依照法定程序,经过科学论证,做到切实可行。

你省要根据本批复精神,认真组织落实《区划》提出的各项任务和措施,确保区划目标的实现。国家海洋局要加强对《区划》实施的指导、监督和检查。

此为"批复"格式化的结束语

特此批复。

国务院(印章)

二〇〇六年十一月六日

【点评】这是一份指示性批复。文中引叙来文后,紧接用"现批复如下"惯用语承接引出批复事项,主体部分先表明态度,进而提出指示性意见和要求。条款清晰,语言简洁,行文规范。

* 例文二

××针织总公司关于不同意提高产品价格的批复

××针织二厂:

你厂二〇〇四年×月×日关于提高产品价格的请示收悉。经研究,不同意你们用提高产品价格扭亏增赢的做法。你厂应加强市场调查和加速技术改造,开发新的产品,提高产品的竞争能力,以适应国内外市场需要,这才是扭亏增赢的根本途径。

此复

××针织总公司(印章)

二〇〇四年×月×日

【评析】这是一份不同意请求的表态性批复,文中针对问题,结合实际,就重驾轻,阐明道理,令人信服。

知识归纳

(一) 批复概述

1. 批复的概念

批复是上级机关根据有关方针、政策和法规,依据自身的职权,针对下级机关的请示事项所作书面形式的答复。

2. 批复的适用范围

批复适用于答复下级机关的请示事项。一般“一请示一批复”。属指示性下行文。

3. 批复的特点

(1) 指令性强。批复的意见具有指令性,下级单位必须遵照执行。

(2) 针对性强。批复的内容均针对“请示”而发。

(3) 政策性强。批复必须以一定的方针政策为依据。

(4) 简明性。批复的内容必须围绕“请示”的事项,给予简明扼要的答复。

(二) 批复的格式

由标题、主送机关、正文、落款和日期组成。

1. 标题

一般由规范的三要素构成,即“发文机关+发文事由+文种”,如《国务院关于福建省海洋功能区划的批复》;也可由两要素组成,或“发文机关+发文事由”或“发文事由+文种”,如《关于××厂修建新办公楼请示的批复》。

但批复的标题有两点须注意:第一,发文单位必须用法定名称或通行的简称;第二,事由必须准确精练地概括要批复事项及具体意见的主要内容。

2. 主送机关

批复的主送机关即请示的发文机关。

3. 正文

批复的正文一般由导语、主体和结语三部分构成。

(1) 导语。在导语中要先引叙来文,如“你省《关于×××的请示》(××〔2007〕5号,以下简称《请示》)收悉”。

常用惯用语“经研究,现批复如下”过渡下文。

(2) 主体。表明同意或不同意的态度,提出具体处理意见、希望或要求。内容多的可分条款写。

(3) 结束语。常用“此复”、“特此批复”、“此复,希执行”等为结束语。有

的也可省去结束语。

(三) 批复与答复函的区别

1. 相同点

两者都有答复有关事项的功用，都属于被动行文，有请示才有批复，有来函才有复函。

2. 不同点

批复用于批准答复下级机关的请示事项；复函则用于回复平级单位或不相隶属机关单位之间的来函。

病例评析

关于几个问题的答复

××边防检查站：

对你站的多次请示，作如下答复：

一、原则批准你站建立××××××。(略)

二、你站提出试行“关于违反××规定的惩罚办法”最好不执行，因为这个办法违反上级有关文件精神。

三、今年你站要盖礼堂一座，并准备开辟对外营业的影剧院，有利于活跃当地军民的文化生活，批准你们的请示。

四、同意你站“关于开展学习技术攻坚能手×××同志活动”的请求。××同志恪尽职守，事迹感人，应大力宣传。

××边防局(印章)

二〇〇四年×月×日

【评析】这则公文存在的主要问题有：

(1) 工作效率低，批复不迅速。请示一般“一文一事”，批复也应“一请示一批复”，而这份批复将下级的几份请示集中在一份文件中，容易造成下级机关工作的被动。

(2) 态度暧昧，语言模糊，依据不明，政策性不强。批复中“你站提出试行‘关于违反××××规定的惩罚办法’最好不执行”一句，肯定或否定的态度不清楚，“最好”两字用得极不恰当；虽然下级做了违背上级有关文件精神的工作，但批复中却没有列举相关的政策依据。

(3) 主观臆断,没有针对性。在第四点中,某站提出请示,显然,该同志的突出事迹主要体现在技术攻坚方面,而非所谓的“恪尽职守”,批复在表明意见后所提出的希望与要求不具有针对性。

另外,标题中的“答复”应该改为“批复”。

实训活动

200×年×月×日,××联运总公司接到一份××车站的请示:

关于改造车站锅炉的请示

××联运总公司:

我站共有燃油锅炉××台,其中一吨的A型锅炉×台,半吨的A型锅炉×台。这些锅炉,除车站仓库内存放的一吨和半吨的A型锅炉各两台外,其余的从19××年冬陆续投入使用。从5年来使用的情况看,有不少问题:一是后烟厢和火管裂缝漏水,现4台1吨的锅炉漏水,不能使用(包括一台一吨的B型锅炉);二是水处理装置在运输过程中损坏严重,一直不能用;三是控制厢自动点火程序易坏;四是锅炉图纸不全。

为使锅炉安全、正常运转,满足过往旅客和站上人员的取暖需要,建议将这4台各1吨的A型锅炉和1台1吨的B型锅炉,改换成6台1吨的B型燃油热水锅炉,同时配齐水处理装置、控制厢和图纸。

妥否,请批示。

××汽运站

二〇〇×年×月×日

——摘自于张江艳的《应用写作案例与训练》,北京师范大学出版集团2008版

根据上述“请示”,完成下面的问题:

(1) 这份“请示”中存在哪些问题?

(2) 请代联运总公司拟写这则批复。

延伸阅读

“批复”的历史由来

“批复”是由古代的文书“批”演化而来。徐望之《公牍通论》指出:“批,

示也。谓判决是非以示之也”,“批为裁答人民呈读之文。”“批”作为公文名称始于唐朝。起初唐朝皇帝对臣下奏疏表示可否用“批”,也叫“批答”。到了唐玄宗李隆基之时,设置翰林侍诏,掌管四方“批答”。宋、明时代因袭之。清朝用于官署之间,地方行政长官对下属的请示的回答称之为“批”。北洋军阀时代亦如此。国民党政府时规定“批”的用法是:“各机关对于人民陈请事项,分别准驳时用之。”1942 年,陕甘宁边区政府颁布的《陕甘宁边区新公文程式》中,也有“批答”文种。1949 年,华北人民政府发布的《公文处理暂行办法》,第一次正式提出“批复”这一公文文种名称,新中国成立后至今一直延续使用。

第二节　议案　意见

例文·点评

* 例文一

××市人民政府关于提请
审议《××市环境保护条例(草案)》的议案

××市人大常委会:

为了维护和改善本市的生活环境,防治污染和其他公害,保障人民群众身体健康,促进社会主义现代化建设,根据《中华人民共和国国家环境保护法》和其他法律、法规,结合本市情况,市环保局起草了《××市环境保护条例(草案)》。该草案已经 2005 年 8 月 2 日第 23 次市政府常委会议讨论通过,现提请审议。

附件:《关于市环境保护条例(草案)》的说明(略)

市长 ×××(签名章)
二〇〇五年八月七日

【点评】这是一份申请制订地方法规的议案,采用全称式标题。正文部分的写法比较固定单一,先扼要交代提请审议事项的目的和意义,以此作为行文依据,接着陈述要求审议的事项,最后表明提请审议的要求。这份议案内容齐备，格式规范，层次清晰。

＊ 例文二

××省人民政府关于××同志任职的议案

××省人大常委会：

根据《中华人民共和国地方各级人民代表大会和地方各级人民政府组织法》的有关规定，现提请任命×××为省经济贸易委员会主任。

请予审议。

省长 ×××(签名章)

二〇〇四年×月×日

【点评】这是一篇任免议案，由案据、事项、结语构成，内容齐备，行文简洁明了。

知识归纳

(一) 议案概述

1. 议案的概念

议案是具有提案权力的机关或个人向国家权力机关提出请求审议的事项时使用的文件。

2. 议案的适用范围

适用于各级人民政府按照法律程序向同级人民代表大会或人民代表大会常务委员会提请审议事项。

3. 议案的特点和作用

(1) 特点。

第一，法定的制作主体。只能是各级人民政府。

第二，特定的内容。议案内容须在人民代表大会或其常务委员会的职责范围内。

第三，时限性强。必须在人代会或其常委会举行会议时提出。

第四，建议的可行性。议案必须言之有理，并具有可行性，才能通过。

第五，语言要简明精练。

(2) 作用。议案有利于监督和改进政府工作，有利于发扬民主和加强法

制建设，有利于充分发挥人民代表的参政议政作用，有利于发挥广大人民群众的聪明才智。

4. 种类

立法议案、决策议案和任免议案。

(二) 议案的结构和写法

议案由标题、主送机关、正文、签署和日期组成。

1. 标题

标题要简明扼要，写明要求解决什么问题。也由三要素构成，即发文机关、事由、文种，如《国务院关于提请审议〈中华人民共和国商标法修正案〉的议案》(国函字[1992]191号)；也可由事由、文种构成，如《关于提请任命××为××市市长的提案》。

2. 主送机关

议案的主送机关是固定的，写出全称或规范化的简称，并明确标出同级人民代表大会或其常委会的名称。

3. 正文

包括案据、方案和结语三部分，即提出问题、说明理由、解决问题的建议。

第一，案据。写明提议案的理由和事实。

第二，方案。写明对所提出问题的解决方法和途径。

第三，结语。以一句表示祈使的词语结束全文，如“请审议”、“请予审议”等。

4. 签署和日期

在议案结尾署上政府行政领导的职务和姓名，并加盖公章，后面再加上公文的日期。

病例评析

××省人民政府关于《××省建设工程勘察设计管理条例》修正案(草案)的议案

××省人大常委会：

根据国务院统一部署，省人民政府对由本省自行设立的行政审批项目进行了清理，拟取消依据《××省建设工程勘察设计管理条例》设置的有关行政审批项目，以进一步深化了行政审批制度改革。为此，省人民政府拟订了《××省建设工程勘察设计管理条例》修正案(草案)。现提请审议。

省长 ×××(签名章)

200×年×月×日

【评析】这篇议案正文内容层次清晰,结构比较完整,但还存在以下几个问题:第一,标题不准确,应该在“关于”后加上“提请审议”字样,“修正案(草案)”应放在书名号内,以免使完整的法规名称断裂;第二,语序欠妥,议案要开门见山地提出行文的目的、依据,故应把“以(改为‘为’字)进一步深化行政审批制度改革”一语置于全文的开头;第三,成文时间不规范,议案的成文时间该用汉字小写数字“二〇〇×年×月×日”,而不能使用阿拉伯数字。

知识岛

议案与提案的区别

议案是国务院和地方各级人民政府依照法律程序向同级人民代表大会及其常委会提请审议事项的专用公文文种。其他机关、单位是不能使用的。

提案,按照《全国政协工作试行条例(草案)》的规定,是政协委员向政府部门提出书面意见和建议的专用文种。

二、意见

例文·点评

＊ 例文一

关于进行联合办学的意见

×职院函〔2002〕13号

××省××学校:

贵校《关于洽商联合办学的函》(××校字〔2002〕4号)已于2002年3月15日收悉。经我院院长办公会议研究,拟定以下几点意见:

一、原则同意与贵校联合办学,贵校可以我院××分院的名义,参与本省高考招生学校序列,并在《××招生报》上刊登简章。

二、职业技术教育已逐渐摆脱困境,我院目前招生形势相当乐观,同时

考生及家长也对学校的软、硬件提出进一步的要求。鉴于此，贵校应全面改善教学环境，增加适应技术发展的教学设备，力争在正式招生前(即2003年秋季新生入学前)进行考察验收。

三、贵校所设专业应仍以企业管理为主，专业设置力避与我院重复。确定开设的专业，请于2003年3月底前告知我院，以便统筹考虑。

四、在学费收入方面，我院已拟订初步条款，请贵校于近日派员来我院具体协商，以便最终签订正式协议书。

专此复文

××职业技术学院(印章)

二○○二年五月十日

【点评】这是一篇介于“建议性意见”和“规定性意见”之间的平行文“意见”。从行文意向看，××省××学校与××职业技术学院存在潜在的隶属关系，但在确立之前，仍为不相隶属关系，这就决定该文须是平行文，但又要具有下行文的特点，这便增加了语体、语气把握的难度。但这篇意见却作了十分恰当的表述，既有“贵校”、“专此复文”纯属平行的称呼及结尾用语，又有“应”、“力争”、“力避”等显示明确要求的说法。行文流畅而不板滞，严谨而不松散，简明而不拖沓，堪称佳作。

* **例文二**

关于进一步做好职业培训工作的意见

劳社部发〔2005〕28号

各省、自治区、直辖市劳动和社会保障厅(局)：

近日，国务院颁发了《关于大力发展职业教育的决定》(国发〔2005〕35号，以下简称《决定》)，明确了今后一个时期职业教育改革发展的目标任务和政策措施。为深入贯彻落实《决定》精神，进一步做好“十一五”期间职业培训工作，现提出如下意见：

一、认真学习和宣传《决定》精神，进一步明确职业培训为提高劳动者就业能力和培养技能人才服务的方向。

二、规划“十一五”职业培训工作，加强部门协作，实现职业培训新发展。各地要结合地区经济社会发展需求和就业再就业工作需要，制订“十一五”

职业培训发展规划，并纳入地区经济社会发展规划，采取有力措施予以推动。

三、实施“新技师培养带动计划”，加快高技能人才培养，带动技能劳动者队伍素质整体提高。

四、实施“下岗失业人员技能再就业计划”，深入推动再就业培训，以培训促就业。

五、实施“能力促创业计划”，广泛开展创业培训，发挥促进就业的倍增效应。

六、实施“农村劳动力技能就业计划”，积极开展农村劳动力转移培训，提高转移就业效果。

七、实施“国家职业资格证书技能导航计划”，全面推进职业技能鉴定工作，促进劳动者技能就业和技能成才。

八、继续实施“技能岗位对接行动”，完善就业服务，为技能劳动者培训后就业提供有效支持。

劳动保障部（印章）

二〇〇五年十一月二十四日

【点评】这是一篇指导性意见。开头结合“国家大力发展职业教育”的形势，言简意赅地概说发文缘由，主体部分先阐明指导思想，后结合实际布置工作，并提出原则性要求，层层递进。全篇普遍运用无主句、成分共用句和简缩语等公文句式，语言简洁有力。

知识归纳

（一）意见概述

1. 概念

意见是对重要问题提出见解和处理办法时使用的公文。意见是新《办法》增加的新行政公文。

2. 特点

(1) 内容的多样性。它主要用于党政机关，也可用于人民团体、企事业单位；既可用于上级，又可用于下级甚至基层单位。

(2) 行文方向的多向性。它既可上行，提出工作建议和参考意见；也可下行，以表明主张，做出计划，阐明工作原则、方法和要求；还可平行，就某一

专门工作向平行的或不相隶属的有关方面做出评估、鉴定和咨询。

(3) 内容的针对性。意见主要针对工作中急需解决的问题进行分析,因此它提出问题应及时,分析问题要结合实际,提出见解、办法要具有可操作性。

(4) 作用的多用性。有些意见指具有指导、规范作用,如《××县人民政府关于切实减轻农民负担的意见》;有些具有参考、建议的作用,如《关于深化机关后勤改革的意见》;有些具有评估、鉴定的作用,如《关于成都市创建国家卫生城市工作的考核鉴定意见》。

3. 种类

(1) 建议性意见。就某一具体工作或问题向上级机关或相关部门提出自己的看法或建议性意见,为决策或改进工作提供参考。

(2) 规定性意见。上级机关引发的意见,用于对所属机关、组织和人员提出规范性要求和措施,具有较强的规定性和强制性。

(3) 指导性意见。上级机关依据职权向下级机关传达指示、布置工作,阐明指导思想、基本原则,提出工作思路和措施办法,此类意见具有很强的指导性而非强制性。

(4) 评估性意见。它是业务职能部门或专业机构就某项专门工作、业务工作经过调查、研究或鉴定、评审后,把结果写成意见送交有关部门,主要是平行文。

(二) 意见的格式、写法

主要由标题、主送机关、正文和落款 4 个部分组成。

1. 标题

(1) 由发文机关、事由和文种构成,如《教育部关于加快发展中等职业教育的意见》。

(2) 由事由和文种构成,如《关于进行联合办学的意见》。

2. 主送机关

除一些评估性、规定性意见外,大多数意见都要写明主送对象。

3. 正文

(1) 开头,概述发文缘由,说明发文依据,应目的明确,有针对性,理由充分。

(2) 主体,阐明见解和处理办法,主体部分事项多,常采用条款式写法。

(3) 结尾,常用“以上意见供领导决策参考”、“以上意见供参考”、“以上意见如无不妥,请批转各地执行”、“以上意见,请结合实际情况贯彻执行”等惯用语。

4. 落款

可在正文右下方署上成文时间,并印章;也可采用题注形式标注。

病例评析

××县关于处理山体滑坡事故的意见

××市人民政府:

由于我县近期连续遭受暴雨袭击,6 月 20 日上午,位于巴巫山西侧的山体出现大面积滑坡。除毁林近百亩外,还使位于山下的永乐村 5 组的 11 户农房被毁,7 头牲畜死亡,幸好山体滑坡发生在白天,故无人员伤亡。为处理好这一事故,特提出如下意见:

一、巴巫山体仍有滑坡的可能,加之永乐村地处山区,远未脱贫,建议干脆将该村的全部 250 户村民迁往市外安置,请国家按三峡移民迁建政策,给这 250 户村民予以一次性补贴。

二、请上级速派有关专家来现场排除滑坡险情,若排险成功,我县可酌情给有关专家做点小小的表示。

三、请上级顺便给我县拨 20 万元排险救灾款。

××县人民政府办公室(印章)
200×年 6 月 27 日

【点评】这份意见存在如下几点毛病:首先,标题不规范,发文机关应写全称“××县人民政府”;其次,权限关系不清,“请国家按三峡移民拆迁政策补贴”的建议超越上级机关的权限,不符合现行政策;再次,措词不得体,“小小的表示”、“顺便”等词语的选择语气轻佻,有失公文的严肃庄重,而“速派有关专家”又带有命令上级机关的口气,显然不符合上下级关系;第四,一文多事,要求拨救灾款项应另据一文,专门请示;第五,落款不对,落款处发文机关与标题中不一致,应为“××县人民政府”,成文日期也应为汉字数字。此外,最好补上“以上意见供领导决策参考”等字样作为格式化的结束语。

实训活动

结合“点评”内容将上述“病例”修改正确。

第三节　函　报告

一、函

例文·点评

＊ 例文一

××市汽车运输公司关于要求赔偿损失的函

××省汽车贸易中心：

本公司2005年8月8日向贵中心购买了附有商检合格者××FC型6吨卡车18辆，同年9月10日提货，10月10日投入营运。这批车经使用后，发现前后轮内侧外胎不规则锯齿形磨损，一侧内边缘最为严重。经市质量安全局第七检测站检验，初步认定这批车有严重质量问题，与原货标准不符。为此，本公司特向贵中心提出如下赔偿要求：

一、请贵中心于本月20日前派人来我公司察看车辆损坏情况和质量鉴定结果原件。

二、重新按质论价，赔偿经济损失或退货。

希望贵中心本着信用原则按国家有关法律规定同我公司协商解决。

特此函达，盼即复

附件：1.购车发票两张(复印件)

2.××市质量安全局第七检测站检验书

××市汽车运输公司(公章)

二〇〇六年一月六日

【点评】这是一份用于商务沟通的商洽函，文中先开门见山概述发函的依据和目的，接着用“为此……”一句话承接，自然引出赔偿要求事项，并附上相关文件复印件，最后提出希望要求，层层递进，理据充分。多用“贵”、“请……”、“希望……”、“盼即复”等语句，语言平和，有礼有节。

＊ 例文二

××省人民政府关于要求免税进口物资的函

海关总署：

今年我省遭受特大干旱，大批农作物枯死，养殖水产品因缺淡水成批死亡。八月三十一日至九月二日又遭受了十六号强台风暴及特大海潮的袭击。仅××、××、××三市就冲毁盐田7.9万亩，虾池22万亩，冲跑对虾650万公斤，损坏渔船1400多条；果树受灾140万亩，农业遭灾面积达250多万亩，粮食减产4亿多公斤，直接经济损失达20多亿元。

灾情发生后，我省各级领导、各有关部门以及全省人民积极行动，全力开展抗灾自救。为了保护出口货源，帮助企业尽快恢复生产，我省经贸委安排进口钢材×万吨，胶合板××××立方米，木材×万立方米，柴油×万吨，以发展灾后出口商品生产，确保完成今年出口××亿美元创汇任务。为此，特请海关总署减免我省经贸委统一安排进口的上述救灾物资的海关关税、产品增值税等。

当否，请审批。

××省人民政府(印章)
二〇〇×年九月二十五日

【点评】这是一份请批函。开头叙说要求免税的缘由、背景，引用翔实的数据加以说明，紧接从"抗灾自救、恢复生产"的角度阐明免税具体事项，在占有充分理据的基础上进而提出免税要求，令人信服。

＊ 例文三

×××公司关于货物错运的答复函

××先生：

贵公司五月二十日有关第645号订单的来信收到。

得知错运货物，本公司感到抱歉。正确的货物已安排空运，应于一周内运抵。有关文件将加函寄上。

烦请暂存错运给贵方的货物。如有任何疑问，欢迎与本公司联络。对于这次错失，谨再次表示歉意。

××公司销售部主任
二〇〇×年五月二十日

【点评】这是一则商务答复函。复函的起始明确了对方的来函已收悉，引用对方来函字号“第645号订单”，令对方明晰该函的意图；然后针对来函提出的“货物错运”问题进行道歉，并将解决方式告知对方；最后以诚恳的道歉为结束，较圆满地解决了这个问题。例文内容完整，格式规范，语言谦和简练。

知识归纳

(一) 函的概述

1. 概念

函是不相隶属机关之间相互商洽工作、询问和答复问题，或者向有关主管部门请求批准事项时所使用的公文。

2. 特点

(1) 沟通性。函对于不相隶属机关之间相互商洽工作、询问和答复问题，起着沟通作用，充分显示平行文种的功能，这是其他公文所不具备的特点。

(2) 灵活性。这表现在两个方面：一是行文关系灵活。函是平行公文，但是它除了平行行文外，还可以向上行文或向下行文，没有其他文种那样严格的特殊行文关系的限制。二是格式灵活，除了国家高级机关的重要函件必须按照公文的格式、行文要求行文外，其他一般函，比较灵活自便，也可以按照公文的格式及行文要求办。可以有文头版，也可以没有文头版，不编发文字号，甚至可以不拟标题。

(3) 单一性。函的主体内容应该具备单一性的特点，一份函只宜写一件事项。

3. 函的种类

函可以从不同角度分类：

(1) 按性质分，可以分为公函和便函两种。公函用于机关单位正式的公务活动往来；便函则用于日常事务性工作的处理。

(2) 按发文目的分，可以分为发函和复函两种。发函即主动提出了公事事项所发出的函；复函则是为回复对方所发出的函。

(3) 从内容和用途上，可以分为洽谈事宜函、通知事宜函、催办事宜函、邀请函、请示答复事宜函、转办函、催办函、报送材料函,等等。

(二) 函的格式

由于函的类别较多,从制作格式到内容表述均有一定灵活机动性,这里主要介绍规范性公函的结构、内容和写法。

公函由首部、正文和尾部三部分组成。其各部分的格式、内容和写法要求如下:

1. 首部

主要包括标题、主送机关。

(1) 标题。公函的标题一般有两种形式:一种是由发文机关名称、事由和文种构成;另一种是由事由和文种构成,如《××省人民政府关于要求免税进口物资的函》。

(2) 主送机关。即受文并办理来函事项的机关单位。

2. 正文

其结构一般由开头、主体、结尾、结语等部分组成。

(1) 开头,主要说明发函的缘由。一般要求概括交代发函的目的、根据、原因等内容,然后用“现将有关问题说明如下:”或“现将有关事项函复如下:”等过渡语转入下文。复函的缘由部分,一般首先引叙来函的标题或发文字号,然后再交代根据,以说明发文的缘由。

(2) 主体。这是函的核心内容部分,主要说明致函事项。函的事项部分内容单一,一函一事,行文要直陈其事。无论是商洽工作、询问和答复问题,还是向有关主管部门请求批准事项等,都要用简洁得体的语言把需要告诉对方的问题、意见写清楚。如果属于复函,还要注意答复事项的针对性和明确性。

(3) 结尾。一般用礼貌性语言向对方提出希望,或请对方协助解决某一问题,或请对方及时复函,或请对方提出意见或请主管部门批准等。

(4) 结语。通常应根据函询、函告、函或函复的事项,选择运用不同的结束语。如“特此函询”、“请即复函”、“特此函告”、“特此函复”等。有的函也可以不用结束语,如属便函,可以像普通信件一样,使用“此致”、“敬礼”。

3. 署名和日期

(三) 应注意事项

首先,要注意行文简洁明确,用语把握分寸。无论是平行机关还是不相隶属机关间的行文,都要注意语气平和有礼,不要倚势压人或强人所难,也不必逢迎恭维、曲意客套。至于复函,则要注意行文的针对性和答复的明

确性。

其次,函也有时效性问题,特别是复函更应该迅速、及时。像对待其他公文一样,及时处理函件,以保证公务活动的正常进行。

病例评析

关于增拨基建经费的函

省财政厅:

首先,请允许我们向贵厅致以亲切的问候,对贵厅多年来对我们的支持和合作,表示衷心的感谢。此次来函主要商量以下问题:

经有关部门批准,我局正在建造一幢办公大楼,该项工程得到了省政府的支持;在省政府的批复下,贵厅已经拨给我局1000万,此项经费已专款专用。目前工程尚在进行当中。但是由于建筑材料涨价等原因,原预算资金缺口较大,恳请贵厅再次拨给资金不足部分,以免影响办公大楼竣工,从而影响我局的正常工作。

特此请示,请批准!

××省建设厅

2004.5.25

【评析】这篇公文有如下几个方面的错误:第一,正文开头应开门见山,有事说事,所以第一段的寒暄语应删除;第二,在第二段的请求事项中要求不清楚,其中"恳请贵厅再次拨给资金不足部分"后应添加具体"××万元";第三,在语气上较强硬、不平和,"以免影响办公大楼竣工,从而影响我局的正常工作"一句应删除;第四,结束语的"特此请示,请批准"用错了文种,改为"请予支持,盼早日函复";第五,日期应为"×年×月×日"格式,用汉字小写的形式。

实训活动

指出下面公文的主要错误,并加以修改。

关于上海老师赴云南支援教学的复函

上海市人民政府办公厅:

你市“关于上海老师赴云南支援教学的函”已收悉，经研究决定，我省已做好方芳等50名老师的迎接、食宿、工作等各方面的安排，特此函复。

附：关于方芳等50名老师的迎接、食宿、工作安排一览表。（略）

云南省人民政府办公厅
二○○二年三月十八日

知识岛

书信的称呼

（1）函：如“便函”就是便信，“公函”就是公文。

（2）书：如“家书”就是家信，“手书”就是亲笔信。

（3）札：原指写字用的木片，引申为书信。如“大札”、“便札”。

（4）简：原指写字用的竹片，引申为书信。如“书简”、“小简”。

（5）笺：供题诗、写信用的纸张，引申为书信，如“便笺”、“锦笺”、“华笺”。

（6）尺牍：牍，古代书写用的木简。用一片长的木简作书信，故称“尺牍”。

（7）尺素：素，古代用绢帛书写，通常长一尺。尺素引申为书信。

（8）鸿雁：典出自《汉书·苏武传》：“天子射上林中，得雁，足有系帛书，言武等在某泽中。”此后文学作品中常用“鸿雁”来代书信。如“鸿雁传情”。

二、报告

例文·点评

＊ 例文一

关于我校工会干部有关待遇的报告

市总工会：

×月×日函悉。现将我校工会干部有关待遇报告如下：

一、我校基层工会主席由教师兼任，每年减免工作量××学时。

二、部门工会主席任职期间享受本单位行政副职待遇，由教师担任的每年减免工作量××学时。

三、校工会委员任职期间减免工作量××学时；部门工会委员每年减免工作量××学时。

专此报告

××大学工会

二〇〇×年×月×日

【点评】这是一则答复报告。此报告是××大学工会接到上级工会来函询问工会干部待遇问题后所做的答复。正文开头先引叙来函，作为行文的缘由，接着以"……报告如下："导出主体。报告的主体部分分条列项，言简意明。结尾用"专此报告"这一格式化的结语完成行文。该报告行文规范，条理清楚，语言简洁。

* **例文二**

关于张××同志职称评定问题的答复报告

××市人民政府办公室：

接市办5月20日查询我单位张××同志有关职称评定情况的通知后，我们立即进行了调查。现将有关情况报告如下：

张××同志是我集团公司二分厂工程师。该同志1962年起曾在××工学院接受过4年函授教育，学习了有关课程。由于"文革"而未能取得学历证明。因缺乏学历证明，在今年上半年职称评定时，根据上级有关文件精神，我单位职称评委会决定暂缓向上一级职称评委会推荐评定他的高级工程师职称，待取得学历证明后补办。该同志认为这是刁难，因而向市政府提出了申诉。

接到市政府办公厅查询通知后，我们专程派人去××工程学院查核有关材料，得到××工学院的支持，正式出具了该同志的学历证明。现在，我集团公司职称评委会已为张××同志专门补办了有关评定高级工程师的推荐手续，并向该同志说明了情况。对此，他本人已表示满意。

特此报告

××集团公司(印章)

二〇〇五年五月三十日

【点评】这篇答复报告开门见山交代报告的依据，后以惯用语导出主体，主体部分针对上级的询问简明扼要写明对张××评定职称的情况调查、处理经过及结果，有理有据，可令上级满意。从5月20号接到政府办公室的查询通知到调查、处理，再到给出答复报告，前后共用了10天，可谓高效、及时。

知识归纳

（一）报告概述

1. 概念

报告是向上级机关汇报工作、反映情况、答复上级机关询问的公文。报告属于陈述性上行文，行文的目的是为领导机关了解情况、制定政策和指导工作提供依据。

2. 特点

（1）已然性。是指将已经做过的工作或已经发生的情况及问题写成报告，其内容是客观事实的反映，而不是对未来工作的展望和推想。

（2）总结性。因为报告的内容是已经发生的事实，所以在向上级报告的时候就要对问题进行综合分析、归纳，即总结。否则，报告就会罗列现象和过程，而缺少深度，也失去了报告的意义。

（3）陈述性。在报告的写作方式上，主要使用叙述方法。做了什么工作，具体情况如何，都应如实叙述清楚，其中包括必要的分析、说明及简单的议论，但就其内容的表述手段上，主要还是以陈述为主。

3. 种类

报告，按其呈报要求可分为呈报性报告、呈转性报告和呈复性报告；按其内容可分为综合报告和专题报告、工作报告和情况报告以及调查报告等。

（二）报告的格式

报告的结构包括标题、主送机关、正文、落款四部分。

1. 标题

（1）由发文机关、事由和文种构成，如《中共邢台市委关于召开市委六届七次全会情况的报告》。

（2）由事由、发文机关构成，如《关于我省女大学生就业情况的报告》。

一般不以文种“报告”独作标题。

2. 主送机关

一般只有一个，也就是发文机关的上级部门。

3. 正文

报告的正文由缘由、主体和结语组成。

(1) 缘由,交代写作报告的原因、目的,并概述事情的基本情况。

(2) 主体,说明事情的具体情况,指出存在的问题,并提出今后的意见。内容较多的报告,可分条列项,依主次顺序排列。

(3) 结语,可用简明的文字概括全文,或使用惯用语结束全文。报告的惯用结语有"特此报告"、"专此报告"、"请审阅"、"请核查备案"等,不宜写"以上报告,请指示(批示)"等有悖文种要求的语句。

4. 落款

署上发文机关、成文时间,并加盖印章。

(三) 注意事项

第一,要注意明确写作目的。一是根据目的确定报告的具体种类,二是根据目的选择典型材料和重点内容。

第二,报告的材料应确实、可靠。各单位通过报告向上级汇报工作、反映情况和问题,目的就是让上级机关准确掌握全面情况,以便制订相应的方针、政策,所以报告的材料必须翔实、可靠。否则,只会贻误工作,造成严重后果。

第三,报告里的观点要正确。报告里不仅有材料,还有根据材料概括出的观点。如果观点有误,那么上级机关根据报告得出的判断也就难免出现失误。

第四,文字要简练。

病例评析

××乡关于当前植树造林工作的报告

××镇政府:

我乡根据镇政府今春造林计划提出的要求,开展了造林工作。截至4月5日止,已种下杉树158亩,松树70亩,油茶30亩,油桐40亩,毛竹60亩,共358亩,超额完成计划5%,经过检查,生长情况良好。现将我乡植树造林工作的具体情况汇报如下:

一、首先认真学习有关植树造林的文件和各项政策,使大家深刻认识到植树造林对社会主义建设的重要作用。在提高认识的基础上,大家积极性很高,许多有经验的老农都踊跃参加造林工作,起了很好的推动作用。

二、充分做好准备工作。由于造林季节性强,需要与抢险救灾时间,争速度。我们在去年秋收后就已布置各村,选好林地,进行整理,全面检修了工具，合理组织劳工，乡苗圃场按计划提供了各种树苗，做到苗木随起、随运、随栽，保证了这项工作的顺利进行。

三、及时进行技术指导和检查。造林期间，林业干部和老农对树苗作了严格选择，分片把关。李村还组织了五名技术员到各造林点去指导、检查、验收，保证栽一株，活一株，造一片，活一片。

目前，群众的造林积极性仍很高，估计还可以多种40亩，但我乡苗圃场已无树苗，林业站也没有，急需镇政府帮我们解决，调拨3万株杉树苗给我们，以便更好地完成这次造林任务。

以上报告，如无不当，请批示。

××乡（印章）
××××年×月×日

【**评析**】该报告中存在的问题主要有：第一，行文中把"报告"和"请示"混用，前面几段都是关于植树的报告，到文尾又突然提出调拨的要求，这是"请示"的内容。而在"报告"这种文体中是不能夹杂要求上级必须回复的事项的，因此，此处的调拨应另外行文。第二，格式化的结语不当，报告的结语多数是"特此报告"等，而不能用"如无不当，请批示"等请示的结语。

实训活动

根据"评析"，将上述报告病文修改正确。

第四节　会议纪要

例文·点评

学习第五次西藏工作座谈会精神会议纪要

（二〇一〇年一月二十七日）

1月26日下午，西藏科协召开全体干部职工会议，传达学习第五次西藏工作座谈会精神。

会上，科协系统全体干部职工认真听取了胡锦涛总书记、温家宝总理、贾庆林主席在中央第五次西藏工作座谈会上的重要讲话精神，大家一致认

为，中央第五次西藏工作座谈会认真总结了中央第四次西藏工作座谈会以来西藏发展稳定取得的成绩和经验，全面分析了西藏工作面临的形势和任务，明确了当前和今后一个时期西藏工作的方针、思路和重点，全面体现了中央对西藏人民的关怀，以及全党、全国各族人民对西藏的大力支持和无私援助。大家一致表示，一定要以第五次西藏工作座谈会为契机，努力工作，为科协事业发展做出新的贡献。

西藏科协党组书记、副主席群增，党组副书记、主席仓珍在会上指出，中央第五次西藏工作座谈会是在我国全面建设小康社会进入关键时期、西部大开发战略实施10周年、西藏跨越式发展进入关键阶段、反分裂斗争尖锐复杂的形势下，党中央、国务院召开的专题研究西藏工作和对加快四川、云南、甘肃、青海省藏区经济社会发展做出全面部署的一次十分重要的会议，再一次充分体现了党中央、国务院对西藏工作的高度重视和对西藏各族人民的特殊关怀。中央第五次西藏工作座谈会全面贯彻党的十七大和十七届三中、四中全会精神，认真总结中央第四次西藏工作座谈会以来西藏发展稳定取得的成绩和经验，对推进西藏跨越式发展和长治久安做出了战略部署。自治区党委在拉萨召开的全区党员领导干部大会，传达贯彻中央第五次西藏工作座谈会精神，就全区学习、贯彻第五次西藏工作座谈会精神做出了具体安排部署。

西藏科协党组书记、副主席群增，党组副书记、主席仓珍要求，科协系统全体干部职工要学习好、宣传好、贯彻好中央第五次西藏工作座谈会精神，严格按照自治区党委、政府的统一部署，在认真学习领会中央第五次西藏工作座谈会精神实质的基础上，研究提出贯彻落实会议精神的各项具体措施。同时紧密联系我区实际和科协工作自身实际，将中央确定的西藏工作指导思想、战略布局、发展目标、发展方向和政策措施，变成推动我区跨越式发展和长治久安的科学实践，振奋精神，扎实工作，锐意进取，不断推动科协工作迈上新的台阶。

【点评】这是一份专题会议纪要。在开头部分概括介绍了会议的基本情况、主要议题以及对会议的总体意见等。在主体部分，主要采用了综述式，将主要发言人群增和仓珍的意见和要求作为纪要精神概括出来，这种方式适用于会议规模较小、意见比较集中的情况下。在结尾部分提出了希望和要求，然后自然收束。该纪要中心突出，条理清晰，语言流畅。

知识归纳

(一) 会议纪要概述

1. 概念

会议纪要是记载和传达会议情况及议定事项的公文。会议纪要向上汇报,让上级了解情况,同时要向下传达,以便下级机关遵照执行,因此它的行文方向较为灵活,可上行、下行和平行。

2. 特点

(1) 纪实性。其内容是对会议情况的记录和整理。

(2) 综合性。不仅反映领导机关的意图和结论,也反映与会者的意见和会议的一般过程。

(3) 及时性。其写作时限要求较严,要在会后较短时间内写出。

(4) 特殊性。成文后,一般只主送各有关与会单位。

3. 种类

纪要可分为指令性会议纪要、通报性会议纪要和座谈会纪要。

(二) 会谈纪要的格式

会议纪要的格式一般包括标题、时间、正文等项。

1. 标题

标题有两种写法:其一是单标题,其二是双标题。双标题有两个语言结构,前一个是主标题,概括会议的主题,后一个是副标题,说明会议的名称及所用文种。

2. 时间

纪要的时间一般是会议纪要形成的时间,有时也可以写会议结束的时间。会议纪要的时间一般写在标题下方的居中位置,并且首尾加圆括号。

3. 正文

一般包括开头、主体和结尾三部分。

(1) 开头部分用简练的文字写出会议概况。介绍召集会议的单位、会议的目的、开会的时间、地点、会期、参加人员、会议的议程和进行情况等。

(2) 主体部分主要写会议内容,即会议研究的问题,讨论的意见及所形成的结果。这部分的表述方式比较灵活多样,可以加写序号按问题的顺序逐一表述,也可以直接以小标题形式表述,还可以按内容性质加序号分若干部分表述。

(3) 结尾部分有两种写法。一种是提出希望、号召,要求有关单位认真

贯彻会议精神，努力完成会上提出的各项任务；另一种是不另写结尾，正文的主体部分结束就是全文的结尾，一般工作会议纪要常常采用这种写法。

(三) 应注意事项

第一，要真实、准确地概括会议内容，尤其是会议的议决事项。会议纪要，既要忠实于会议的实际内容，又要作好归纳整理工作，不能随主观意图增减或更改会议的内容，而必须做到真实、准确地表达会议内容。

第二，要突出反映会议的重点内容，这主要是指重点反映会议所讨论的问题及形成的统一意见，即会议明确和解决的问题。

第三，会议纪要的写作要及时，否则拖延时间过长，会给人“时过境迁”之感，影响公文的效果。

病例评析

××市经济普查联络会议会议纪要

2004 年 6 月 16 日，××市召开经济普查联络会议，各成员单位联络员、统计局领导和普查办公室全体同志参加了会议，会上通报了前阶段我市经济普查情况，研究讨论了联络员工作制度。市经济普查办公室主任鲍××部署了近期工作：一是提高认识，摆正位置。二是扎实抓好普查各阶段工作。当前主要抓好在册企业清理和企业财务报表规范工作。会议要求，市工商局、编办、民政局和质监局要按照《××市基本单位清理工作方案》要求，做好在册企业清理工作；市财税局牵头研究部署全市规模企业财务报表的规范工作。三是做好宣传工作，扩大社会影响。四是做好全市动员大会各项准备工作。

会议强调了普查的目的，主要是为了全面掌握国民经济的发展规模、布置结构、组织形式和经济效益等基本信息，更好地为政府制订国民经济和社会发展规划提供科学依据，为调整和优化经济结构等提供基本信息，更好地为政府制订国民经济和优化经济结构政策，改进政府调控、统筹城乡发展、全面建设小康社会提供信息服务，为引导企业正确判断行业发展和市场走向、适时做出生产经营决策提供统计参考，为社会公众正确了解经济社会发展情况，积极参与国家事务、自主进行就业、消费和投资等提供相关信息，为建立健全覆盖国民经济各行业的基本单位名库录和数据库系统，完善国民经济核算制度，推进统计调查体系的综合配套改革提供良好条件。

【评析】这份纪要主要错误在：第一，标题不规范，“会议”重复出现。第二，表述不清，在主体部分“鲍主任”部署的工作没有展开，没说明具体作法。第三，没抓住要点，主次不分，主题不突出。纪要将重点放在了“目的”、“意义”上，而将“部署工作”轻轻带过，这样已经本末倒置，在前言部分强调“意义”、“目的”即可，重点应是“部署”。第四，条理不清。“部署”部分应分条列项写清楚。第五，格式不完备，应加注成文时间。

实训活动

将下列会议记录改写成会议纪要。

××学院第×次办公室会议记录

时　　间：200×年×月×日上午 9：00～10：30

地　　点：系办公室

出席人员：劳××、胡××、王××、卞××、黄××

主 持 人：劳××

记　　录：黄××

会议内容摘要及决议：

一、报告

劳××同志传达了全国第二次产学研工作会议精神和200×年全省教育工作要点。

二、讨论

我系如何按照上级指示精神，创造性地开展工作。

三、议定事项

1. 王××同志协助劳××同志主持系行政日常工作。

2. 重申了会议制度改革和加强管理问题。要形成例会制度，如无特殊情况每周一上午召开，以确保及时研究问题、解决问题，提高工作效率。会议研究决定的问题，即为学院决策，各单位、部门要认真执行，办公室负责督促检查。

3. 要进一步关心学生的生活问题，要结核教室管理等工作，落实好学生的勤工俭学任务。

4. 要规范学生的技能鉴定工作。重申学生毕业之前须取得中级以上技能证书，才能发给毕业证书。

5. 要加强对外交流和学习。争取利用暑假期间，组织教工到境外考察

学习。

散会

主持人：(签名)

记录人：(签名)

延伸阅读

行政公文的语体

这篇关于公文语体特点的介绍很实用，这里同学们了解一下。

所谓语体，是指行文中所体现的语言风格和不同的语言运用体式。行政公文是行政机关处理公务的书面文书，它以实用为目的，在思维方式、社会功能、信息特点、遣词造句、篇章结构、修辞特色等方面，集中表现为实践指导性、理智客观性、抽象性、程式性、常规性以及平直规矩、波澜不惊等特点，简而言之，就是平实、明确、简要、得体、程式五点。

一、平实

行政公文的语言要求平直、朴实。平直即指笔法。公文写作宜用直笔，采取直陈方式，即多用叙事、说明、议论，少用或者不用描写铺陈、渲染夸张等手法。华而不实、装腔作势、哗众取宠的语言，不适用于公文。朴实既指风格，又指公文的内容。风格上要求不修饰铺陈、浓妆艳抹，不追求结构新颖、波澜起伏、穿插呼应，讲究直抒主旨、通俗易懂、庄重大方、恰如其分、公正平和、言尽意止；内容上则要求实实在在，反映的事情客观真实，引用的数据准确可靠，做出的判断切合实际，提出的措施可行有效。概而言之，就是文实相符，文如其事。

二、明确

行政公文的语言要求表达得清楚明白、准确无误，做到不晦涩，不含混，不模棱两可；用词造句妥帖稳当，行文舒展流畅；要表意准确周密，无错误，不疏漏。

三、简要

行政公文的语言杜绝冗言赘语，讲究简洁扼要，要求用最少的文字表达最丰富的内容。应当从一个公文特定的目的、对象、要求出发，一切与行文主旨关系不紧密的内容都不必展开铺叙，一切重复啰唆、可有可无的字、词、句都应该删除。要努力做到一文一事，主旨单一，重点突出，文短意明。

四、得体

一是选用文种要得体。比如,一般情况,表彰先进、批评错误用“通报”,如果用“决定”就显得有些“过”;不相隶属机关之间联系、商洽工作不论任何事情都应用“函”,如果用“请示”,就不得体;“请示”应一文一事,主送一个机关,如果多头主送则不合规范。

二是使用语言要得体。即,要根据公文性质的不同选用不同的词语。比如,带强制性的公文里宜用“必须”,指示规定性的公文里宜用“应该”,不宜用“请”、“烦请”、“可以”之类的词;请批性公文里宜用“恳请”,商洽性公文里宜用“商请”、“烦请”,不宜用“应该”、“必须”、“务必”;请示、报告事项要使用陈述性、说明性的语言,不宜使用论述性的语言;指示、决议要多使用概括性、论断性的语言,不宜使用叙述性的语言;通知宜多运用说明性的语言,不宜使用记叙性的语言;会议纪要宜用记叙性的语言,不宜使用叙述性的语言。

三是语气运用要得体。不同的文种使用的语气也不同,如,发布命令要庄重严肃,做出决定要字正意准,通报错误要说理严正,表扬先进要热烈欢快,商洽问题要谦逊真诚,申请事项要委婉平和。上行文要体现组织观念,尊重上级,实实在在,不卑不亢;下行文要郑重严肃,平等为怀,不踞不傲;平行文要以诚相待,顾全大局,互商互谅,谦诚有礼。

五、程式

长期的公文制作实践,使不同的文种逐渐形成了各自相对固定的框架结构和语言体式。

譬如,公文的标题用语、开头用语、表述用语、结束用语都带有模式化的色彩;行政公文的标题一般由发文机关、发文事由和文种组成,并且发文事由多由“关于”引起;开头用语常用“为了”、“根据”、“依照”、“按照”等,说明发文的目的、依据;表述用语常用“特做如下规定”、“现将有关事宜通知如下”、“特此批复如下”,等等,以表明文种,引出下文;结束用语则用来结束全文,区别文种,引起注意,提出要求,常用“专此报告”、“以上报告如无不妥,请批转各地执行”、“以上妥否,请批复”、“专此致函,望复”、“特此函复”、“此令”、“此复”、“现予公布执行”、“从公布之日起施行”、“请认真贯彻执行”、“请遵照执行”、“请参照执行”、“请研究贯彻执行”,等等。

总之,行政公文的语体有其自身鲜明的特色和可循的规律,而不同性质的行政公文又各有各的不同,需要用心体会和揣摩。

——摘自《内蒙古政报》1999年,略有改动

知识岛

会议纪要与会议记录的区别

(1) 对象不同。会议记录是有会必录,以作内部资料和存档备考;会议纪要主要记述重要会议情况,为了上呈下达会议精神。

(2) 方法不同。会议记录随着会议进程进行,有会必录,逐项记载,直到会议结束;会议纪要是在会议结束后,在会议记录的基础上整理而成。

(3) 写法不同。会议记录作为客观纪实材料,要求完整地记录会议情况;会议纪要是在此基础上提炼形成的正式公文,要集中反映会议的精神实质。

(4) 作用不同。会议记录只作为资料和凭证保存;会谈纪要经过上级机关审批可作为正式文件印发,对工作有指导作用。

阶段练习与自测

一、判断题

1. 在向主管部门请求批准的公文,用“请示”。( )
2. 不同意请示事项的批复,可不用说明不同意的理由。( )
3. 请示是一种对上级机关提出意见或建议并请求上级机关给予指示、批准的祈请性公文。( )
4. 省教育厅拟撰文请省人事厅同意该厅×××等5人为工作人员,应该用函这一文种。( )
5. 一定情况下,函可以用“请示”代替。( )
6. 某集团公司拟行文到某大学了解本公司员工进修情况,应该使用函行文。( )
7. 批复应一文一事。( )
8. 便函相当于一封书信,所不同的是便函必须有发文字号。( )
9. 议案适用于各级党政机关按照法律程序向同级人民代表大会常务委员会提请审议事项。( )
10. 为了提高办事效率,一份议案可写多项审议事项。( )
11. 会议纪要的精髓在“纪”,要大量直接引用或列举参会人员的原始发言材料。( )

12. 请示必须事前行文，否则就是先斩后奏，不符合规定。（　　）
13. 报告是单方向的上行文，供领导审阅，不需要上级给予回复。（　　）
14. 用于答复下级机关的请示事项的公文是批复，它是专门用于答复请示的一种下行文。（　　）
15. 批复的开头必须首先引述来文的标题并加文号，作为批复的依据。（　　）
16. ××税务局批复正文的批复导语写道：你局《关于××有限公司减征企业所得税的请示》（×国税发[2000]150号）收悉。现批复如下……。（　　）
17. 在13种行政公文中，只有会议纪要既可以平行、上行也可以下行。（　　）
18. 函的正文一般由缘由、事项、结语几部分组成。（　　）
19. 会议纪要有法定效力，会议记录则有文献作用。（　　）
20. 某单位在完成上级布置的任务的过程中，出现了新的问题。该单位为了及时解决新出现的问题，应利用制发向上级汇报完成任务情况的报告的机会，请求领导对怎样解决新问题作出指示。（　　）
21. 关于报送省教育厅今年招生工作情况汇报的函。（　　）
22. 会议纪要不仅可发给与会者及其所属单位，还送给上级，必要时可通过传媒向公众发表。（　　）
23. 某领导机关向某单位批复请示事项时写道：××（单位）：现将有关事项批复如下：××××××。特此批复。（　　）
24. 会议纪要的标题与一般公文略有不同。因为会议纪要是以会议名义而不是以领导机关名义发出的，所以其标题一般由会议名称＋主要内容（事由）＋文种组成。（　　）
25. 意见是对重要问题提出见解和处理办法的公文，具有指导性和针对性的特点，因此只能向下行文。（　　）

二、单项选择题

1. 请示要严格遵守（　　）。

   A. 多文多事　　B. 多文一事　　C. 一文多事　　D. 一文一事

2. 报告是向上级机关汇报工作，反映情况，答复上级机关的询问时使用的上行文。在这种公文中行文机关（　　）。

   A. 可以要求上级对报告的质量表明态度

   B. 可以借此机会要求上级对某个问题作出答复

   C. 不得夹带请示事项

   D. 可以向上级提出解决某个亟待办理的问题的申请

3. “批复”例文的导语有“你局《关于××塑料包装有限公司减征企业所得税的请示》(×国税发[2000]150 号)收悉”之句。“收悉”中“悉”字的解释是(　　)。

A. 全、尽　　B. 熟悉　　C. 用尽心思　　D. 知道

4. 向有关单位提出问题或咨询有关情况,用(　　)。

A. 请示　　B. 报告　　C. 意见　　D. 函

5. 某主送相同级别机关的函的请求事项写道:“《××市机动车辆纳税手册》的收取标准拟为 5 元/册;《临时税务登记证》的收取标准拟为 2 元/份(含登记表、资料费、打印费)。特向贵局申请核定收费标准并发给《收费许可证》,请予支持。”从语言表述的角度看,这个请求事项写得(　　)。

A. 抽象空洞　　B. 含糊不清　　C. 具体明确　　D. 繁杂琐碎

6. 批复是上级机关为答复下级机关请示事项而制作的公文,由此可见这种公文在答复问题时具有(　　)。

A. 多面性　　B. 针对性　　C. 灵活性　　D. 商讨性

7. 批复是上级机关用来答复下级机关请示事项的公文。下级有请示,上级才会有批复。因此,批复的主送机关应该是(　　)。

A. 有要求答复问题的各下级机关

B. 出现了相关问题的某几个下级机关

C. 发出请示的下级机关

D. 发出请示单位的职工代表大会

8. 请示的正文要明确请示的内容,解决“请示什么”的问题。为了便于领导审批,也为了达到请示的良好效果,请示时应该(　　)。

A. 按重轻顺序排列几件事

B. 按急缓顺序排列几件事

C. 列举几件事后,询问可以办理一些什么事情

D. 一文一事一请示

9. 某机关回答对方来函所提问题的函叫(　　)。

A. 商洽函　　B. 复函　　C. 发函　　D. 询问函

10. 某小学要求有关机关整治学校周围滥设摊点现象,其“主送机关/文种”应为(　　)。

A. 教育局/请示　　B. 街道办事处/报告

C. 派出所/通知　　D. 工商行政管理局/函

11. 向级别与本机关相同的有关主管部门请求批准某事项应使用(　　)。

A. 请示报告　　B. 请示　　C. 报告　　D. 函

12. 《××县国家税务局关于向××县国土局申请建设办公大楼用地的请示》，该标题的主要错误是（　　）。

A. 违反报告不得夹带请示的规定

B. 违反应协商同意后再发文的规定

C. 错误使用文种，应使用函

D. 错误使用文种，应使用报告

13. 批复是答复下级机关请示事项的公文，其答复具有权威性。这种权威性主要体现在批复的内容（　　）。

A. 满足了请示机关的心理需求

B. 得到了领导机关办事成员的共同帮助

C. 有上级文件规定和领导批准

D. 考虑了请示单位群众的情绪

14. 会议纪要或把会议的发言、讨论的情况加以综合分析，围绕中心内容归纳概括成几个部分，分条分段，用"一、二、三……"的形式或冠以小标题进行排列、说明和阐述。这种写法叫（　　）。

A. 概括叙述式　　B. 并列论说式

C. 总—分表达式　　D. 发言记录式

15. 会议纪要作为一种正式公文，它的编号应注明在（　　）。

A. 首页左上角　　B. 标题下方正中

C. 文末　　D. 和其他公文一样

16. 会议纪要的成文日期应以（　　）为准。

A. 会议通过日期或签发日期　　B. 会议结束日期

C. 会议开始日期　　D. 发文日期

17. 某机关主动制发的函称作（　　）。

A. 信函　　B. 便函　　C. 发函　　D. 复函

18. 下列事项适合用函行文的是（　　）。

A. 公安局请求财政局增拨经费

B. 局纪委答复市检察院的询问

C. 区教育局对所属学校做调整

D. 省政府同意某县改市

三、多项选择题

1. "请示事项"是请示正文的核心，它应该（　　）。

A. 实事求是　　　　B. 具体清楚
C. 提出一种解决问题的意见　　　　D. 语气坚决

2. 会议记录与会议纪要的区别在于(　　)。
A. 写作时间不同　　　　B. 作用不同
C. 写法不同　　　　D. 写作主体不同

3. 批复的正文一般由(　　)部分组成。
A. 主送机关　　　　B. 批复依据
C. 批复事项　　　　D. 执行要求

4. 撰写请示应坚持(　　)。
A. 一文一事的原则　　　　B. 报告其他需要上报的事项
C. 主送领导人个人　　　　D. 上报同时不抄送下级机关

5. 某国税分局向市局报送一份“请示”,请求解决购买交通工具的问题,那么在“请示事项”中应该写清交通工具的(　　)。
A. 交通工具的数量　　　　B. 交通工具的种类
C. 交通工具的质量　　　　D. 交通工具的单价

6. “撤销××县地方税务局直属第二征收管理分局的批复”这则标题存在(　　)等问题。
A. 标题不完整缺发文机关　　　　B. 标题不完整缺文种
C. 标题结构不规范　　　　D. 标题事由不清

7. 函的结语表述正确的是(　　)。
A. 妥否,请批复　　　　B. 以上意见如无不妥,请函复
C. 专此函达　　　　D. 即请函复

8. 有双重领导的机关在制作“请示”时,它的受文对象可以分为(　　)。
A. 主送机关　　　　B. 主管机关
C. 抄送机关　　　　D. 主管业务机关

9. 请示公文的结语虽是惯用语,但不能生造,要符合逻辑。下列各句适合作请示结语的有(　　)。
A. “以上妥否,请予批复”　　　　B. “以上如无不妥,请予批准”
C. “以上事项紧急,请速批准”　　　　D. “特此请示,请批复”
E. “以上请示报告,请批示”

10. 会议记录的文献性特征决定其写作的基本要求是(　　)。
A. 权威性　　　　B. 理论性
C. 真实性　　　　D. 完整性

答案

一、判断

1. √	2. ×	3. √	4. √	5. ×
6. √	7. √	8. ×	9. √	10. ×
11. ×	12. √	13. √	14. √	15. √
16. √	17. ×	18. √	19. √	20. ×
21. ×	22. ×	23. ×	24. √	25. ×

二、单选题

1. D	2. C	3. D	4. D	5. C
6. B	7. C	8. D	9. B	10. D
11. D	12. C	13. C	14. C	15. B
16. D	17. C	18. A		

三、多选题

1. ABC	2. ABC	3. BC	4. AD	5. ABD
6. ACD	7. BCD	8. AC	9. ABD	10. CD

第四章　事务文书

事务文书是党政机关、社会团体、企事业单位处理日常具体事务时广泛使用的用来传递信息、沟通情况、制订计划、总结经验、调查情况、规范行动等系列文书的总称，又称为业务文书。

与行政公文相比，它具有制发程序、行文格式无严格规定，本身不具备法定权威和使用频率高等特点。在种类上，包括计划、总结、简报、调查报告、讲话稿、述职报告等。

事务文书在反映情况、给领导提供决策依据、提高工作成效等方面发挥着重要作用。它与行政公文一样，是公务活动中形成并经常使用的，是加强行政管理的重要工具。

通过本章的学习，拟达到的学习目标有：

◇ 掌握事务类文书各文种的概念

◇ 掌握各文种的格式

◇ 了解并明确各文种的适用范围、特点

第一节 计划 总结

一、计划

例文·点评

* 例文一

省略式标题：时间、内容和文种

关于2008～2009学年
新学员入学教育工作的安排

主送单位

各系、基础部：

前言，交代该文件的重点内容

根据校党委的部署和要求，我校2008～2009学年入学教育的重点是：对新学员加强校规校纪的教育，特别是要抓好两个《暂行规定》的学习贯彻，使新学员入学后就能自觉地以学校的有关规章制度规范自己的思想行为，养成遵守纪律、刻苦学习的良好风尚，推动我校学风、校风的建设。现将有关事项安排如下：

一、入学教育时间：8月29日～8月31日（共3天）。

二、入学教育的内容和要求：

(1) 进行校纪校规教育。重点是组织学习《学员手册》中的各项规章制度，特别是两个《暂行规定》的内容。要求逐条学习讨论，从入学的第一天起就要严格贯彻执行。

(2)（略）

(3)（略）

三、入学教育的日程安排：

（表格略）

四、各系要切实加强领导，按学校统一安排要求，认真搞好组织落实工作。入学教育活动所需教室，由各系与教务处联系，统筹安排。入学教育结束后，各系须将有关情况向学校主管领导汇报。

××大学校长办公室
二〇〇八年八月二十三日

【点评】这是一篇短期的工作计划，也可以写为“安排”。这篇计划格式完整，内容详细。正文中在前言中交代了入学教育的重点，主体部分详细列出了时间、内容、日程安排及对各院系的要求等，具有可操作性。这篇例文层次清晰，语言实用简洁。

* **例文二**

三峡库区水面漂浮物清理方案

（环保总局 二〇〇三年十一月）

为了确保三峡库区水面清洁，特提出三峡库区水面漂浮物清理方案。

一、清理工作原则

预防为主，防清并重；加强领导，明确分工；强化监督，严格执法；三峡总公司与属地管理相结合；推行市场与综合利用，集中力量做好丰水季节暴雨期的清理工作。

二、清理工作要求

水面漂浮物清理的范围为库区蓄水位按20年一遇洪水位以下水域。清理的内容包括秸秆、树木树杈、塑料泡沫等生活垃圾及其他漂浮物。清理的标准为水面不出现漂浮物聚集现象，长期保持水面清洁。清理处置设施应在2004年汛期前建成投入使用。

三、清理计划

由湖北省、重庆市人民政府和三峡总公司按照本方案要求，于2004年2月底前分别制订清理船只、岸上接收和处理处置设施计划，并逐项落实，认真组织实施。环保总局会同发展改革委、建设部、交通部、三峡办加强管理和监督。

四、职责分工

三峡总公司负责坝前水域和干流水面漂浮物的打捞、上岸、焚烧、综合利用和安全处置，并转运需处置的漂浮物……

湖北省、重庆市人民政府负责行政区域内的支流水面漂浮物的清理作业……交通部门负责船舶垃圾岸边接收工作，并对接收单位进行监督管理。……

五、资金与经费来源

坝前水域和干流清理船只、漂浮物岸边接收设施和处理处置设施的建设费用和日常费用由三峡总公司负责解决。支流清理船只、漂浮物岸边接收设施和处理设施建设费用和日常费用由库区地(市)人民政府负责解决。

发展改革委、财政部会同交通部、建设部按照货船吨位、客船乘员数量,制订三峡库区船舶垃圾处理收费标准和管理办法。交通部门负责船舶垃圾处置费征收工作,征收的处置费全额上缴中央财政专户。支出由财政部按照批准的预算拨付给船舶垃圾岸边接收单位和城镇垃圾处理处置单位。

【点评】这份方案从指导思想、工作要求、实施计划、职责分工到经费保障制五方面出发,制订了"清理三峡库区漂浮物"的方案,内容齐备、明确,切实可行,结构精炼,语言简洁。

知识归纳

(一) 计划概述

1. 概念

计划是为完成某项任务和实现某项目标而事前拟定的关于目标、措施和步骤等内容的文书。计划是个统称。通常人们所说的"规划"、"设想"、"安排"、"要点"、"方案"等,都属于计划的范畴。

2. 特点

(1) 预见性。计划是在开展实践活动之前制订的,在撰写计划时,必须尽可能准确地预测出计划完成后事物发展的趋势,并对可能出现的问题进行分析,提出切实可行的方案。

(2) 指导性。计划的内容是对未来要做的事情的打算和安排。为了保证计划的顺利实施,工作的开展和时间的安排等必须严格按计划执行。

(3) 可行性。在制订计划时必须十分重视其可行性,要写明完成计划的具体办法、措施、完成任务的具体时间,以保证计划的实施。

3. 种类

计划的种类繁多,按照不同的划分标准,可分为不同的种类:

(1) 按性质分,可分为综合性计划、专题性计划。

(2) 按内容分,可分为工作计划、生产计划、学习计划、科研计划等。

(3) 按范围分,可分为国家计划、单位计划、部门计划、个人计划等。

(4) 按作用分,可分为长期计划、年度计划、季度计划、月计划等。

(5) 按形式分,可分为条文式计划、表格式计划、文表结合式计划等。

根据计划的性质、范围、作用等的不同，计划还有其他的名称，如规划、方案、安排、设想、打算、要点等。

（二）计划的格式

计划常见的表达方式有文字叙述式、条文式、表格式。但无论哪种格式，一般都应具备标题、正文和日期三部分。

1. 标题

完整的标题包括制订计划的单位名称、计划的期限、内容范围和计划的类别4个要素，如《××公司2007年度工作计划》；也可以是省略式标题，如《2007年大学生就业工作计划》。如果是草稿或初稿，还应在标题下或标题后加括号注明。

2. 正文

正文是计划主体内容。正文一般分为前言和主体两部分。

(1) 前言部分，一般说明制订计划的总原则：上级指示和要求、制订计划的依据以及对本部门具体情况的分析。这部分应该高度概括，简约明了，不必过于具体。短期的小型计划，这部分可以省略。

(2) 主体部分，要具备3项基本内容，即：目标、措施、步骤。目标是计划产生的起点，也是计划实施的归宿，它是计划的灵魂。这部分应该根据需要和可能，提出完成任务的指标，即要完成何任务，达到什么目的要求。措施是实现计划的保证。这部分应该根据主客观条件，规定达到目标的手段，需动员的力量以及负责的部门、配合的单位等。步骤是实现目标的程序安排和时间要求。这部分应该按照任务完成的阶段和环节，明确哪些先干，哪些后干，体现出轻重缓急和先后顺序。在时间安排上，既要有总的时限要求，也要有每项任务完成的时间节点要求。

3. 制订计划的日期

一般写在正文结尾处右下方，也有写在标题下方的。另外，对外行文的计划，需要加盖公章。

病例评析

××班本学期学雷锋活动计划

为了搞好本学期的学雷锋活动，特制订如下计划：

一、把学雷锋活动和专业学习紧密结合起来，要求每个同学认真学好各门功课，不得无故缺旷课。

二、把学雷锋活动和精神文明建设紧密结合起来，要求每个同学搞好个人和教室卫生，遵守校纪，尊敬教师。

三、请校内外雷锋式先进人物作报告。

四、第四周结合学校安排的值周工作，多做好人好事。

五、第十周结合期中考试，学习雷锋的学习精神，好好学习，争取考出好成绩。

六、第十三周至放假，以雷锋精神对照自己，找出差距，总结经验，宣传典型。

七、大力提倡岗位学雷锋，真正将雷锋精神融入到日常生活中去。

××班

××年××月××日

【评析】本则计划的主要问题：第一，标题写法不当，应该为"××班××学年第×学期学雷锋活动计划"。第二，正文开头没有"前言"，没有写明制订计划的依据，使该计划的目标不明确。第三，正文主体部分的活动内容不够具体，有的和学雷锋活动没有直接关系，这样可操作性比较差。第四，没有完成任务的措施，也就使该计划失去了顺利完成的基本保障。

实训活动

1. 结合自身的实际情况，写一份学期学习计划

要求：(1) 有明确的目的，认识到计划的重要性。

(2) 有可行性，措施要具体，时间要予以保证。

(3) 结构完整，语言简练，符合计划的格式要求。

2. 修改以下计划的"前言"

××县××站2009年工作计划

硕果累累的2008年过去了，光辉灿烂的2009年已经来临，为了创我站工作的新局面，更好地完成上级布置的任务，充分发挥××在发展商品经济中的作用，特制订我站2009年工作计划。

二、总结

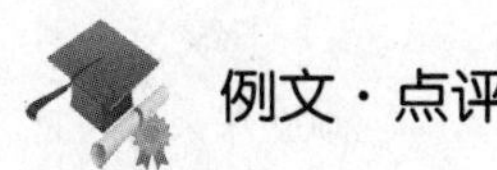

例文·点评

优秀员工总结

能够被评为本年度的优秀员工,是领导和同仁对我工作的支持和肯定,我很高兴,同时也很感谢大家。下面是我的一些个人总结:

一、遵守各项规章制度,认真工作,使自己工作效率不断得到提高

爱岗敬业的职业道德素质是每一项工作顺利开展并最终取得成功的保障。遵守公司的各项规章制度、兢兢业业地做好本职工作是我自己的工作原则,用满腔热情积极、认真地完成好每一项任务并履行岗位职责。因为工作的特殊性和精确性,在工作中我严格要求自己要做到零误差,以提高准确率和工作效率。

二、积极配合领导、团结同事

在工作中,我尊重领导、服从命令,积极完成领导布置的工作;平日里多关心同事,与同事互相学习。同事间往往都是彼此的老师,我们能够从别人的身上看到自己的影子,当然有好的也有坏的;在面对问题的时候,我们又成为了彼此的后盾,并肩共同完成任务。从我个人而言,在工作的过程中我受益匪浅,从做事到做人,从发现问题到解决问题,都给了我成长的机会和经验。

三、对客户真诚、耐心

真诚服务于每个客户,耐心倾听并解答客户的每一项问题,尽可能做到客户满意、自己放心,不给领导添加不必要的麻烦。遇到特殊解决不了的问题,请示于领导的帮助和支持。业主不论什么时间、什么情况、有需要帮助或有疑问的,我会及时、认真地给予业主帮助。

四、心态端正、举止大方

工作是人生活的重要部分,不论是消极还是积极,都会给人带来不同感受。而精彩的生活往往有来源于有意义的工作,所以我不会因工作的烦恼、困难和压力而困扰自己,使自己工作情绪化、生活情绪化。遇到困难我会用平常的心态实际地看待问题,告诉自己凡事要先做人、后做事。

有些缺点和不足是我自己能看到的,同时也有些是自己看不到的,不论是我看到的还是看不到的,我都希望大家能帮助我,给我指出,好在日后工作生活中得到改正，也以便提高工作效率和更好地服务于业主。

×××
2009年×月×日

【点评】这是一篇个人工作总结，也算得上是一篇工作感言。作者分别从4个方面总结自己工作中成功的经验，同时也认识到自己存在的不足，并明确下一步努力的方向。这正是总结正文所包含的几方面内容。该篇范文格式规范，层次清晰，语言流畅。

知识归纳

（一）总结概述

1. 概念

总结是对过去一定时期的工作、学习或思想进行回顾、分析，找出成绩与问题，总结经验与教训，并做出指导性结论的一种事务文书。我们常说的"小结"、"体会"实际上也是总结，但涉及范围较小，内容比较简单。

2. 特点

（1）回顾性。总结是对做了一个阶段工作或完成了一项任务之后，进行回顾、检查和研究，看到成绩，找出不足与教训，用以指导以后的工作。总结是在事后进行的。

（2）自身性。总结回顾的都是本人或单位的实践活动。一般用第一人称写作。

（3）客观性。总结是对过去确实发生过事情进行的回顾、分析，因此它必须以客观事实为依据，真实地、客观地分析情况，总结经验。

3. 种类

按内容划分，可分为工作总结、生产总结、学习总结、思想总结。按性质划分，可分为综合性总结和专题总结。按范围划分，可分为单位总结、部门总结、个人总结。按时间划分，可分为年度总结、季度总结、月份总结、阶段总结。

4. 总结与计划的区别

计划是事前制订的，而总结是事后才写的。总结是计划执行的结果，做总结要以计划为依据，又要对计划完成情况做鉴定；计划是总结的发展，制订计划既是以上一阶段的总结为依据，又是对做好总结的促进。从写作内

容看，计划要回答的是“为什么做”、“做什么”、“怎么做”；总结要回答的是“做了什么”、“做得怎样”、“为什么会这样”。从表述上看，计划重说明，总结则是叙述、说明、议论兼用。

（二）总结的格式

总结常见的格式包括标题、正文、署名和日期3个部分。

1. 标题

有两种写法：一种是最一般的写法，包括单位名称、时间、内容和文种，如《××省邮政系统2005年工作总结》，如要突出主题，还可采用副标题的形式，如《搞好审计调查　为宏观决策服务——××市审计局2002年工作总结》；另一种只有内容的概括，和一般文章的标题一样，如《我们是怎样把企业推向市场的》。

2. 正文

可分为全面总结和专题总结。

(1) 全面总结的正文，包括以下4个部分：

A. 基本情况。这是总结的开头部分。这部分的写法，常见的有以下几种：第一种是概述总结工作的全貌、背景；第二种是说明总结的指导思想和成果，或是将主要的成绩、经验、问题扼要地提出来，先给人以总的印象，作为下文的铺垫。

B. 成绩和问题。成绩要说够，问题要写透。

C. 经验和教训。经验体会是总结的核心，是从实践中概括出来的具有规律性和指导性的东西。能否概括出具有规律性和指导性的东西，是衡量一篇总结好坏的关键。

D. 今后的设想和打算。

(2) 专题总结以介绍经验为重点，以论带叙，首先逐条概括出经验的中心要点，然后加以说明，情况、过程、做法的介绍，用来充当经验的论据，成绩收获融合在经验的条项之内。各条项之间具有内在联系。

3. 署名和日期

全文之后要写上单位全称或个人姓名及完整的年、月、日。

病例评析

2003学年我的个人总结

炎日当空，天上没有一丝云彩，火辣辣的太阳简直叫人不敢出门，空中没有一点风，只有知了在树上不停地叫着，好像在说："放假啦，放假啦"。又一学年过去了，我应该利用暑假对这一学年的学习情况做一些总结，以迎接新学年的到来。

在这一学年里，我学习了成本会计、管理会计、审计原理、经济法、计算机应用、外贸会计、大学英语、应用文写作、体育、职业道德、概率论等课。其中成本会计82，管理会计86，审计原理80，经济法89，计算机应用90，外贸会计90，大学英语72，应用文写作68，体育85，职业道德是优，概率论是中。总的来说，成绩还是可以的，在班上属中等水平。其中，计算机应用、职业道德和外贸会计成绩好些优秀，而大学英语、概率论和应用文写作成绩差些，不够理想。下一学期，我要继续努力，争取取得更好的成绩，最好都在80分以上，这样就可以获得奖学金，减轻家庭的经济负担，更可以在择业时增加自己的实力。

文秘一(1)班 ×××

【评析】本则总结的主要问题：标题不符合规范，如可以用《2003学年个人学习总结》。正文内容不当，应该分前言、主体、结尾3个部分写。前言开门见山，切入内容；主体是总结血肉所在，主要写成绩和经验，问题和教训；结尾写今后的打算及努力方向。语言表达不当，应该用书面语，不能口语化。第四，落款没有日期。

实训活动

对自己最近一段时间以来的学习或工作情况做一阶段性总结。

知识岛

"工作总结"忌"三多"

当年终将近，各单位、部门都忙于对一年来各项工作进行总结概括。工作总结，顾名思义，就是对所做工作进行总体归纳和全面概括具体结论。它不仅是对各项工作具体做法、进展情况、取得经验进行总结，更是对工作中存在问题、不足及下一年工作安排概括。因此，工作总结特别是年终总结应具有客观性、全面性和概括性。

可如今，一些单位工作总结则变"调"，串"味"。例如有单位在写工作进展情况时，总把"基本完成、将要完成、预计达到"等字眼当头；在写到存在问

题时，则用“依然、还、比较”等字词绕人眼；当写到取得成绩时，就开始“添油加醋、浓墨重彩”一番叙述，把工作总结写成“业绩汇报”、“工作汇报”，这样，总结就变成“工作业绩多、虚话套话多、模糊字眼多”的“三多”总结。其实，工作总结只需要把所干工作实实在在、有始有终地进行全面客观评价。对所做工作，既要看到取得成绩，又要看到不足地方，对于存在问题，既要实事求是，又要全面客观。所以，只有脚踏实地地真正干工作，才能用“实绩”写出令人满意“总结”来。

——中国教育在线·校园招聘频道

第二节　调查报告　述职报告

一、调查报告

例文·点评

我们会做得更好

——大学生家教调查分析

新闻式正副双行标题，比较形象

随着社会的发展，大学生越来越有竞争和独立自主的意识，面对假期，大部分大学生所想到的不再是享受，而是去打工实践，这样既可锻炼自己，增加工作和社会经验，为以后就业做准备，又可体验生活的艰辛，从而更加珍惜来之不易的学习机会，真可谓一举两得。

家教，是大学生实践首选的工作，这个工作看似简单，似乎可以轻易做好，是不是真的这样呢？笔者假期里走访调查了一部分做家教的大学生和请家教的家长以及孩子，结果发现大学生做家教的情况不尽如人意，还存在许多不足和欠缺的地方。

提出调查对象和调查问题

一、耐心不足，烦躁有余

做老师耐心是非常重要的，许多大学生做家教的时候，还没有完全适应从学生到老师的转换。面对孩子的一再询问和追根问底时缺乏耐心细致，不愿或不习惯“重复”。一李姓家长谈到家教老师时说，就知识而论，一个大学生教一个小学生应该绰绰有余，但他不能耐下性子细心讲解，给孩子讲几下不明白时他就开始着急了，一着急就益发讲不清楚了。

分析存在的各种问题

二、表达沟通能力尚待加强

能够传授给学生以知识和能力是老师所应该具备的能力。但由于许多大学生在学校时较少参加社会活动，况且几乎都没有接受过正规系统的上岗培训，导致面对孩子时缺乏一种自信和大方的表现，不能很好地表达出自己的意思，常常想好在心里而出口不成文，无法将自己的知识转化为孩子的知识，又因为不了解孩子，不懂他们的心理状况，不能与他们进行很好的情感沟通，从而很难激发孩子的学习兴趣和动力，导致家教效果不明显。

三、敬业精神不够

假期做家教虽不是正规长期的工作，但敬业不敬业也是一个人对工作态度的体现。在笔者调查中，有40%的家长认为这方面还行，40%的人表示欠缺，只20%的家长满意，被调查的大学生60%认为过得去就行，仅15%的认为需要竭力做好，其余人则表示适当努力。看来大部分学生没有很认真对待这份工作。

针对所存在的问题，最后亮出自己的观点，提供解决问题的方法

笔者认为，只要自己做了这份工作，就应当全力以赴把它做好。面对自身的不足，大学生可以通过许多方法来弥补和增强。比如，第一，平时多向老师学习，看看他们是怎么对待学生的，经常与他们交流心得体会，相信会有许多启发；第二，多参加社会实践，积极参加学校和学院举办的各类活动，培养自己的表达和沟通能力；第三，在正式上课之前，要做好准备工作，至少熟悉所讲内容，做好教程规划，尽量能在最短的时间内教给孩子更多的有用东西。

相信经过我们的努力，大学生家教一定能给孩子带去知识的芬芳。

——黎红英 田颖，来源《济南大学报》，2004-02-27，略有改动

【点评】这是一份切合大学生生活的市场调查报告，有分析有观点有材料，语言简洁，篇幅短小。这份调查报告在写作上具有典型性，值得借鉴。

知识归纳

（一）调查报告概述

1. 概念

调查报告是对社会现象进行深入全面的调查研究后写成的书面报告，也称为“调查分析”、“考察报告”、“调查汇报”、“调查附记”等。

调查报告包括3个重要环节：系统周密的调查、客观深入的研究、准确完善的表达。

2. 调查报告的特点

（1）具有很强的针对性和明确的目的性。

(2) 用事实说话，观点明确并带有结论性。

(3) 叙议结合，以叙为主。

3. 作用

调查研究不仅能反映情况、总结经验、揭示问题，使人们提高认识，还能为领导机关制定政策、措施提供依据。

4. 种类

调查报告按照反映对象和写作意图划分，有以下几种：介绍基本情况的、推广典型经验的、揭露现实问题的、反映新生事物的、考察历史事实的等。

5. 调查与报告两者之间的关系

调查是基础和前提，报告是调查的目的，是调查成果的反映。没有调查的报告是空洞的报告，而不写成报告的调查也没有存在的意义。

(二) 调查报告的格式

一篇调查报告的结构要根据它的内容来安排，要做到既能反映客观事物的内在联系和发展规律，又要服从报告主题思想的表达。一般地说，由标题、开头、正文和结尾4部分组成。

(1) 标题。通常是用简要的语言表达全文的主题或论题，常见的有4种写法：第一种，类似总结的标题，通过标题把调查单位、内容明确表达出来，如《北京市能源状况调查》；第二种，文章标题的写法，这类标题比较吸引人，但不容易看出是调查报告，如《改进经营管理，提高经济效益》；第三种，提问式标题，揭露矛盾和问题的调查报告多采用这种标题，但总结经验的调查报告也有用这种标题的，如《战士对业余文化生活有哪些要求》；第四种，正副标题的写法，正标题揭示调查的主题，副标题指明调查的地区、事件或范围，如《传统文化与现代文明相结合——关于北京同仁堂文化状况的调查报告》。

(2) 开头。概述基本情况，起提示全文的作用，应力求简明概括。

(3) 主体。是调查报告的主要部分，主要是用材料来说明观点，说明具体做法、经验或问题。至于怎样组织则要根据内容的需要和事物的内在联系来安排。基本上有两种方式：一是按照调查顺序和事物发展过程的顺序来写，被称为“纵式安排”；一是按照调查的内容归纳为几个方面，一个一个问题地叙述，逻辑性较强，条理比较清楚，被称为“横式安排”。但这只是相对的，在写作中常常是纵横交错地安排。

(4) 结尾。是对调查内容作一简要概括，或对正文进行补充，指出规律或做出结论。有的单独写成一段，有的不单独成段，而是把规律或结论放在介绍或分析材料之中，如果在正文中写清楚了，也可以不要结尾。

（三）调查报告的写作要点

（1）深入调查，详细占有材料。

（2）认真分析，找出事物的内在规律。

（3）恰当选材，努力做到观点和材料的统一。

（4）文字要朴素、明确、实在。

病例评析

大学生网络素质现状调查

（2004年4月19日）

近年来，网络剧烈地影响和改变着我们的生活，与“水能载舟，亦能覆舟”一样，利用好网络，我们的生活受益无穷，错用了它也会让我们堕入无底的深渊。在众多网民中，大学生占有很大一部分比例，这高素质的一群，有多少人在利用网络，如何利用网络成为各界关心的问题。就这个问题，本人在班里进行了调查，现报告如下：

1. 七成学生用网络娱乐

据调查结果显示，100％的同学都触过网，这是因为这学期开设了网络课程，大部分同学懂得用QQ聊天，10％的同学不懂得收发电子邮件，20％的同学不懂得下载网络程序。

2. 因友而忙

在上网的学生中，90％以上的同学有一个QQ号码，60％的同学有两个或两个以上的号码，40％的学生沉迷于聊天。在网络犯罪的案例中，由QQ引发的事件不少。例如与网友见面被骗东西，被伤害甚至被杀害。

3. 因坛而坠

论坛，也称BBS，在里面“灌水”也是不少学生网民的喜爱，班里85％的同学上过论坛，70％以上的学生在论坛上乱发帖子，10％以上的学生在论坛上有过不文明行为。

4. 因戏而废

网络游戏是不少学生的宠物。调查表明，90％的学生玩过网络游戏，其中85％是男生，5％是女生，30％的学生沉迷于玩CS之类的网络游戏，班上的同学虽没有因为网络游戏而旷课，但社会其他一些地方，很多学生因为玩网络游戏旷课太多导致多门功课不及格，面临退学的危险。

5. 因网影响健康

60%以上的同学有过通宵上网的情况,40%是经常在周末通宵上网,20%偶尔通宵上网。通宵上网有时是为了看电影的,占45%。有55%的同学是玩游戏积分。通宵上网缺乏睡眠导致食欲下降、身体免疫力下降、情感冷漠、心理活动异常,感知、记忆、思维、言语等各种反映能力显著下降等问题。

以上调查表明,大学生对网络认识有偏差,主要是因为大学生上网多在课余时间,放下繁重的课程,上网时便希望能放松,而不是再学习。在没有人正确引导下,聊天、游戏等易学、大众化的消遣性娱乐自然成了大学生们的最爱。

在调查中了解到,40%的学生认为上网是因为学校的课外活动过于单调,一些娱乐只能通过网络实现。此外,多所大学的网站上教程一个月难得更新一次,因而谈不上让学生们利用校园网进行学习。

其实网络可以用得很精彩,不少世界顶尖的高手都来自于在校的大学生。利用网络可以帮助自己查找各种学习资料,提高学习效率和学习深度、广度;可以找到各种实践、兼职、打工、招聘的信息,为自己前途找到好的信息渠道;网络可以认识更多志同道合、积极发展的社会各界朋友;利用网络写稿不仅养活自己,结交优秀编辑记者们,积累了社会关系,开阔视野,也培养了综合能力,网络的好处无处不在。

互联网功过皆有,但作为知识含量高、素质好的大学生群体,更应在网络中学会“取其精华,去其糟粕”,将网络中有用的部分变为自己的财富,大学生运用网络也可以很精彩。

【评析】这是一篇较有现实意义和针对意义的选题,通过翔实的调查数据,说明网络对学生的负面影响。本文能归纳要点(但表述欠妥),引据说明,观点鲜明。但还存在以下不足:首先,标题与内容不贴切。标题中的“网络素质”没有界定,欠准确,从正文内容看,改为“大学生使用网络利弊的调查”更恰当。其次,原因分析过于简单。网络对学生的负面影响与哪些因素有关?这个问题分析不够全面。再次,在材料使用上,不属于调查范围的、道听途说的内容不宜引入。第四,文字表达有待推敲。如倒数第四段“以上调查表明,大学生对网络认识有偏差,主要是因为大学生上网多在课余时间,放下繁重的课程,上网时便希望能放松,而不是再学习”这句话前后不能构成因果关系。

实训活动

结合本章节所学内容,自拟题目,对你感兴趣的社会问题进行社会调查，然后写成一篇调查报告。

趣味阅读

吉列的成功推销与市场调查

男人长胡子，因而要刮胡子；女人不长胡子，自然也就不必刮胡子。然而，美国的吉列公司把“刮胡刀”推销给女人，居然大获成功。

吉列公司创建于1901年，其产品因使男人刮胡子变得方便、舒适、安全而大受欢迎。进入20世纪70年代，吉列公司的销售额已达20亿美元，成为世界著名的跨国公司。然而吉列公司的领导者并不以此满足，而是想方设法继续拓展市场，争取更多用户。就在1974年，公司提出了面向妇女的专用“刮毛刀”。

这一决策看似荒谬，却是建立在坚实可靠的市场调查的基础上的。

吉列公司先用一年的时间进行了周密的市场调查，发现在美国30岁以上的妇女中，有65%的人为保持美好形象，要定期刮除腿毛和腋毛。这些妇女中，除使用电动刮胡刀和脱毛膏之外，主要靠购买各种男用刮胡刀来满足此项需要，一年在这方面的花费高达7 500万美元。相比之下，美国妇女一年花在眉笔和眼影上的钱仅有6 300万美元，染发剂5 500万美元。毫无疑问，根据市场的调查结果，吉列公司精心设计了新产品，它的刀头部分和男用刮胡刀并无两样，采用一次性使用的双层刀片，但是刀架则选用鲜艳的塑料，并将握柄改为弧形以利于妇女使用，握柄上还印压一朵雏菊图案。这样一来，新产品立即显示了女性的特点。

为了使雏菊刮毛刀迅速占领市场，吉列公司还拟定几种不同的“定位观念”到消费者之中征求意见。这些定位观念包括：突出刮毛刀的“双刀刮毛”；突出其创造性的“完全适合女性需求”；强调价格的“不到50美分”；以及表明产品使用安全的“不伤玉腿”，等等。

最后，公司根据多数妇女的意见，选择了“不伤玉腿”作为推销时突出的重点，刊登广告进行刻意宣传。结果，雏菊刮毛刀一炮打响，迅速畅销全球。

——摘自费朗编著，《营销一点通》，中国商业出版社2002版

知识岛

调查报告与工作总结的区别

(1) 相同点：它们都必须依据党的方针、政策总结经验，它们都要从事实

出发，反映事物的基本面貌和发展过程，概括出规律性的东西，指导今后的实践，具有较强的政策性和思想性；都必须运用典型材料说明观点，具有较强的客观性、针对性和指导性；在写作表达方式上，都使用叙议结合的综合表达方式，叙述的要求和方法也相同。

(2) 不同点：第一，范围不同。调查报告应用范围广，可以涉及现状、历史，反映当前有一定意义的社会(自然)的现实，揭露问题、评价事物、介绍经验。总结只限于反映本单位、本部门已完成的工作、任务及其经验教训，因而它一般都着眼于指导总结自身今后的实践活动。第二，写作时限不同。调查报告一般没有具体的工作进程和时间的严格限制，可根据需要进行调查写作；总结受工作进程和时间的限制，一般都是在工作、任务告一段落或全部完成之后写作。第三，使用人称不同。调查报告往往是上级机关或有关方面的调查组在选点进行调查研究的基础上写成的，一般用第三人称；总结大都是本单位、本部门写的，一般用第一人称。

二、述职报告

例文·点评

个人述职报告

岁末回眸，自己踏上团队工作岗位已是第四个年头了，为了使自己明确前进的目标与努力的方向，现将一年的工作情况汇报如下：

一、加强学习，不断提高思想觉悟

只有学习，才能不断地提高与充实自己，才能适应社会发展的需求。一年来我认真学习“三个代表”重要思想和十六届四中全会精神，深入学习贯彻中共中央《加强与改进未成年人思想道德建设》的文件精神，增强政治底蕴。积极参与校本培训，聆听了华师大博导钟启泉等教授和专家的讲座，并撰写了心得体会。年末又通过调研完成了《美丽从诚信开始》的调研论文。作为一名青年教师，我积极向党组织靠拢，于今年11月光荣地成为了一名中共预备党员，这也是对自己提出了更高的要求。

二、不断实践，努力提高教育教学水平

新的教育形势对教师提出了更高的要求，不但要求有扎实的专业技能，更要求有先进的教育理念。为此，我积极参与教研组的各项活动，虚心地向老教师求教，认真设计每一个教育教学环节，努力地吸收新的教育观念，以求跟上时代的步伐。今年10月我主动参与评优课，努力通过实践找寻自己的不足，以求在今后的教学中得到提高、获得进步。作为一名美术老师，我还积极帮助学校做好宣传标语的书写、张贴、橱窗的布置及宣传版面的设计与制作工作。

三、努力开拓，依托团队工作加强青少年的思想道德建设

2000年至今我负责了近3年的团队指导工作，团队工作是一项繁杂而又琐碎的工作，孩子休息的时间常常就是我最忙的时候。但是我认为在各项活动的开展中，能使学生学习知识、锻炼意志，增强活动组织能力，我喜欢这项工作，今年我主要开展了以下活动：

1. 抓好学生队伍，加强团队组织的基础建设

团队干部是团工作正常开展的保障，利用暑期我们对各班团队干部开展了培训，加强了常规工作的指导，提高了团队干部的综合素质与能力。大队部也通过小记者、广播员、大队委的选拔与培训，使一批批优秀队员活跃校园内，在今年9月又有一批新的鼓号队队员在校园内展现风姿。

2. 通过社会实践与志愿者服务活动加强青少年的思想道德建设

社会是学生学习的第二课堂。利用双休日、寒暑假，我指导学生在社区中开展一些有益的社会实践与服务活动：如“百家团支部结对百居委”，假日小队活动，为社区、敬老院活动……在活动中培养一批批有爱心的小队员。端午节、教师节、老师的生日，都会有我们的志愿者为学校有困难的老师送去祝福，而且棒棒相传，从不间断，这是我们教育工作者的骄傲，我们培养的学生是一批有爱心、乐奉献的爱心小使者。

3. 积极开展各项校园文化活动，让队员们在体验中成长

团队工作主要以各项活动为主，依托活动我努力为同学们搭建舞台，除了每年的五四青年节、六一儿童节、九月的换巾仪式、十二月的校园文化艺术节等大型的活动外，我还根据实际适时开展了一些主题活动：3月“弘扬雷锋精神、做了不起的时代青年”，“过端午佳节、扬民族精神”探究活动，8月“迎F1啄木鸟行动”，10月敬老节活动等，让同学们在一系列的活动中铸造爱国情怀，培养民族精神。另外，我还组织学生积极参与社区的各项活动：3月中学生英语现场写作比赛，4月××历史陵园入团宣誓仪式、6月的“区六一主题集会展示”，9月道德小故事征集，以及区12佳快乐中队展示的等，项项活动锻炼了学生，让学生体验艰辛，品尝快乐。在各位老师（特别是艺术组张老师、陈老师及各位中队辅导员）的关心与支持之下，我们学校参与的每一项活动都获得了上级领导的肯定，也都有收获：在区六一主题活动中获优秀组织奖、在市Walkie talkie比赛中获优秀组织奖及集体二等奖、在道德

小故事征集中获区三等奖，高××同学被评为区优秀志愿者等。

除了组织学生参与各项活动外，今年3月我也积极参与了区学雷锋活动，成为了一名光荣的志愿者，12月组织青年团员看望了重病在家的困难老师。本着“为了一切的学生、为了学生的一切和一切为了学生”的原则，9月我当上了预初(5)班的德岗老师，虽然团队工作很忙，但我也尽心尽责地配合班主任做好德岗工作，一起利用双休日家访，尽量抽时间与班中的同学交往、相处，熟悉每一位学生，踏踏实实地做好自己的工作。

有耕耘必有收获，在学校领导的关心与各位老师的支持下今年5月我被评为××区新长征突击手，教育系统优秀团干部，团队工作历次考核都获得好评。成绩只能说明过去，作为一名青年教师，我是幸运的，新的一年新的开始，我想，我会以全新的姿态迎接新的一年，迎接新的挑战。

×××
2010.12

【点评】这是一篇中学教育者的个人述职报告。开头部分先对自己的工作情况加以总述；主体部分主要从“提高思想觉悟”、“提高教育教学水平”和“加强青少年思想道德建设”3个方面陈述了履职的情况，肯定了自己所取得的成绩，并指出了今后努力的方向。该篇述职报告的作者显然是位责任心强、上进心强、敬岗爱业的好老师，从字里行间所流露出来的感情使文章真挚感人。整篇报告思路清晰，层次分明，语言朴实。

知识归纳

(一) 述职报告概述

1. 概念

述职报告是指各级机关、团体和企事业单位的工作人员，就自己任职期间的岗位职责执行情况进行自我总结和评估，向上级领导和群众汇报的一种文体。

2. 特点

(1) 专用性。述职报告一般是工作人员对自己在规定的范围、时间对工作的归纳、总结，因此具有专用性。

(2) 严肃性。述职者要严格按照国家或单位统一规定的工作标准来做汇报，因此，述职者必须严肃认真地准备，实事求是，用语准确，评价中肯。

(3) 自述性。述职者使用第一人称，本着对个人、对组织负责的态度，采用自述的方式面对听众或读者，做恰当的自我评估。

3. 种类

从内容上，可分为综合性述职报告、专题性述职报告。

从表达方式上，可分为书面述职报告、口头述职报告。

从述职时间和范围上，可分为年度述职报告、任职述职报告和阶段述职报告。

4. 作用

述职报告有利于提高述职者自身的自身素质，有利于组织或单位的考核，有助于发扬民主、接受群众监督，同时，述职报告也是现代管理的重要内容。

(二) 述职报告的格式

述职报告通常是由标题、署名、称谓和正文几个部分构成的。

1. 标题

标题可用全项式或省略式。全项式由述职人、期限、文种构成，如《×××2006年度述职报告》，全项式标题也可采用双行标题，如《求真务实　求精务深——2003年任讲师职务的述职报告》；省略式标题可由述职人、期限加文种构成，如《2005年上半年述职报告》、《我的述职报告》；或直接用文种，如《述职报告》。

2. 署名

在标题正下方标明述职人单位和姓名。

3. 称谓

写明报告对象或主送机关，如"各位领导、同志们"、"××组织人事部"、"××董事会"。

4. 正文

正文一般由开头、主体和结尾三部分组成。

(1) 开头，写任职的概况，包括任职时间、任何职务、岗位目标和自我评价等。

(2) 主体，主要写履行职责的具体情况，包括：任职期间所做的主要工作，取得的主要成绩；存在的问题、缺点；个人的认识和体会，主要经验、教训；今后的工作设想。

(3) 结尾，通常用"以上报告，请领导和同志们批评指正"、"以上报告请审查"、"以上是我的述职报告，谢谢各位"等惯用语。

(三) 写作要求

(1) 内容全面，实事求是。述职报告内容要涵盖自己任职范围内的各方面工作，要客观反映全面情况(包括成绩、存在问题、努力方向)，实事求是对

自己作出评价，不夸大成绩，不忽视缺点。

(2) 选好角度，重点突出。述职报告涉及内容多，写作时要分清主次、突出重点。述职者要善于把握角度，选择最典型事例说明工作实绩，充分展现自身的工作风格、魅力，力争给人留下深刻印象。

(3) 行文庄重，语言朴实。述职报告是述职者面对听众做正式、庄重的汇报，写作时要注意措词严谨、用语朴实、语气谦恭，言辞不渲染、不溢美、不夸张，不说过头话。

病例评析

总结述职报告

×××局长：

我是心怀对我们企业的深厚感情而工作的。这种感情来自公司对我的培养，来自全体员工对我的信任和支持。我深知带领公司全体员工促进企业持续长远发展，振兴壮大企业，增加员工收入责任重大。因此，我一直为此努力工作着。现在，我向领导述职，请予以审议。

一、履行职责情况

(1) 认真学习贯彻“三个代表”重要思想及党的十六届三中全会精神，在实际工作中深刻领会党中央确定的各项工作方针的深刻内涵和新时期加强两个“务必”的重大意义，以及“八个坚持，八个反对”的精神实质，把思想和行动统一到党中央的路线、方针、政策上来，创新发展。

(2) 注重企业文化建设，提倡“诚信、情感、责任、程序”八字管理理念，主张“以人为本，守法诚信”，引导广大职工“以企业为家，共同发展”。人是生产力中最活跃的因素，是企业振兴发展的源泉和动力，只有公司全体员工把聪明才智充分发挥出来，并应用到公司管理与生产中去，公司才能发展；只有公司提供宽松敞亮的舞台，员工的人生价值才能得以施展和实现。因此，我们要依靠员工促进发展，就要培育先进的企业文化。

(3) 加强民主管理，以真诚和友谊建立良好的同事关系和社会关系，风雨同舟。一是从职工关心的“热点”、“难点”、“疑点”入手，深入实际地解决好公司经营管理与改革发展等重大问题，做好领导干部廉洁自律及有关职工切身利益方面的工作。二是注意维护公司领导班子团结。大厦之成，非一木之材；大海之润，非一流之归。我与班子成员做到目标一致，荣誉共享，集思广益，改进工作，促进发展。

(4) 不急功近利，从长远着眼，坚持理论联系实际，扎实开展管理调研工作。作为公司总经理，不但要具备这个岗位所需要的一切素质，还要把握各方面的信息，保持对事物发展规律的敏锐感觉，使思想观念与时俱进，把理论知识、市场规律与企业管理实际相结合，才能领导公司且不被激烈的市场竞争所淘汰。因此，我充分运用国家政策、法规，依法开展财务监督、审计监督、质量监督和效能监察，把长期与短期的具体工作相结合。

(5) 始终把思想作风摆在第一位。自担任公司总经理以来，我不断提升思想素质、开阔视野、充电扩能。我坚决贯彻执行党和国家政策法规及上级的指示决定，做到了敬业勤政、关心群众疾苦。

二、存在的问题和今后努力的方向

总结我个人的工作，离上级的要求与企业发展还有一定的差距。其表现在政治理论不够丰富；表现在企业管理、项目管理与市场规律不相符；表现在我们的企业管理行为、员工个人行为与企业经营管理理念之间存在很大的差距；还表现在企业改革滞后。

今后我将加强学习，广泛采纳大家的建议，为公司夺取更加辉煌的业绩而努力奋斗。

以上述职请领导审议。

【评析】这篇述职报告存在的问题有：第一是格式不规范。标题把"总结"和"述职报告"混用，这是两个不同的文种；抬头应呈送领导机关，而不是个别领导；结尾没有落款。第二是内容空洞，无具体事例支持。前言啰唆，还没有交代清楚自己担任职务的时间。主体部分过多谈及思想认识，而在具体工作的"如何做"、"做得如何"上鲜有涉及，而这应是重点要谈的内容。在问题和努力方向部分剖析不深，轻描淡写。总之，这篇述职报告内容空洞，缺乏具体目标。

实训活动

根据本章节所学内容，结合自身工作实际情况，拟写一篇个人的年度或阶段工作述职报告。

知识岛

述职报告与个人总结的区别

述职报告与个人总结的相同点都要对过去工作进行回顾，总结经验、教

训，都用于个人。

其不同点在于：第一，撰写目的不同。个人总结的目的是通过回顾工作，肯定成绩，找出不足，指明努力方向，以推动今后工作；述职报告则通过陈述个人德、能、勤、绩等方面的具体材料和数据，说明履职情况，为上级有关部门选拔、考核、奖罚提供依据。第二，写作重点不同。个人总结的重点，不受职责范围的限制，凡是做过的工作、取得的成果，都可写入总结之中；而述职报告则必须以履行职责方面的情况为主，重点展示履行职责的思路、过程和能力，要回答称职与否。第三，表达形式不同。述职报告采用"报告"形式，主要运用叙述的方法；总结则既注重叙述，又重理性分析，总结经验教训。

第三节　简报　会议记录

一、简报

例文·点评

＊ 例文一

全国党校教学工作会议简报

第 15 期

大会秘书处　　　　200×年 10 月 29 日

> 报头：简报名称、期数、主编单位、主办日期

深圳市委党校制订出切合本校实际的改革方案

> 标题，说明简报的主题

为了认真贯彻全国党校工作会议和中共中央[200×]5 号文件精神，深圳市委党校在市委领导下，由市委副书记、市委党校校长林祖基同志亲自主持，采取校内酝酿、校外调研、吸收中央党校教改小组成员参加等办法，经过十几次的论证和修改，制订了《中共深圳市委党校在新形势下深化改革的方案》，最近已经市委批准同意实施。深圳市委党校的改革方案紧贴特区条件下办党校和市委确定把党校作为培养干部的综合基地的实际，运用系统方法，形成了自己鲜明的特点。

> 前言，概述了改革方案的制定过程及对该方案的总体评价

(一) 确立"一校三院"的体制。根据特区党校面临的干部培训新任务，方案提出确立新的党校体制模式。该模式是建立以党校为主要阵地，集行

政学院、社会主义学院和经济管理学院为一体，把党校建设成深圳特区多功能、综合性干部教育基地。据此，重新设定党校的机构及其职能。

主体部分，将前言内容具体化

（二）转变和扩大教研部（室）的功能，实现教学科研管理一体化。方案把教研部（室）功能的转变和扩大作为深化改革的突破口，使教研部（室）功能转向以研究现实问题为主，针对特区干部所需理论和知识施教，实现教学、科研和管理一体化。

（三）师资队伍、学科与教材建设相结合。方案对师资队伍建设这一深化改革的关键工作做了具体部署，提出教师队伍结构调整同学科建设结合进行，围绕建设有中国特色社会主义理论的新的教学体系，形成能够满足教学需要的新的学科结构。同时，教材建设也要与此相匹配。

（四）建立新的教学组织与管理制度。方案着眼于充分调动教研人员的积极性，提出必须实现教学全过程的制度化和规范化，在教学准备、教学实施和教学总结这3个依次衔接的阶段，实行一系列具体制度，其中包括创新性的课题公开招标、教师竞争上岗、学员考评与同行考评相结合的“双考评”和教师待岗等措施。方案还对学员的学习管理作了探索，提出了学习研讨、论文评选、学分累积等具体制度。

（五）实行以教学改革为中心的综合配套改革。方案突出以教学改革为中心，对“一校三院”的培训对象、班次与学制、教学内容和课程设置作了精心设计，并对相应的学科建设、教材建设、师资队伍建设、教学方法、教学手段和教学管理作了通盘考虑。在此基础上，方案提出党校工作全方位、配套改革的思路，围绕教改这一中心，制订了科研、机构和人事制度、后勤管理改革的相应措施。

（六）突出改革的可操作性。方案重视对改革举措实施可行性论证，比较全面、充分地考虑了改革的操作问题，提出实行一些独特的做法。比如，会同市委、市政府有关部门，调查、制订全市各类干部的培训规划，据此制订党校的年度教学计划。再比如，提出了深化改革的步骤、保证等。

报尾，要注明上报、送发单位及印刷份数

报：×××，×××，×××

送：×××，×××

发：×××，×××，×××，×××，×××，×××

（共印400份）

【点评】这是一份写得简明规范的会议简报。简报名称由会议全称和文种组成。标题是一个主题句。正文由前言和主体组成。前言部分写了两句话。第一句话概述了改革方案的制订过程；第二句话对该方案做出了总的评价。主体部分把前言部分具体化，用条文式的方法，从六方面简要写出了该方案的鲜明特点。

* **例文二**

报头

××房改简报

第×期

××市房改办公室　　　　　　　　　　　　　　　　××年×月×日

按语，说明编发目的，提示简报内容

按：××矿务局房改办为确保住房制度改革中"提租补贴"政策的正常运转，10月份对全局所属单位进行了全面调查。这次调查，得到了各级领导的支持，组织严密，投入自查的人员多，自查效果大，在全市是绝无仅有的。他们这种对工作认真负责的精神，为全市各房改单位做出了好榜样，也充分反映了领导和房改办的工作人员高度重视住房制度改革，坚持执行房改政策，敢于和善于自查自纠的工作作风。现将××矿务局《房改工作检查情况的汇报》转发给你们，供参考借鉴。

房改工作检查情况的汇报

为确保住房制度改革，实现"提租补贴"的正常运转，真正做到"一手发出去，一手收回来"。在二步到位运转一周年之际，局房改办于今年10月份召开了各单位房改办主任会议，部署了房改大检查工作，要求各单位以自查的形式，进行"两查四核实"。"两查"是：查补贴范围，查漏扣资金；"四核"是：核实住房面积、租金额、补贴基数、补贴金额。经过两个月的自查核实，截至11月底，大多数单位都已基本完成。

已查实的16个单位中，除有5个小单位参改人员较少，没有发现问题外，其余的大多数单位都不同程度地查出了问题。据九矿、三厂、局直、基建公司等14个单位的统计，在被调查的×××个房承租户中，漏扣资金的有484户，占0.7%，少扣资金168 552.58元。在已发补贴的91 578人中，不该发补贴的有218人……通过追扣漏扣租金和多发的补贴，可追回资金205 783.24元。

这次检查核实工作，之所以能取得较大的收获，主要原因有以下3点：

(1) 领导重视,业务部门配合。(略)

(2) 配备力量,分层包干。(略)

(3) 执行政策,方法得当。(略)

报:×××,×××,×××

送:×××,×××

发:×××,×××,×××,×××,×××,×××

(共印400份)

【点评】这是一篇反映专题工作情况的简报。前边所加的按语对正文的内容作了评价,提出了要求。正文中除用大量数字介绍工作成绩之外,还介绍了3条工作经验。各条经验均有明显的个性特点,有一定的普遍意义。文章观点和材料紧密结合,选取的事例较具典型性。

知识归纳

(一) 简报概述

1. 概念

简报是党政机关、群众团体、企事业单位等编发的用以反映问题、交流信息、沟通情况、报道动态的事务文书。常见的"快讯"、"内部简讯"、"内部参考"、"工作动态"、"情况反映"、"信息交流"等均属于此类。

简报,俗称"红头小报",属于内部刊物。

2. 特点

简报具有篇幅短小、迅速及时、内部交流等特点。

3. 种类

根据性质可分为综合性简报、专题简报等;根据载体,可分为文件式简报、杂志式简报;根据内容可分为工作简报、会议简报、动态简报等。

(二) 结构和写法

文件式简报由报头、报核、报尾三部分组成。

1. 报头

报头在第一页上方,约占全页三分之一左右,下边用间隔线与主体部分隔开。报头内容主要包括:

(1) 简报名称,即"刊头",居中,用套红大号字体。

（2）期数，位于“刊头”的正下方，注明“第×期”，用括号括入。

（3）编发单位，位于间隔线左上方位置，写编发单位的全称。

（4）印发日期，位于间隔线右上方位置，写印发简报的年月日。

（5）密级，位于报头左上角位置，用黑体字注明密级或“内部刊物，注意保存”、“内部资料，请勿翻印”等字样。

（6）份号，位于报头的右上角位置，写上文件的实际份数序号，如“0001”。

简报样式如下图所示。

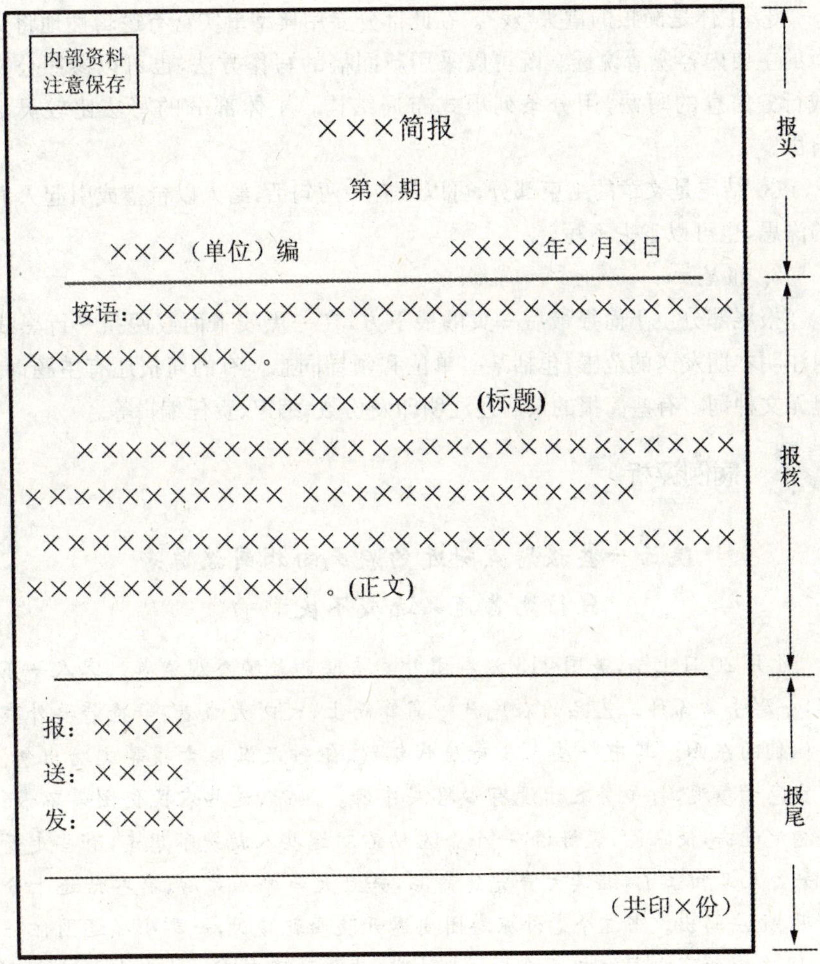

内部资料
注意保存

×××简报

第×期

×××（单位）编　　　　××××年×月×日

按语：××××××××××××××××××××××××××××××××××××××。

××××××××××（标题）

××××××××××××××××××××××××××××××××××××××× ××××××××××××××××

×××。（正文）

报：××××

送：××××

发：××××

（共印×份）

报头　报核　报尾

2. 报核

简报所反映的内容多种多样，其写法也没有固定的模式，但是简报的标题和正文是不可缺少的。

(1) 标题。简报的标题同新闻的标题一样重要，是文章的眼睛，需要精心制作。简报的标题必须反映出文章的主要内容，表达出文章的中心思想。

(2) 正文。正文是简报的主体，可分为开头、主体和结尾三部分。

① 开头要特别注重直接点题。同消息的导语一样，简报的开头最好能够反映出简报所述问题的中心思想。也就是说，要尽可能运用简洁的语言将简报所要反映的核心内容放在开头部分，因此，开头必须简短。

② 主体是简报的重头"戏"。在此部分要用典型事实富有逻辑性地将文章的主要内容说清说透。既可以采用新闻稿的写作方法，也可以参照公文或行务信息的写法，用分条列项式布局结构。主体部分的写法比较灵活自由。

③ 结尾是文章的结束部分，可以只有一两句话，给人以希望或引起人们的深思，也可以省去不写。

3. 报尾

报尾部分位于简报最后一页的最下方，在一黑线下面或两条平行黑线内注明本期发送的范围，包括某些单位和领导同志。有的简报还有主题词，但无文种词。有些简报的最后还注明印发份数、编审、责任编辑等。

病例评析

陕西一些旅游点附近的农民向外国旅游者强行兜售商品造成不良影响

4月20日上午，美国413旅游团外宾去陕西乾陵参观游览。客人一下车，一群手拿各种工艺品的农民就一窝蜂而上，大叫大喊着、争抢着要外宾买他们的东西。其中一些人手持唐代铜镜、铜钟及汉唐古钱等文物出售。外宾急于参观，打手势表示没有心思买东西。然而，这些农民仍围着不散。导游走过去，使眼色，说好话，一个个左劝右劝这些人就是不想走，有些走开了一会儿又回来了，继续大声兜售商品，并且大声辱骂导游，有些话还十分难听，无法写出。当这个老外旅游团要离开陕西乾陵时，一群小孩还围住一位70多岁的穿中国红衣服的老太太外宾，非要她买不可。这老太太外宾无路可走，山穷水尽，只好一步步向路边退下去，结果被挤得跌进了一条大路

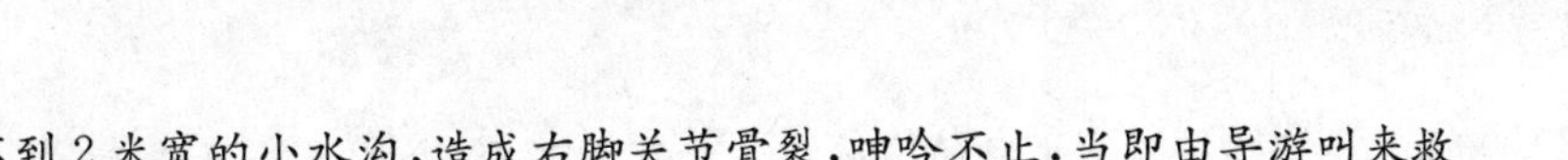

边的不到 2 米宽的小水沟，造成右脚关节骨裂，呻吟不止，当即由导游叫来救护车，送了医院。

最近，在陕西乾陵旅游点附近，围堵外宾，强迫向客人兜售旅游商品的现象时有发生。

【评析】这则简报存在以下问题：第一，格式不规范。没有报头、报尾，不知道编发单位，也不知道送发单位，因此简报失去了目标。第二，结构安排不合理。简报的写法一般是在导言部分用一句话或一段话，概括全文的主题或主要事实，主体则将导言具体展开。因此，可将第二段改为第一段。第三，标题欠概括。可改为“乾陵旅游点农民向外国旅游者强行兜售商品产生不良影响”。第四，语言不够精练。简报的语言应该用概括叙述的写法。

实训活动

根据本章节所学内容，结合自身工作情况，拟写一份工作简报或会议简报。

趣味阅读

“简报”写作要“四抓”

作为下情上报、上情下达和互通情况、交流信息的重要事务文书，其写作应注意做到“四抓”：

一、抓“支点”。即抓要害，抓主导，抓全局性、指导性的问题，抓问题的核心、关键。

二、抓“热点”。热点问题不仅是群众关心的问题，同时也是各级领导关心的问题。

三、抓“沸点”。所谓“沸点”，就应比热点问题更让人关注，因而引起的反响会更大。

四、抓“亮点”。所谓“亮点”，就是能让人眼前一亮、为之一振的事情。只有善于发现“亮点”，才能“于细微处见精神”。

知识岛

简报与新闻的区别

相同点：要迅速及时、客观报道新情况。

不同点：两个文种的传播内容和范围不同，新闻是公开发表的，面向全社会的，报道的内容是公众所感兴趣的一切新人新事；简报所报道的内容多为本单位内部或相关部门之间的新情况、新问题，限于内部或相关部门阅读，一般不公开发表。

简报与通报的区别

相同点：两者都要及时、真实反映内部重要情况。

不同点：两个文种的目的、用途和表达等方面不同，通报主要针对正反面典型或具有倾向性的情况向内部通报，目的在于教育人们趋向良好方向发展，一般在叙述情况后要作评价分析；简报报道的情况、信息，主要用于反映问题、交流信息、沟通情况，为领导提供决策或指导依据，只要求客观报道，不作主观分析、评论。

简报与调查报告的区别

【相同点】两者都有报告情况、反映问题的作用，都要求用事实说话。

【不同点】两个文种的写作目的和写作侧重点不同，调查报告是通过深入全面的调查，获得对事实的系统性把握，在对事实概括分析的基础上，提出问题和对策，形成观点，得出规律性认识，要求理论和实际结合，材料、观点统一。简报注重对事实进行简要快速的反映，以达到传递信息、交流情况的目的，少有或没有理论性分析。

二、会议记录

例文·点评

＊ 例文一

××国税分局办公会议记录

会议时间：2005年12月4日下午2点

会议地点：分局三楼会议室

参加人员：张××（党委书记）、吴×（局长）、王××（纪委书记）、杨×（办公室主任）、李×（征税科科长）、洪×（征税科副科长）、刘×（监察室主任）

列席人：徐××（税务员）、高×（税务员）

会议主持人：吴×（局长）

记录人：张×

主要议题：关于刘家村服装加工户抗税案件的处理

吴×：我们这次会议，主要研究今天发生的刘家村服装加工户抗税事件的处理问题。先请徐××、高×介绍一下当时的情况和事件的经过。

徐××：今天上午九点，我和高×骑自行车到刘家村，对该村部分服装加工户征收增值税。我们刚进刘××家的院子，对正在加工服装的刘××说明来意，刘××就恶狠狠地说："没钱！"我们正准备做刘××的工作，刘××却一脚踢翻了身边的一张椅子，就势躺倒在地上大喊："出人命啦，收税的打人啦！"不大一会儿，从外面涌进20多个人，这些人不容我们开口，一边对我们推推搡搡，一边大声责问我们为什么打人？领头的张××还喊叫着要把我们捆到乡里去。一边喊叫一边使劲抢高×手中拿的那个装有税票的皮包。我们在刘××的院子里被围攻了整整两个小时，后来一个乡干部赶来，我们才脱了身。

高×：我认为这事是有预谋的。刘××刚躺在地，他的妻子就跑到街上大喊大叫，不到5分钟就围了一院子的人。这次带头围攻的刘××和张××，上个月收税时就赖着不缴，后来是请镇政府的人帮助才收上来的。所以，今天这事很有可能是他们预谋好的。

王××：事发后，我和两位同志吃完午饭赶到刘家村去调查此事。刚一进村，也被围住了。喊叫着说我们所里的徐××和高×打了刘××，根本不让我们开口。看那阵势，他们还想闹事。为了防止事态的恶化，我们就回来了。我同意高×的看法，这件事是有预谋的，属于抗税行为。

李×：刘××等人上个月虽然没闹事，但抵触情绪很大，本月还是闹起来了。像这样明目张胆抗税的事不治一治，我们的税收工作就很难开展。

杨×：听说附近几个村都已知道这件事，影响很坏。别的纳税人都看着我们。如果我们软了，刘××和张××还会变本加厉，还可能在该村和其他村发生类似的事件。

张××：我的意见是一方面做其他群众的思想工作，向他们讲清政策，稳定群众情绪；另一方面要尽快将这一情况报告县局，请县局同司法机关对那几个暴力抗税的人采取强制措施。

吴×：别的同志还有没有不同的看法？没有，就按照张书记的意见办吧。杨×要抓紧时间写一份报告，主要讲刘家村今天发生的情况和我们的意见。明天我到县局汇报。

散会（下午5时20分）。

主持人：吴×（签名）

记录人：张×（签名）

【点评】这是一份较详细的会议记录，由标题、会议基本情况、会议内容和结尾四部分组成，内容完备，要素齐全。标题由会议单位、会议内容、文种构成，会议基本情况部分注明了与会者的身份，结尾加上主持人、记录人签名，格式规范。

＊ 例文二

××区干部培训中心第×次办公室会议记录

时间：2005 年 3 月 4 日 14：30～17：00

地点：培训大楼第×会议室

出席人：刘××（主任）、杨××（教务长）、张××（办公主任）、吴××（办公室秘书）及各培训部主要负责人

缺席人：王××、张××（外出开会）

主持人：刘××（主任）

记录人：吴××（办公室秘书）

一、报告

（一）杨××报告中心基本建设进展情况。

（二）主持人传达区人民政府《关于压缩行政经费的通知》（以下简称《通知》）。

二、讨论

我中心如何按照区人民政府《通知》的精神抓好行政经费的合理开支，切实做到既勤俭节约，又不影响正常的培训教学、科研等活动的开展。

三、决议

（一）利用两个半天时间（具体时间由各培训部自己安排，但必须安排在本周内）组织有关人员集中传达学习《通知》精神，提高认识，统一思想。

（二）各培训部负责人在认真学习的基础上，利用下周政治学习时间向群众传达、宣讲。

（三）各培训部责成有关人员根据《通知》的压缩指标，重新审查和修改本年度行政经费开支预算，并于两周内报主任办公室。

（四）各培训部必须严格控制派出参加外地会议及外出学习人员的人数，财务科更要严格把关。

（五）利用学习和贯彻《通知》精神的机会，对全中心员工普遍开展一次勤俭节约、艰苦朴素的传统教育。

散会。

主持人:(签名)

记录人:(签名)

【点评】这是一份摘要式会议记录。正文包括会议基本情况和会议内容,基本情况注明了与会者身份、缺席者原因,会议内容采用摘要式记录,反映会议过程,决议情况记录清楚、具体,格式规范。

知识归纳

(一) 会议记录概述

1. 概念

会议记录是在会议过程中,由专门的记录人员,把会议情况和会议内容如实笔录而形成的书面材料。会议情况包括:会议组织情况、会议内容、与会者的发言、会议成果等。

2. 特点

会议记录具有原始性、凭据性和规范性的特点。

3. 种类

按照反映会议情况和内容的详略程度划分,可分为详细记录和摘要记录。

(二) 会议记录的格式与写法

会议记录一般由标题、会议基本情况、会议内容、会议结尾四部分组成。

1. 标题

(1) 全项式标题。由开会单位、会议名称、文种构成,如《××大学校长办公会记录》。

(2) 省略式标题。由会议内容、文种构成,如《关于加强学生思想工作座谈会记录》。

2. 会议基本情况

(1) 会议时间。写明开会的年、月、日,要具体到上下午几点到几点。

(2) 会议地点。要具体到××会议室,不能只写“会议室”。

(3) 出席人。即按照规定必须参加的人员,一般由出席人亲自签到,也可由记录人记录。

(4) 缺席人。写明缺席人的姓名和缺席原因。

(5) 列席人。即不属于会议正式成员,但与会议有关的各方面人员。写明姓名、职务或单位名称，可由列席人亲自签到，也可由记录员填写。

(6) 主持人。一般写明姓名，在姓名前冠写职衔。

(7) 记录人。写明姓名，一般有两名。

(8) 议题。即会议围绕讨论的主题内容，议题多的可分条列项写出。

3. 会议内容

会议内容即会议记录主体内容，包括主持人开场白、大会主题报告、讨论发言、会议决议等内容。要按会议议程和发言顺序，记录发言人姓名和发言内容，可详细记录，也可摘要记录。

4. 结尾

一般另起一行，空两格写"散会"字样。在会议记录的右下方，由会议主持人和记录人签名，以示负责。

病例评析

××公司党支部会议记录

时　间：2005年3月8日

地　点：二楼会议室

出席人：赵××、白××、于××、刘××、郑××、刘××

记录人：刘××

主持人：赵××

首先由赵××发言。接着进行了两项内容。第一项是对入党积极分子的培养情况进行了总结。对个人的缺点和进步进行了分析，提出改进之处，支部成员一致同意将蔡××、尚××列为党建对象。

第二项是开展党内民主生活会，全体党员进行了自我检查，并开展了相互批评。张××认为支部生活还不够细致，工作方法还应改进。支部书记赵××对此进行了解释，并表示将尽力改善。

散会

【评析】这份会议记录有如下几点问题：一是对"会议基本情况和内容"的记录不完备、不忠实。如会议时间、地点不具体，主持人姓名没冠以职衔；没有记录开场白内容；对入党积极分子具体人员、总结内容（包括各人的缺点、进步表现、改进意见）等均没有记录。二是记录格式不规范。记录人不能置于主持人之上；发言人姓名和顺序均无记录；结尾也没有主持人和记录

人的签名。

实训活动

为单位或公司最近的一次会议做会议记录。

第四节　讲话稿

例文·点评

在青藏铁路通车庆祝大会上的讲话

（2006年7月1日）

胡锦涛

同志们：

今天，我们在格尔木和拉萨两地同时集会，热烈庆祝青藏铁路全线建成通车，号召全党全国各族人民学习和弘扬挑战极限、勇创一流的青藏铁路精神，为全面建设小康社会、把中国特色社会主义伟大事业继续推向前进而团结奋斗。

青藏铁路建成通车，是我国社会主义现代化建设取得的又一个伟大成就。在这里，我代表党中央、国务院，向青藏铁路建成通车，表示热烈的祝贺！向为青藏铁路建设作出突出贡献的全体建设者，表示崇高的敬意！向关心和支持青藏铁路建设的沿线各级党委、政府和各族干部群众、各有关方面人士、国际友人，表示衷心的感谢！

建设青藏铁路是几代中国人梦寐以求的愿望，党和政府始终高度重视。1958年，党中央决定建设青藏铁路西宁至格尔木段，1984年5月这段铁路建成通车。进入新世纪，党中央从推进西部大开发、实现各民族共同发展繁荣的大局出发，作出了修建青藏铁路格尔木至拉萨段的重大决策，提出了建设世界一流高原铁路的目标。现在，经过全体建设者和各方面的顽强拼搏、艰苦奋斗，几代中国人特别是沿线各族干部群众的心愿终于实现了。

青藏铁路是世界上海拔最高、线路最长的高原铁路，沿线高寒缺氧，地质复杂，冻土广布，工程十分艰巨。修建这样一条铁路，不仅是对我国综合实力和科技实力的检验，也是对人类自身极限的挑战。铁道部和各参建单位……以惊人的毅力和勇气战胜了各种难以想象的困难，用自己的心血和汗水谱写了人类铁路建设史上的辉煌篇章。这不仅是中国铁路建设史上的伟大壮举，也是世界铁路建设史上的一大奇迹。这一成功实践再次向世人昭示，勤劳智慧的中国人民有志气、有信心、有能力不断创造非凡的业绩，有志气、有信心、有能力屹立于世界先进民族之林。建成青藏铁路这一壮举将永载共和国的史册。

从青藏铁路建设的伟大实践中，我们得到许多重要启示。

第一，必须紧紧抓住发展这个党执政兴国的第一要务，不断增强我国的综合国力。……

第二，必须加快科技进步和创新，大力提高我国的自主创新能力。……

第三，必须发挥社会主义制度的政治优势，形成万众一心共创伟业的生动局面。……

第四，必须大力弘扬艰苦奋斗、自强不息的精神，坚韧不拔地创造历史伟业……

青藏铁路建成通车，这对于青藏两省区加快经济社会发展、改善各族群众生活，对于增进民族团结和巩固祖国边防，都具有十分重大的意义。铁路部门要切实管好、用好青藏铁路，牢固树立以人为本和安全发展的理念，确保广大职工劳动安全，确保广大乘客身体健康，确保青藏铁路运输安全。要充分认识搞好青藏高原环境保护的极端重要性，严格落实各项环保措施，教育广大干部职工和乘客增强环保意识，自觉爱护青藏高原的山山水水、一草一木，切实保护好沿线生态环境。

青藏铁路建成通车，为青藏两省区经济社会发展带来了历史性机遇。青藏两省区要抓住有利时机，全面贯彻落实科学发展观，进一步完善发展思路，科学规划产业布局，促进资源优化配置，推动经济结构调整，加快形成具有地区优势和民族特色的经济发展格局。要科学规划和开发铁路沿线旅游资源，创建高原特色旅游品牌，加快旅游产业发展。要适应青藏铁路通车的新情况，积极开发利用优势资源，千方百计增加就业岗位，促进农牧民增收致富，提高沿线各族群众生活水平……

铁路作为国民经济的大动脉、国家重要基础设施和大众化交通工具，在我国经济社会发展中具有重要作用。希望铁路系统广大干部职工认清使命，抓住机遇，再接再厉，开拓进取，为加快我国铁路发展步伐，全面建设小康社会、加快推进社会主义现代化作出新的更大的贡献。

【点评】这是胡锦涛总书记在青藏铁路通车庆祝大会上发表的重要讲

话。讲话由“作评价”、“谈启示”、“提要求”三部分构成，开头先言会旨、祝贺、回顾，再评价，后引出“要强国、要创新、要团结、要奋斗”四方面的重要启示，最后提要求，层层推进，不断升华，结构独具特色。

知识归纳

(一) 讲话稿概述

1. 概念

讲话稿也称为发言稿，是讲话人为出席会议、典礼等场合发言而准备的文稿。从文体性质看，它是一种将意见、主张、看法直接诉诸听觉，通过摆事实、讲道理来动员和说服听众的口述性议论文。

2. 特点

(1) 针对性。讲话稿用在特定场合，面对特定观众，其内容肯定要有针对性。

(2) 鼓动性。讲话稿的目的在于宣传、教育、鼓动听众，讲话人通过摆事实、讲道理，阐明意见、主张，使听众接受、信服，达到鼓舞斗志、激发听众感情的目的。

(3) 口头性。讲话稿是讲话人用于有声表达的文字底稿，具有口语化特点，适合口头表达，且诉诸听觉，听者容易理解、接受，做到“讲者上口、听者入耳”。

3. 种类

讲话稿作为事务类文书，主要有 3 种：报告类、讲话类和致词(也称致辞)类。

(二) 讲话稿的格式

讲话稿通常由标题、签署、称呼、正文等几部分构成。

1. 标题

(1) 全项式标题。由讲话人、场合、文种组成，如《部队领导在欢送退役老兵仪式上的讲话》。

(2) 省略式标题。由场合、文种组成，如《在青藏铁路通车庆祝大会上的讲话》。

(3) 可揭示主旨。如《为建设环境友好型社会而发奋努力》。

(4) 新闻式标题。可由正、副双标题组成(正题揭示主旨，副题写讲话场合)，如《为建设一个人民拥护、上级放心、基层欢迎的人民政府而努力奋斗——在××镇第三届人民代表大会第一次会议上的就职讲话》。

2. 签署

在标题下方注明讲话人的姓名及日期，也可将日期写在文末。

3. 称呼

通常在不同的会议场合，会有不同的称呼，如一般代表性会议称“各位代表”；党代会称“同志们”；组织机构会议称“各位委员”；典礼仪式称“各位领导，各位来宾”；接待贵宾的会称“尊敬的×××阁下，女士们、先生们”；有的还加上修饰语“亲爱的”、“尊敬的”等。

4. 正文

讲话稿的正文可分为开场白、主体和结尾三部分。

(1) 开场白。开场白有两个作用，一是建立说者与听者的同感，二是打开话题，引入正题。

讲话稿的开场白的方式因人、因事、因地而不同，没有固定不变的程式。

(2) 主体。这是讲话稿的核心部分。要写好这部分，必须做到以下几点：第一，要有突出的中心思想；第二，观点和材料要统一；第三，安排好层次和段落的关系；第四，注意文中的过渡和照应。

(3) 结尾。常见的讲话稿结尾有：①总结式，即在讲话的最后总结归纳自己的见解、主张、强化演讲的中心内容，给听众留下深刻印象；②号召式，即在讲话结束时，提出希望要求，发出号召；③启发式。即在结尾时，提出问题，启发听众，使之留有思考的余地。

病例评析

在××县商业系统第十四次职工代表大会开幕式上的讲话

同志们：

时光荏苒，岁月流逝，一年一度的职工代表大会召开了。这次大会是在党的十六大精神鼓舞下，在改革开放的新形势下，在县委、县政府的正确领导下，经过大家的共同努力，××县商业系统第十次职工代表大会现在热烈开幕。

出席这次代表大会的代表，是来自全县各商业系统做出贡献、成绩优异的先进模范。我在这里代表××县商业向参加这次会议的全体同志表示深切的慰问和极大的感谢！

这次代表大会是在全县人民认真贯彻执行党的十六大制订的方针政策指引下，齐心协力，艰苦奋斗，夺取我县2002年农业生产新胜利的大好形势

下召开的，特别是今年夏季，我县遭受特大洪涝灾害，在县委、县政府的领导下，我们又取得了重大胜利，在这样的情况下召开××县商业系统第十四次职工代表大会，更有其特殊的意义。出席这次职代会的代表，有离退休干部先进代表，有正在自己岗位上奋斗拼搏、做出突出贡献的“商业明星”，还有各乡、县直各单位的列席代表。大家喜气洋洋，欢聚一堂，共同研究探讨如何在新形势下搞好全县商业系统的管理与服务。这次代表大会要以党的十六大精神为指针，认真总结我县一年来商业系统的工作成绩，找出差距，明确今后工作任务和方向，协力攻关，在我县商业发展史上写下光辉的一页。

预祝这次职工代表大会圆满成功。

【评析】这篇讲话稿主要存在以下几点问题：第一，标题欠简洁，可改为“××县商业系统第十四次职工代表大会开幕词”。第二，结构层次紊乱。讲话内容一般先交代会议名称、介绍会议代表、致辞者问候，再介绍会议背景，最后提出会议的主要任务和希望要求。此讲话稿在结构上则有些混乱不清。第三，内容交叉重叠，如“这次大会在党的十六大精神鼓舞下”前后出现过3次，实无必要。第四，语言表达啰唆、繁冗。第五，格式不完备，欠缺讲话人和会议时间。

实训活动

结合工作或日常生活的实际需要，拟写一篇讲话稿或发言稿。

阶段练习与自测

一、名词解释

1. 事务文书　　2. 请示　　3. 报告
4. 述职报告　　5. 讲话稿　　6. 简报

二、判断题

1. 调查报告写作时，一般先摆出观点，再叙述事实。（　　）
2. 会议报告和述职报告都是向群众或上级领导报告工作情况，以取得理解和支持。（　　）
3. 总结是推动工作前进的重要环节。（　　）

4. 为了表现总结的典型性，可以将某些材料进行必要的艺术加工和创造。（　　）
5. 写作述职报告要求事务性的工作尽量表述清楚。（　　）
6. 内部使用的调查报告，一般不署调查者名称。（　　）
7. 调查报告的开头要说明调查对象的基本情况，调查的方法、调查报告的主题或主要内容，调查报告要回答的问题等。（　　）
8. 简报要求"全"，即要素齐全，格式规范。（　　）
9. 对某项工作或某方面问题进行总的回顾，用以记载工作情况，总结经验教训的总结称为专题总结。（　　）
10. 述职报告中引用数据用阿拉伯数字标识。（　　）
11. 简报的作用是收集内部资料，以便归档保存。（　　）
12. 会议记录不要加盖印章，但要由会议召集人署名并签发。在正文后应分别注明主持人、出席人和发送单位。（　　）
13. 调查报告是为工作需要和特定目的而撰写的，因此，作者应该带有很强的主观因素，应该将这种主观因素掺入到所选的材料和所得的结论中去。（　　）
14. 讲话稿一般由标题、开头、主体、结尾等部分组成。（　　）
15. 调查报告是为工作需要和特定目的而撰写的。（　　）
16. 工作简报在版头的简报名称下要写编号如(2002)第 9 期 总第 87 期。（　　）
17. 要写出总结的特色和新意，就不能完全拘泥于某些事实，应该开展合理的想象，创造某些符合逻辑的典型。（　　）
18. 总结一定要重点突出，不需要兼顾一般。（　　）
19. 计划的工作要求是回答"做什么"的问题。（　　）
20. 调查报告中的所谓"用事实说话"，并非等于罗列许多事实，而是经过筛选，用最能反映事物本质的，具有代表性的，说服力强的典型材料去说话。（　　）
21. 调查报告要揭示事物的规律性，写作时要尽量避免观点"先入为主"，即先有结论，再根据这些结论去寻找相关事实而"填空"。（　　）
22. 计划目标的可实现性，即要求合理，合情，具体可行。（　　）
23. 写作调查报告要深入实际，大量占有资料，要"下深水，抓大鱼"。（　　）
24. 讲话稿的开场白很重要，寥寥几句就应该产生巨大的艺术魅力。（　　）
25. 写个人总结时，叙事要做到点面结合，详略得当。（　　）
26. 会议记录是归纳整理会议纪要以及部署工作的原始依据。（　　）
27. 所谓调查报告，是调查者为了工作需要和特定目的对某一事物、问题或事件进行调查研究后，通过分析、加工，利用调查材料和研究结论整理撰写出来的书面报告。（　　）

28. 简报的报尾应分别注明报(上级机关)、送(同级或不相隶属机关)、发(下级机关)单位及印发份数。(　　)
29. 述职报告就是工作总结。(　　)
30. 调查报告的针对性强,要针对人们普遍关心的事情或者亟待解决的问题而撰写。(　　)

三、单项选择题

1. 对未来一定时期工作作出打算和安排的公文文种是(　　)。
   A. 简报　　B. 总结　　C. 调查报告　　D. 计划
2. 写作调查报告的一条毋庸置疑的准则是(　　)。
   A. 罗列事实　　B. 用事实说话
   C. 用观点说话　　D. 条列观点
3. 述职报告的写作要求是(　　)。
   A. 标题要清楚、内容要全面、语言要庄重、个性要鲜明、详略要得当
   B. 标准要清楚、内容要客观、重点要突出、个性要鲜明、语言要庄重
   C. 标准要清楚、内容要客观、重点要突出、个性要鲜明、语言要朴实
   D. 标题要清楚、内容要客观、个性要鲜明、详略要得当、语言要庄重
4. 调查报告能使读者对调查内容很快获得总体认识的部分是(　　)。
   A. 主题　　B. 结尾　　C. 前言　　D. 标题
5. 某简报载一文,其标题为《全市国税发票专项检查情况表明事业单位发票管理亟待规范》。这个标题的主要特点或作用是(　　)。
   A. 指出问题的严重程度　　B. 指出出现问题的范围
   C. 交代事实,揭示中心　　D. 概括全文的主要内容
6. “下面,我从五个方面向领导和同志们述职,请予以批评指正”一句在文中的作用是(　　)。
   A. 总结上文　　B. 提起下文
   C. 过度照应　　D. 承上启下
7. “述职报告”与公文的“报告”尽管是两种不同的文体,但它们在写作上却有一个共同点,就是(　　)。
   A. 语气要谦恭　　B. 以陈述为主
   C. 用数据说话　　D. 少讲缺点
8. 下列几项内容中不属于简报版头范畴的有(　　)。
   A. 名称　　B. 编号　　C. 印发份数　　D. 编发单位

9. 写讲话稿时，把总论点分为几个分论点，每一个部分阐述一个分论点，分论点与分论点之间成平行关系。这样安排主体结构的写作方法叫（　　）。

A. 递进式　　B. 螺旋式　　C. 并列式　　D. 交叉结网式

10. 简报中用简明文字概括主要事实的部分称为（　　）。

A. 主题　　B. 导语　　C. 结尾　　D. 标题

四、多项选择题

1. 计划是规划的具体化，是实施科学管理的重要基础。为了保证计划的科学性，在制订计划时要考虑的主要因素有（　　）。

A. 可变性　　B. 政策性　　C. 可行性　　D. 可操作性

E. 理论性

2. 会议记录与会议纪要的区别在于（　　）。

A. 写作时间不同　　B. 作用不同

C. 写法不同　　D. 写作主体不同

3. 工作简报的版式包括（　　）。

A. 版头　　B. 正文　　C. 署名　　D. 版尾

4. 会议记录作为会议实况和主要精神的原始记录，其文献特征，决定了它在写作上要求具有（　　）。

A. 政治性　　B. 真实性　　C. 原则性　　D. 完整性

E. 创意性

5. 讲话稿的语言要求（　　）。

A. 以书面语为主　　B. 以口语为主

C. 介于书面语和口语之间　　D. 精练、准确、通俗、易懂

6. 领导在表彰大会上讲话稿的要求（　　）。

A. 篇幅不能太长　　B. 主题相对可以长一点

C. 不要喧宾夺主　　D. 不要夸夸其谈

7. 总结按其范围可以分为（　　）。

A. 思想总结　　B. 单位总结　　C. 专项总结　　D. 个人总结

8. 一篇题为《尽职尽责　尽心尽力——我的述职报告》的主体部分始终突出"四抓"，即一抓硬件建设；二抓软件建设；三抓人才培养；四抓规范管理。这"四抓"把零碎的、分散的、复杂的事实材料进行科学分类，归纳概括，使其条理和层次清晰，便于记忆。作者在论述时使用的方法是（　　）。

A. 演绎法　　B. 归纳法　　C. 类比法　　D. 排列法

E. 比较法

9. 常见的讲话稿结尾有(　　)。

A. 希望式　　B. 总结式　　C. 展望式　　D. 要求式

10. 述职报告的导言包括的主要内容有(　　)。

A. 任职的重要性　　B. 任职介绍

C. 任职评价　　D. 任职以来领导的重视

E. 任职以来干群的支持

11. 写作领导讲话稿不同于写作一般应用文,其特点是它具有(　　)。

A. 内容的针对性　　B. 表述的口头性

C. 受众的现场性　　D. 辞藻的华美性

E. 知识的广泛性

12. 计划的具体可操作性,是指需要考虑(　　)。

A. 方法是否得当　　B. 语言是否准确

C. 措施是否得力　　D. 目标能否实现

13. 调查报告的正文组成部分一般有(　　)。

A. 标题　　B. 前言　　C. 主体　　D. 结尾

14. 按内容,简报可以分为(　　)。

A. 定期简报　　B. 思想动态简报

C. 工作简报　　D. 系统简报

E. 会议简报

五、综合写作题

1. 请你将这段时间学习《应用文写作》课程的学习情况写一篇总结。
要求:格式完整、正确,语言流畅,字数不少于 600 字。文中需用真名时要用×××代替。

2. ××市××局办公室拟编发一份简报,题为《转变机关职能,大力发展第三产业》,编发时间为 200×年×月×日,编号为第 4 期,报送省××局、市委、市府、市经委,印发各县市××局,本局各科室、各直属单位,共印 140 份。请根据上述内容和简报的格式画出报头、正文和报尾。

答案

一、名词解释(略)

二、判断题

1. ×　　2. ✓　　3. ✓　　4. ×　　5. ×

6. ×	7. √	8. √	9. √	10. √
11. ×	12. √	13. ×	14. ×	15. √
16. √	17. ×	18. ×	19. ×	20. √
21. √	22. √	23. √	24. ×	25. √
26. √	27. √	28. √	29. ×	30. √

三、单选题

1. D	2. B	3. B	4. C	5. C
6. C	7. D	8. B	9. C	10. C
11. B	12. A			

四、多选题

1. BCD	2. ABC	3. BD	4. BD	5. CD
6. ACD	7. BCD	8. BD	9. BC	10. BC
11. ABC	12. ACD	13. BCD	14. BCE	

五、综合写作题(略)

第五章　经济文书

在日益发达的市场经济环境中，经济文书在商务活动中发挥着越来越重要的作用。经济文书是为了适应人们在现代商务活动中及时记录、总结、交流、沟通商务信息和处理各种经济事务的需要而产生、发展的，为现实经济生活服务的，具有特定书写格式的应用文书。如经济合同、协议书、市场调查报告、招投标书、广告等。它能记载和反映国家的、企业的、个人的商务信息，是商业活动中的重要凭证，是沟通商务信息、分析商务活动状况、促进经济效益提高的重要管理工具。

通过本章的学习，拟达到的学习目标有：

◇ 掌握经济文书各文种的概念

◇ 掌握经济合同、协议书、广告的格式

◇ 了解并明确各文种的适用范围、特点

第一节　经济合同

例文·点评

* 例文一

房屋租赁合同

本合同双方当事人：

出租方(以下简称甲方)：________________

地址：________________

承租方(以下简称乙方)：________________

地址：________________

甲、乙双方就下列房屋的租赁达成如下协议：

第一条　房屋基本情况。

甲方房屋(以下简称该房屋)坐落于________；位于第________层，共________(套)(间)，房屋结构为________，建筑面积________平方米(其中实际建筑面积________平方米，公共部位与公用房屋分摊建筑面积________平方米)；该房屋所占的土地使用权以(出让)(划拨)方式取得；该房屋平面图见本合同附件一，该房屋附着设施见附件二；(房屋所有权证号、土地使用权证号)房地产权证号)为________。

第二条　房屋用途。

该房屋用途为________。

除双方另有约定外，乙方不得任意改变房屋用途。

第三条　租赁期限。

租赁期限自________年________月________日至________年________月________日止。

第四条　租金。

该房屋月租金为(________币)________ ________元整(大写)。

租赁期间，如遇到国家有关政策调整，则按新政策规定调整租金标准；除此之外，出租方不得以任何理由任意调整租金。

第五条　付款方式。

乙方应于本合同生效之日向甲方支付定金(________币)________元整。租金按(月)(季)(年)结算,由乙方于每(月)(季)(年)的第________个月的________日交付给甲方。

第六条　交付房屋期限。

甲方应于本合同生效之日起________日内,将该房屋交付给乙方。

第七条　甲方对房屋产权的承诺。

甲方保证在交易时该房屋没有产权纠纷;除补充协议另有约定外,有关按揭、抵押债务、税项及租金等,甲方均在交付房屋前办妥。交易后如有上述未清事项,由甲方承担全部责任,由此给乙方造成经济损失的,由甲方负责赔偿。

第八条　维修养护责任。

租赁期间,甲方对房屋及其附着设施每隔________(月)(年)检查、修缮一次,乙方应予积极协助,不得阻挠施工。

正常的房屋大修理费用由(甲)(乙)承担;日常的房屋维修费用由(甲)(乙)承担。

因乙方管理使用不善造成房屋及其相连设备的损失和维修费用,由乙方承担并责任赔偿损失。

租赁期间,防火安全,门前三包,综合治理及安全、保卫等工作,乙方应执行当地有关部门规定并承担全部责任和服从甲方监督检查。

第九条　关于装修和改变房屋结构的约定。

乙方不得随意损坏房屋设施,如需改变房屋的内部结构和装修或设置对房屋结构影响的设备,需先征得甲方书面同意,投资由乙方自理。退租时,除另有约定外,甲方有权要求乙方按原状恢复或向甲方交纳恢复工程所需费用。

第十条　关于房屋租赁期间的有关费用。

在房屋租赁期间,以下费用由乙方支付,并由乙方承担延期付款的违约责任:

1. 水、电费;
2. 煤气费;
3. 供暖费;
4. 物业管理费;
5. ________________________________;
6. ________________________________。

在租赁期，如果发生政府有关部门征收本合同未列出项目但与使用该房屋有关的费用，均由乙方支付。

第十一条　租赁期满。

租赁期满后，本合同即终止，届时乙方须将房屋退还甲方。如乙方要求继续租赁，则须提前________个月书面向甲方提出，甲方在合同期满前________个月内向乙方正式书面答复，如同意继续租赁，则续签租赁合同。

第十二条　因乙方责任终止合同的约定。

乙方有下列情形之一的，甲方可终止合同并收回房屋，造成甲方损失，由乙方负责赔偿。

1. 擅自将承租的房屋转租的；

2. 擅自将承租的房屋转让、转借他人或擅自调换使用的；

3. 擅自拆改承租房屋结构或改变承租房屋用途的；

4. 拖欠租金累计达________个月；

5. 无正当理由闲置达________个月；

6. 利用承租房屋进行违法活动的；

7. 故意损坏承租房屋的；

8. ____；

9. ____。

第十三条　提前终止合同。

租赁期间，任何一方提出终止合同，需提前半年书面通知对方，经双方协商后签订终止合同书，在终止合同书签订前，本合同仍有效。

如因国家建设、不可抗力因素或出现本合同第十条规定的情形，甲方必须终止合同时，一般应提前三个月书面通知乙方。乙方的经济损失甲方不予补偿。

第十四条　登记备案的约定。

自本合同生效之日起________日内，甲、乙双方持本合同及有关证明文件向________申请登记备案。

第十五条　违约责任。

租赁期间双方必须信守合同，任何一方违反本合同的规定，按年度须向对方交纳年度租金的________%作为违约金。乙方逾期未交付租金的，每逾期一日，甲方有权按月租金的________%向乙方加收滞纳金。

第十六条　因不可抗力原因导致该房屋毁损和造成损失的，双方互不承担责任。

第十七条　本合同未尽事项，由甲、乙双方另行议定，并签订补充协议。补充协议与本合同不一致的，以补充协议为准。

第十八条　本合同之附件均为本合同不可分割之一部分。本合同及其附件内，空格部分填写的文字与印刷文字具有同等效力。

本合同及其附件和补充协议中未规定的事项，均遵照中华人民共和国有关法律、法规和政策执行。

第十九条　甲、乙一方或双方为境外组织或个人的，本合同应经该房屋所在地公证机关公证。

第二十条　本合同在履行中发生争议，由甲、乙双方协商解决。协商不成时，甲、乙双方同意由________仲裁委员会仲裁。（甲、乙双方不在本合同中约定仲裁机构，事后又没有达成书面仲裁协议的，可向人民法院起诉。）

第二十一条　本合同连同附表共________页，一式________份，甲、乙双方各执一份，均具有同等效力。

甲方（签章）：________　乙方（签章）：________

甲方代理人（签章）：________　乙方代理人（签章）：________

年　　月　　日　　　　　　　　　　年　　月　　日

附件一：房屋平面图（略）

附件二：房屋附着设施（略）

【点评】这是一份条款式合同，本合同具有以下特点：（一）结构完整，标题、立约单位、正文、结尾几个部分齐备，符合写作要求。（二）条款清晰，一目了然，详尽而完备。（三）条款的内容明确细致。比如对“房屋基本情况”的表述，从坐落、层数、套数、结构、建筑面积等都写进去，又如对“违约责任”的处理、对“因不可抗力原因导致该房屋毁损和造成损失”的责任等，都有很具体而明确的说明，甚至连租赁期间的“防火安全、门前三包、综合治理及安全、保卫等工作”这些内容都考虑到了，都明确了责任，可以说是合同详尽细致的代表。

＊ **例文二**

工矿产品销售合同

立合同双方当事人：

供方：______________ 地址：______________

需方：______________ 地址：______________

一、产品名称、商标、型号、数量、金额、供货时间及数量

产品名称	牌号商标	规格型号	计量单位	数量	单价	金额	交提货时间及数量											
							合计											

合计人民币金额（大写）______________

二、质量要求技术标准（略）

三、供方对质量负责的期限（略）

四、履行地点（略）

五、交（提）货方式（略）

六、运输方式及到达站（港）的费用负担（略）

七、合理损耗计算方法（略）

八、包装标准、包装物的供应与回收和费用负担（略）

九、验收方式及提出异议期限（略）

十、随机备品、配件工具数量及供应办法（略）

十一、结算方式及期限（略）

十二、担保（略）

十三、违约责任（略）

十四、解决合同纠纷的方式

十五、本合同于________年________月________日在________签订；有效期限________年（月）

十六、其他约定事项

供方	需方
单位名称：________（公章）	单位名称：________（公章）
代 表 人：________	代 表 人：________
开户银行：________	开户银行：________
账　　号：________	账　　号：________
电　　话：________	电　　话：________
____年____月____日	____年____月____日

【点评】这是条款表格结合式合同，既利用了表格式的简明扼要与方便，又体现了条款式的详尽，是销售合同类较为理想的形式。从内容来说，此合同在表格部分把有关产品的要求如“名称、商标、规格、单位、数量、单价”等印好，在具体签订合同时按照分类就可以填写进去；而在其他要求方面再通过不同的条款来满足双方的共识。上面所列的条款已体现了合同主体的必备内容。从结构来说，标题、立约单位、正文、结尾几个部分齐备，符合写作要求。

知识归纳

（一）经济合同概述

1. 概念

经济合同是企业、事业单位、机关、团体和组织之间以及个人同上述单位之间、个人同个人之间为完成计划任务，实现一定的经济目的，确定、变更或终止相互权利和义务关系的协议。

2. 作用

第一，有利于保障合同当事人的合法权益。

第二，是加强企业经营管理、提高经济效益的有效手段。

第三，是国家对企业进行监督、维护社会经济秩序的重要措施。

第四，是发展现代化大生产、专业化协作的纽带。

3. 种类

根据《中华人民共和国经济合同法》规定，可分为买卖合同，公用电、水、气、热力合同，赠与合同，借款合同，租赁合同，融资租赁合同，承揽合同，建设工程合同，运输合同，技术合同，保管合同，仓储合同，委托合同，行纪合同，居间合同等 15 种。按照有效期，可分为长期合同、中期合同、短期合同；按照涉及对象，可分为涉外合同、对内合同；按照形式，可分为条款式合同、表格式合同、表格条款式合同等。

4. 经济合同的重要条款

（1）当事者的名称或者姓名、地址。

（2）标的。指合同中权利和义务所指的对象，也就是双方当事者要求实现的目标。如《房屋租赁合同》中的“标的”就是待租的“房屋”。

（3）数量和质量。任何经济合同对转移财产或提供劳务，都应有明确具体的量和质的规定。如购销合同应写货物名称、型号规格、技术规范、质量标准、计量单位等等。

(4) 价款和报酬。价款是为取得对方产品而支付的代价,报酬是指为获得对方的劳务或智力成果而付出的代价。价款和报酬简称为价金。签约时必须对价金协商一致,并写明数目和结算货币名称、结算方式、付款方式、付款期限,注明是否给付定金及金额,开户银行及账号等。

(5) 履行期限、地点和方式。履行期限应明确具体。确定履行期限时要考虑到履约的可能性,无法按期履行的宁可不签,也不要拖期,否则不仅会被罚款,而且会给对方带来经济损失。履行地点要写清楚,包装材料和方法应做出规定。履行地点的准确程度直接关系到费用和包装及能够按期送到。履约方式是在签约时要规定合同一次履行或分期履行,可否由他人代为履行等。

(6) 违约责任,又称"罚则"。是对不按合同规定履行义务的制裁措施。合同中应规定当事人违约,根据何种法律承担责任,或依法商定应承担的违约责任。责任条款是促进履约的重要保证。

(7) 解决争议的方法。一般来说,经济合同发生纠纷时会有 3 种解决方法:第一种,是双方协商解决;第二种,是提请第三方仲裁机构调解;第三种,就是到法院提起诉讼,由国家司法部门依照有关法律规定裁决。

(8) 其他必须具备的条款。这包括三种情况:一是按照有关法律规定必须具备的条款,如建设工程承包合同应根据《环境保护法》等规定,写明"三废"的处理;二是按照合同性质应规定的特有条款,如加工承揽合同应规定承揽方独自承揽还是可以分包给第三方;三是当事人一方要求规定的某些条款。

(二) 经济合同的格式

按照形式来划分,经济合同主要有表格式和条款式。

1. 表格式合同

其特点是简单明了,使用方便。使用时要按表列内容逐项填满、填清,不要漏填。有些特殊复杂的非标准设备,应作为合同的附件来处理。

2. 条款式合同

适用于内容较复杂的经济合同,如工程承包、科技合作、合作生产、技术引进等。一般包括 5 个部分:

(1) 标题。要写明合同的性质、事由和文种,如"购销合同"、"借款合同"等,用较大字体写在第一行的中间。

(2) 首部。包括合同编号、签约单位名称。为行文方便,签约单位名称

后可分别注明甲方、乙方，需方、供方，买方、卖方，定作方、承揽方等。有的还写明双方地址，签约地点。从法律的角度讲，此项内容是确定当事人、确定合同权利和义务承担者的主要依据。

(3) 正文。主要包括签约目的及主要条款，如标的、数量和质量、价金、履行期限、地点、方式、合同份数等。

(4) 尾部。主要包括：签约单位名称和合同份数；署名，国内合同一定要盖章，涉外合同在盖章的同时要有签约人的签名(涉外合同的签名非常重要，有的国家规定未经签名的合同无效)；公证或鉴证，前者是法律监督，由公证机关审查，后者是行政监督，由工商行政管理部门审查，这在必要时采用。

(5) 签约日期。最后署名签订合同的日期。若在开头就写明的，就不用了。

(三) 签订合同时应注意事项

(1) 平等互利，协商一致，遵守国家法律。

(2) 内容完整，条款要齐全。

(3) 文字要严谨、缜密。

(4) 手续要完备。

病例评析

交换写字楼合同

甲方：××贸易总公司

乙方：××市广告集团公司

甲乙双方为了便于在穗深两地联系业务，需交换写字楼作为各自的办事处。现本着友好合作的精神制订如下协议：

一、甲方在广州市隆兴路168号大楼中为乙方提供一单元住宅(三房一厅，实用面积不得小于80平方米)作为乙方驻穗的办事处用房。

二、乙方在深圳市为甲方提供同样的一单元住宅，规格同上，作为甲方驻深办事处用房。

三、双方分别负责为对方上述办事处供水、供电及安装电话，以确保日常业务活动的正常开展。

四、本合同有效期为五年，是否延期届时根据需要商定。

五、本合同自双方同时履约之日起生效。

六、未尽事宜，由双方另行商定。

甲方代表签字　　　　　　　　　　乙方代表签字
甲方公章　　　　　　　　　　　　乙方公章
　　年　月　日　　　　　　　　　　年　月　日

【评析】这份合同的主要存在下面问题：一是合同的正文缺少重要条款，现有条款规定也不够明确。比如，对双方交换住宅的质量要求、合同履行的具体期限以及违约责任、解决争议的方法等均未写。二是结尾内容不完整。结尾的落款未写明双方单位全称、当事人的有效地址、邮政编码、电子邮箱、电话、电报挂号以及开户银行、账号等。三是文字表述不具体、不明确。例如，“实用面积不得小于80平方米”、“乙方在深圳市为甲方提供同样的一单元住宅，规格同上”，究竟是多大的面积？乙方在深圳市为甲方提供的住宅又在何处？又如，标题为“交换写字楼”，是互相换了不还呢，仅仅只是交换使用？这些都交代得不清楚。

实训活动

根据下面的情况，写一份借款合同。借款合同的内容应包括借款种类、币种、用途、数额、利率、期限和还款方式等条款。

盛大制药厂（甲方）在2004年因生产规模扩大，资金周转上遇到了暂时的困难，向吴兴市工商银行（乙方）借款人民币3000万，借期为一年，自2004年6月1日起至2005年5月31日止，利率按中国人民银行规定的一年贷款利率支付，并由台生家具公司（丙方）提供担保。借款人（甲方）保证按合同约定的用途使用借款，借款到期时准时归还本息，如果在借款期间发生了足以影响合同履行的事项，借款人保证向贷款银行（乙方）如实告知。吴兴市工商银行（乙方）保证按约定的日期、数额提供借款。双方还商定如果发生纠纷，就通过友好协商加以解决，协商不成可向吴兴市仲裁委员会提请仲裁或向吴兴市法院提起起诉。

第二节　协议书

例文·点评

* **例文一**

销售代理协议书

协议编号：××××××

甲方：

乙方：

为合作开发 ________ 公司产品在中国市场的销售，经双方充分探讨研究，在平等互利的基础上签署本协议，双方共同遵守。本协议各条款包括附件具有互相约束和补充作用。

一、协议双方合作关系及授权

1. 甲方为 ________ 公司 ________ 产品中国大陆地区独家代理商。负责提供国家规定的相关注册资料。甲方授权乙方独家销售该产品；销售区域为________。乙方有义务完成双方商定的销售任务，负责该区域内产品的市场宣传、分销渠道的选择和建设。

2. 本协议的有效期为____年，自签订之日起生效；其中________为试代理期间，在该期间内双方有权终止本协议。试代理期满后，如双方视合作情况正常且均无异议，则本协议依然有效。代理期间不能单方面终止此协议。

3. 本协议期满前的____月，双方讨论续签其后的合作协议；在同等条件下，甲方应优先考虑与乙方继续合作。

二、代理产品（略）

三、产品价格体系

1. 双方因遵守商定的市场价格政策，不得擅自更改。如确需价格变动应提前协商。同时对原有政策一并检讨、修改。

2. 价格文件（见附件）。

四、订货及付款方式

乙方依照上述价格体系，首批订购 ________，壹台，作为样机。之后的订货需依照双方商定的代理任务计划，按期提前以书面形式或订单通知甲方。双方商定的付款方式为：________。

五、其他约定事项

1. 为开拓市场，乙方承诺：

（1）建立良好的社会关系基础，良好的商业信誉。每月向甲方提供市场开拓、业务攻关情况报告。

（2）向甲方及时提供管理网络表格以及工作人员履历表。

（3）不得经营其他公司的同类产品。

(4) 向甲方提供近、中、远期市场策划方案，并每月把策划实施的报告及时报送给甲方，同时每月向甲方报送准确的客户反馈信息报告。

(5) 乙方及其员工除了正常从事商业经营管理之需要，不得将甲方的有关商业机密透露给他人。

(6) 未经甲方书面同意，不得向代理区域以外的相关用户销售产品。

2. 为协助乙方开拓市场，甲方承诺：

(1) 协助代理商提高产品的宣传力度。全权负责全国一级市场的宣传推广活动，如广告、展会、临床专业会等。

(2) 负责不定期对乙方业务人员进行培训，提供技术服务。

(3) 及时向乙方提供产品的市场动态和相关产品信息及宣传资料。

(4) 依照双方约定保质保量及时发货。

六、售后服务

甲方负责乙方所售所代理产品的保修及维修服务。

七、法律效力

本协议________，双方各执____，具同等法律效力。一俟签署即属生效。如在执行过程中产生争议，应协商解决。协商不成时，可交由有关仲裁部门仲裁解决。

八、附件

1. 双方的资质文件。

2. 产品注册谅解备忘录。

3. 任务书及价格文件。

甲方：	乙方：
地址：	地址：
电话：	电话：
传真：	传真：
开户银行：	开户银行：
账号：	账号：
法定代表人：	法定代表人：
签订日期：	签订日期：

【点评】这份销售代理协议书是合同式协议书，本身已经具有合同的特点。标题点名了协议书的性质、文种；首部有双方公司的名称；正文对标的、

价格、期限、区域、付款方式、争议解决方式等都做出了具体规定。尾部双方的地址、电话、银行账号、法人代表、签约日期等一一具备。该协议书内容完整,结构清晰,格式规范,语言简练。

* 例文二

修订合同协议书

修订合同编号:________

甲方 ________ 与乙方 ________ 原于 ________ 年 ________ 月 ________日签订的________合同(原合同编号),现因 ________,经双方协商同意,决定将其中 ________ 条款:________ 修定为:________,因修订合同给 ________ 方造成损失计 ________ 元,由 ________ 方负责赔偿,赔偿金自 ________ 年 ________ 月________ 日起至 ________ 年________ 月 ________日止分 ________ 次付清,特此协议。

本协议由双方签字盖章,并经鉴证机关审查证明后生效。协议书一式 ________ 份,由双方各收执一份,鉴证机关收存一份,送 ________(有关单位) ________ 份。

甲方(盖章):________ 乙方(盖章):________

代表人(签字):________ 代表人(签字):________

年 月 日 年 月 日

签订地点: 签订地点:

【点评】这是一份修订式协议书,相当于合同的"尾声"。它是对正式合同文本的补充,同样具有法律效力。它没有首部,也没有合同中的一系列必备要素,只是简单地对重新议定的部分进行了规定。尾部表明该协议具有法律上的效力。

知识归纳

(一)概念

1. 定义

协议书是指在社交活动中就某一问题或某些事项交换意见,经过协商、谈判达成共识后,由有关各方共同签署的具有法律效力的记录性应用文。

2. 特点

协议书与合同有着极其相似的文本特征。作为一种独立的契约性文书,它除了具备合同的特点外,还具有原则性、灵活性和广泛性的特点。

(1) 原则性。签订协议的双方针对合作的内容、条件、要求等可做粗线条的约定,详细具体的合作内容与形式可在协议之后,再经充分协商签订正式的合同文本。

(2) 灵活性。由于协议书内容广泛,且没有固定统一的写作格式,内容安排、条款详略等全由当事双方协商议定。

(3) 广泛性。协议书的适用范围比合同要广泛得多,凡不宜签订合同的合作形式,只要双方协商一致,均可签订协议书。

3. 种类

(1) 意向式协议书。制作于正式合同之前,为正式签订合同提供依据和参考,因此是合同的“前奏”、“序曲”。

(2) 合同式协议书。凡在《合同法》规定之外的合作形式,都可以用协议书的形式来表现,因此此协议是合同的“正剧”。

(3) 补充修订式协议书。制作于合同之后,即补充修订合同中内容条款不足的部分,因此它是合同的“尾声”。

(二) 协议书的结构

包括标题、当事人的名称、正文和结尾 4 个部分。

1. 标题

要突出协议书的中心内容,如《收养协议书》;或突出协议书的性质,如《工程协议》、《拆迁协议》等,不能只写《协议书》。

2. 当事人的名称

与合同的首部类似。

3. 正文

这是协议书的主体和核心部分。一般要写明双方或多方达成协议的各个事项,如合作的项目、方式、程序,双方的义务,等等。一般包括开头与主体两个部分。

(1) 开头。通常是写签订协议的目的、根据和意义,然后用“就××事宜,达成如下协议:”句引入主体部分。

(2) 主体。这是协议的重点,一般采用分条列项的方法。

4. 结尾

包括双方的签名和签订日期两项。

签名要写出合作各方的单位全称并标明甲、乙方，并由订立协议双方单位代表签名，此外还要加盖公章。

签订日期要写全年、月、日。

病例评析

协　议　书

甲方：北京中医药大学中药学院学生会

乙方：北京金山软件有限公司

双方自愿签订如下协议：

甲方的权利及义务：

甲方提供给乙方《风尚，我有——北京中医药大学第八届才艺大赛》的冠名权。

甲方将对大赛进行全程的DV录制，并在赛后将DV刻成光盘给予乙方。

甲方为乙方在校园内进行海报宣传(海报由乙方提供)。

甲方为乙方在校内做宣传，如有改动必须及时通知乙方并经双方协定同意。

甲方应该认真完成宣传，不得无故取消协议所定内容，并且不得做有损乙方利益的活动。

乙方的权利及义务：

乙方为甲方提供《风尚，我有——北京中医药大学第八届才艺大赛》所需奖品。奖品为金山公司开发的系列软件，价值一千元以上。

乙方为甲方提供大赛的彩色节目单500张，背面可印有乙方的宣传资料。

乙方为甲方提供具有乙方冠名的大赛横幅一条。横幅内容为“金山网游杯风尚，我有——北京中医药大学第八届才艺大赛”。乙方需在甲方比赛开始前付清所有赞助物品。

附件：

比赛当天如遇特殊情况(如会场设备、安全问题)，使甲方无法顺利进行活动，甲方不负对乙方的责任。如一方没有履行其义务，要对另一方进行赔偿。

比赛时间为5月23日19:00。

本协议一式两份。甲、乙方各一份，未经双方同意不可任意改动本协议。

签章　甲方：

　　　乙方：

年　　月　　日

【评析】该协议主要存在下面问题：一是结构不完整，标题缺了协议的性质，而在正文部分的开头没有交代双方合作的依据与前提。二是主体部分有的词语和句子运用失当，容易产生歧义。如“价值一千元以上”句中的“一千元以上”到底是多少？“要对另一方进行赔偿”该赔偿什么？怎样赔偿？“比赛当天如遇特殊情况（如会场设备、安全问题），使甲方无法顺利进行活动，甲方不负对乙方的责任。”整个句子都不够具体明确，很容易产生歧义。三是后面的“附件”内容应是免于罚则的说明，应该在正文中。尾部的“签章”两字应放在“甲方”、“乙方”后面，而且签约日期应双方各一。

实训活动

指出下面协议书的主要错误，并加以修改。

协　议　书

甲方：××建筑工程公司 与 乙方 ：××装修设计公司为共同发财，特订立本协议。

一、建立密切的技术合作关系，今后凡甲方承接的工程，装修设计任务均交给乙方承担。

二、乙方保证，在接到任务后，将立即组织以高级工程师为领导的精干设计队伍，在10日提出设计方案，并在方案认可后一个月内完成全部设计图纸。

三、为保证设计的质量，甲方将毫无保留地向乙方提供所需的一切建筑技术资料。

四、装修施工队伍由甲方组织，装修工程的施工由甲方组织实施。施工期间，乙方派出高级工程师监督施工，以保证工程的质量。

五、甲方按装修工程总费用的千分之×向乙方支付设计费。

六、本协议自签订之日起生效。

七、本协议书一式两份，双方各执一份。

附件：《××建筑装修工程集团公司组建意向书》一份。

甲方 ××建筑 工程公司（盖章）

法人代表：××（签字）

乙方 ××装修设计公司（盖章）

法人代表：××（签字）

××年×月×日

甲方地址：×××××× 乙方地址：××××××

邮政编码：×××××× 邮政编码：××××××

趣味阅读

我国最早的"离婚协议书"
——敦煌出土的"放妻协议"

在中国历史的多数时期，女子一直是处于"被压迫"地位，很多朝代妇女没有离婚自由，男子可以任意"休妻"、"出妻"，女子却只能忍受。同时，女子被"休"、被"出"，被认为是奇耻大辱，改嫁更是"丧失贞节"。而这份敦煌出土的"放妻协议"却给后人展示了历史上真实的一幕：妇女地位极高，夫妻之间提倡"好合好散"。

敦煌莫高窟出土的"放妻协议"的主要内容如下："凡为夫妇之因，前世三生结缘，始配今生之夫妇。若结缘不合，比是冤家，故来相对……既以二心不同，难归一意，快会及诸亲，各还本道。愿妻娘子相离之后，重梳婵鬓，美扫娥眉，巧逞窈窕之姿，选聘高官之主。解怨释结，更莫相憎。一别两宽，各生欢喜。"

大部分观点支持，这些敦煌出土的"放妻协议"来自唐代。"放妻协议"类似于今天的"离婚协议书"。

知识岛

协议书与合同的区别

协议书的内容比较原则、单纯，往往是共同协商的原则性意见；合同内容具体、详细,各方面的问题全面周到。协议书的适用范围广泛,可以是共同商定的各方面的事务;合同主要是经济关系方面的事项。协议书往往还需要签订合同加以补充、完善;合同一次性生效。

第三节 经济广告

例文·点评

* 例文一

我有我的混音天地

——新家伙530尽情自我!!抢混音师的饭碗!

主文案:

嘿!相信吗?我的手机能让耳朵兴奋!只要一拿起它,我就能摇身变成混音师!

没错!就是飞利浦530!它独特好玩的DJ混音功能,只要通过几个按键就能把音效、节拍、乐器混得像鸡尾酒一样炫。更过瘾的是,我能把几首爱死了的曲子串起来,加一段,删一段,节拍随意变!亲自混出来的音乐,不仅能作为天下无双的铃声,惊动所有人的耳朵,还能通过多媒体短信(MMS)发送给死党们,让他们见识我的厉害!

有飞利浦530 DJ混音天地,音乐怎么HIGH怎么混,耳朵当然爽到根喽!

广告语:想怎么混就怎么混

随文:LOGO、地址、电话、网址

【点评】这则手机广告标题很吸引人,而正文在介绍了商品的名称、性能、特点、品种、规格、功效、使用方法等的同时,尤其突出的是用夸张的手法把该手机独特的混音功能描绘得生动风趣,达到了使公众看完广告后能付诸行动的广告目的。广告的结尾,还附上了相关的商品信息,使公众能联系购买。整个广告结构完整,充满活力。

* 例文二

这里曾经弥漫过甲午海战的硝烟;

这里曾被秦始皇称为天之尽头；

如今这里是世界上最适合人类居住的

范例城市之一。

——中国威海

【点评】这是一则城市宣传广告。广告借助雄浑的历史场景，展现威海悠久的历史文化风韵。“甲午海战”和“秦始皇”无疑像两扇历史的窗口，使人联想起历史上那些无尽的风云际会。最后一句一转而至今日的威海，洁白的沙滩、干净的城市，1996年威海就被联合国评为全球改善人居环境100个范例城市之一，这无疑成为城市广告的一大亮点。这则广告以情感诉求为主导，突出了对象的历史文化与环境特色。

知识归纳

（一）广告概述

1. 概念

广义的广告是指有计划进行的任何方式的有利于商品和劳务销售的公开宣传。狭义的广告指通过报纸、杂志、广播、电视等大众传播媒介，公开而广泛地向社会传递有关商品和劳务等市场信息的一种商业实用文体。人们常说的广告指这种。

2. 作用

沟通和协调商品生产者、销售者和消费者之间的关系；及时有效地提供市场信息；扩大流通，引导消费，促进生产。

3. 特点

(1) 宣传性。广告通过文字、声音、画面等要素，把商品和企业的有关情况介绍给消费者，借以扩大影响，促进销售，因此广告是企业为了获取利润而采取的一种宣传手段。

(2) 真实性。真实是广告的生命。广告必须实事求是地介绍商品，不能为赚钱而作浮夸、虚假的广告。虽然也可以加些艺术的渲染，但只起介绍商品、诱导与促进消费者购买的作用，而不能使用欺骗的手段。

(3) 艺术性。好的广告是真善美的统一，它经常利用多重艺术手段，以生动活泼的内容和形式吸引人们的注意，争取人们的好感。它可以综合运用文学、回话、音乐、摄影等多种艺术表现形式，在宣传商品的同时给人们以美的享受。

4. 分类

(1) 以广告目的分，有商品广告和企业广告。前者侧重宣传商品；后者侧重宣传企业形象和知名度。商品广告可细分为介绍性、提示性和竞争性三类。介绍性广告的目的是让人们“知道”某一产品；提示性广告是让消费者经常想起它，加深消费者的印象；竞争性广告主要是针对竞争对手而做的，如“可口可乐”和“百事可乐”的广告，“麦当劳”和“肯德基”的竞争等。

(2) 以广告对象分，可分为消费品市场广告和工业品市场广告。前者偏重各层次的个人顾客；后者偏重各层次的集团顾客。前者侧重视听广告媒介和户外广告媒介；后者侧重专业报刊、商业报刊和邮寄广告。

(3) 以广告媒介分，可分为五大类：①报纸杂志和其他出版物，包括月历和日历广告；②视听广告，即通过电视、无线电广播、电影、录像等传播的广告；③邮寄广告，即把广告单、企业介绍、产品目录、产品说明、产品样本等直接寄给用户和潜在的用户；④户外广告，包括路牌、橱窗、霓虹灯等形式的广告；⑤其他广告，包括车船广告、包装广告、空中广告等。

5. 广告的创作

(1) 广告的主题和创意。广告的主题，就是一则广告的中心思想，即主要说明什么问题，告诉公众何种信息。

写好广告文字的关键在于选择好广告的主题，这要求针对广告对象，突出一个重点。同一种商品可分别从商品的特征、消费者的购买动机和接受心理、市场销售状况以及企业自身的特征等几个方面来选择。

创意是广告制作的关键环节，是广告策划的灵魂。所谓创意，是广告的整体设计与构思，具体说来，就是广告主对目标市场、广告对象、广告主题、表现形式、宣传手段等因素进行合理而巧妙的筹划与安排。

成功的广告创意，首先要进行充分的调查研究，深入研究产品特色，广泛搜索市场信息。其次要注意研究顾客心理。根据心理学原理，广告的创意应注重以下几方面：①引起注意；②诱发情感；③刺激想象；④产生美感；⑤争取信赖；⑥巩固记忆；⑦唤起欲望；⑧促进决心。最后，广告创意要力求标新立异，避免落入俗套。

(2) 广告的写作原则。包括以下几个方面：

● 真实性。我国广告法明确规定，广告应真实、合法，符合社会主义精神文明的要求。

● 思想性。这是社会主义广告的重要特征。我国的报纸、刊物、广播电台、电视台等是党和国家的宣传机构，作为广告媒介，它们播发的广告内容，

必须符合党的宣传方针、政策。当然，思想性不等同于政治宣传，而要寓于艺术性之中。

● 针对性。针对产品、市场和消费者的不同特点而有的放矢地做广告，是广告成功的诀窍之一。广告必须提供消费者最关心的内容。另外，要注意不同市场和消费者的偏好和禁忌。如某些西方国家忌讳数字"13"，阿拉伯国家市场忌讳猪、熊、猫等字眼，有些拉丁国家视菊花为"妖花"，日本则把荷花做"丧花"等，这些被某些消费者认为"不吉利"的词语和图画不要出现在该地区的广告中。

● 简洁性。即主题要单一，中心要突出。广告的版面贵精忌杂。

● 艺术性。艺术性强的广告在宣传商品的同时，能给人以美的享受，从而对消费起到引导和暗示的作用。因此，广告要新颖独创，符合"最省力的阅读"原则。

(二) 广告的结构和写法

商品广告的结构一般包括标题、正文、随文和标语 4 部分。

1. 标题

分为直接性、间接性和复合性标题。

(1) 直接标题，就是把广告信息直接告诉诉求对象。如"大白兔奶糖"、"十月份影片预告"、"美的空调，原来是更美的!"。

(2) 间接标题，本身不直接介绍商品，而是用迂回、悬念、隐喻、修辞等手法引起消费者的兴趣。如"奶奶，您换上新耳朵了吗?"(助听器广告)、"不打不相识"(某打字机广告)、"35 岁以上的妇女如何才能显得更年轻"(某荷尔蒙霜)。

(3) 复合性标题，就是结合使用直接性标题和间接性标题，以发挥二者的长处。如"车到山前必有路，有路就有丰田车"、"海内存知己，天涯若比邻；电视电话能使山阻海隔的亲友见面畅谈"。

2. 正文

正文是广告中提供商品、劳务等信息的文字部分。现代广告的正文非常灵活，没有固定的格式，一般来说，可分为引语、中心段和尾语。

引语就是用一两句话引出中心段。中心段使用有说服力的证据或事实阐明广告主题。尾语一般用一两句话敦促、劝勉人们采买。如"×××，你还没喝呢?"、"请喝健力宝"。

不过，事实上广告文字的设计往往不按常规写法，而是灵活、艺术地进行处理。在追求广告创意的今天，广告文字的写作日益趋灵活。借助于作者的创意、巧妙的构思，广告的风格多样。正文的体式常见的有陈述体、证书体、问答体、目录体、幽默体、议论体、抒情体、描写体和文艺体等。

3. 随文

商品广告的随文主要用于说明厂商名称、地址、电话、E-mail、电挂、联系人、邮编等，以便消费者联系。

4. 标语

广告标语，也称为广告口号或广告语，它是广告主从长远的营销利益出发，在相当长的一段时期内在广告中反复使用的口号性宣传语句，它是艺术化、口语化的广告主题。广告标语的特点是简洁、整齐、有韵、上口、易记。如："新一代的选择"（百事可乐）；"钻石恒久远，一颗永流传"（戴比尔斯钻石）；"一旦拥有，天长地久"（深圳飞亚达表）；"科技以人为本"（诺基亚广告）；"味道好极了"（雀巢咖啡）；"滴滴香浓，意犹未尽"（麦斯威尔咖啡）等。

病例评析

放　心

——××牌汽车已来到中国

满载生机勃勃的荣誉，携带近70年的安全设计史，今天××牌汽车已来到中国，以其珍惜生命便是财富，热爱生活、勇于挑战的豪气，准备驶进您的生活。这是一部令您放心的车，入乡随俗，特别针对中国道路行驶需要而制造。它不仅安全可靠、性能卓越，更巧妙地将安全性能与汽车动力完美结合，助您在人生路上，安心驰骋。××牌汽车的外观大方，车厢内部更是宽敞典雅，令人倍感安全舒适。无论在什么场合当中，它都备受瞩目，安稳轻松地为您增添风采。每一部驶入中国大地的××牌汽车，都将享有××牌汽车公司所建立的完善维修网络为您提供原厂零配件与高质量的售后服务。现在，尽可以放心了！

【评析】这则广告文从字顺，用轻松愉快的口吻介绍了商品的安全可靠、性能卓越、外观大方、车厢内部宽敞典雅、令人倍感安全舒适等性能，但不足者是缺乏该车的个性特点，结尾还没有随文，缺少相关商品信息。

实训活动

下列广告标语写得很精彩，请你考虑精彩在什么地方？

1. 在最需要的地方，助您一臂之力（南京起重机总厂）

2. 您的忠诚卫士(永久锁厂)

3. 荟萃全球体育珍闻 博览世界体育风貌(《体育博览》杂志社)

4. 一旦拥有,别无所求(飞亚达计时工业总公司)

5. 高枕无忧(普达汽车防盗器)

6. 聪明不必绝顶(上海家化美加净颐发灵)

7. "闲"妻良母(台湾洗衣机)

8. 把"新鲜"直接拉出来(台湾电冰箱)

9. 皓齿莹莹 款款风情(惠州速白牙净系列)

10. 声声相关 时时相伴(广州电视台成立二周年)

趣味阅读

"空白"广告的奇效

1931年,梅兰芳在北平唱戏出了名。上海丹桂戏院的老板聘请梅兰芳到上海献艺。这是梅兰芳首次去上海演出,上海人不了解梅兰芳。戏院老板为了自己的利益,为梅兰芳做广告。戏院老板买下了一家大报头版的整个版面,登出的广告只有三个赫然大字"梅兰芳",而且运用这种方式一连刊登三天。

一石击起千重浪,上海人迷惑了:"梅兰芳何许人?"、"是不是要出大新闻?"人们四处打听,连刊登广告的那家报馆也被问过了,答复不是一无所知就是无可奉告。直到第四天,在"梅兰芳"三个大字下面,写出了几行小字:京剧名旦:假座丹桂第一大戏院演出《彩楼配》、《玉堂春》、《武家坡》。

大字的诱惑,小字的吸引,人们三天来结下的疑团,融作了一睹究竟的心理要求。人们竞攀"丹桂",争看"芳容"。更主要的,梅兰芳艺技高超,结果在上海的第一场演出就赢得了"满堂彩"。此后,场场爆满,名震沪城。

第四节 经济活动分析报告(自学)

例文·点评

××市商业局企业年度财务分析报告

省商业厅:

200×年度,我局所属企业在改革开放力度加大,全市经济持续稳步发展的形势下，坚持以提高效益为中心，以搞活经济强化管理为重点，深化企业内部改革，深入挖潜，调整经营结构，扩大经营规模，进一步完善了企业内部经营机制，努力开拓，奋力竞争。销售收入实现×××万元，比去年增加30%以上，并在取得较好经济效益的同时，取得了较好的社会效益。

（一）主要经济指标完成情况

本年度商品销售收入×××万元，比上年增加×××万元。其中，商品流通企业销售实现×××万元，比上年增加5.5%，尚办工业产品销售×××万元，比上年减少10%，其他企业营业收入实现×××万元，比上年增加43%，全年毛利率达到14.82%，比去年提高0.52%。费用水平本年实际为7.7%，比上年升高0.63%。全年实现利润×××万元，比上年增长4.68%。其中：商业企业利润×××万元，比上年增长12.5%，商办企业利润×××万元，比上年下降28.87%。

销售利润本年为4.83，比上年下降0.05%。其中：商业企业为4.81，上升0.3%。全部流动资金周转天数为128天，比去年的110天慢了18天，其中，商业企业周转天数为60天，比去年的53天慢了7天。

（二）主要财务情况分析

1. 销售收入情况

（略）

2. 费用水平情况

（略）

3. 资金运用情况

（略）

4. 利润情况

（略）

（三）存在的问题与建议

(1) 资金占用增长过快，结算资金占用比重较大，比例失调……

(2) 经营性亏损单位有增无减，亏损不断增加……

(3) 各企业程度不同地存在着潜亏行为……

××市商业局

200×年×月×日

【点评】此文结构完整，标题、正文与落款3个部分齐备。在正文的前言

先概括介绍一年来的工作与效益，接着写主要经济指标完成情况，而在对主要财务情况进行分析部分，全部运用有关数据进行运算推导和分析研究。从“销售收入情况”、“费用水平情况”、“资金运用情况”以及“利润情况”几方面分析，并注意与上一年度作比较。最后指出存在问题并提出积极的改进建议。该文脉络清晰、数据充分，不足者，分析部分仍未够深入。

知识归纳

(一) 经济活动分析报告概述

1. 概念

以国家有关政策以及科学的经济理论为指导，根据历史和现实的计划、统计资料以及相关的调查资料为依据，对某一地区、行业、单位、部门的经济活动进行全面或专项的分析、研究后写成的书面报告，就是经济活动分析报告。

2. 作用

它是加强企业现代化管理的重要手段。通过经济计划实施情况的分析，可以为领导机关制订经济发展策略和计划提供具体可靠的依据，从而正确指导经济活动。

3. 特点

(1) 数据性。运用充足的数据说明数据显示的规模和成果，还蕴涵着经济活动效益性的意义。

(2) 政策性。经济活动分析应以有关政策为依据。

(3) 专业性。经济活动需要很强的专业知识和技术。

(二) 结构和写法

经济活动分析报告的结构一般包括标题、正文与落款 3 个部分。

1. 标题

综合性的经济活动分析报告，其标题通常由单位名称、时间、内容和文种组成，如《××化工集团二〇〇三年上半年经济活动分析报告》。

2. 正文

它的基本格式一般包括前言、情况、分析、建议 4 个部分。

(1) 前言。又称“引言”、“导语”、“导言”、“概况”等，主要是以简练的语言介绍经济活动的背景。

(2) 情况。包括主要经济指标完成情况，技术或管理措施实施情况，业务工作开展情况等。

(3) 分析。是经济活动分析报告最重要的环节。在分析过程中,要充分采用对比分析法、因素分析法、动态分析法,要把定性分析和定量分析结合起来。分析要有理有据、深入细致,这样才能对经济活动作出正确的评价,才能对其成败的原因有所认识,也才有可能把握经济活动的本质和规律。

(4) 建议。在这个部分中,一般是根据分析的结果,回答今后的经济活动将会"怎么样"或者应当"怎么样"的问题,这也是比较重要的一个部分。

3. 落款

一般有两项内容:一是标明撰写经济活动分析报告的单位名称或人员姓名,二是标明写作日期。

病例评析

××年公司财务状况的分析

××年,我公司在我市受到自然灾害的情况下,仍然获得好的效益,产量有所上升,市场销路好。公司上下齐心协力,广开门路,积极投入生产经营,坚守岗位责任制,出谋划策,完成了购销任务,实现了利润比上年增长×%。

一、资金运用情况

公司××年在加强资金管理,节约使用资金方面采取了一些有效的措施,如有引进省、市、地属采购批发站(以下简称一级站和二级站)实行分科分商品类别核算;总结了在多渠道流通的新形势下,开展外采工作的经验,克服了盲目采购,改善了库存结构,加速了资金周转等,都取得了一定成绩。但总的来看,资金运用效益不够高,资金增长速度超过销售额增长的速度,使资金周转减慢。

××年我公司占用的流动资金比上年增长××%,是历史上增加最多的一年。××年每销售一百元商品平均占用流动资金××元,比上年增加××元。流动资金周转速度××次,比上年减慢××次,每周转一次,××天,比上年减慢××天。占用的流动资金××%集中在库存商品,其余××%分散在低值易耗品、应收账款等。××%集中在柜台,纯百货每销售一百元商品平均占用流动资金××元比上年增加××元,年周转××次,比上年减慢××次。从各经营环节看,百货柜流动资金周转××次,比上年减慢××次,家电柜流动资金周转××次,比上年减慢××次,县、市属批发部周转××次,比上年减慢××次。

××年末流动资金比上年增加的项目是：

(一) ××年末库存商品比上年增加××万元。其中，×××和×××、××、××等5种商品库存就增加××万元，占库存商品增加总额的××%。

(二) 在途商品资金比上年增加××万元。

(三) 结算环节占用的资金比上年增加××万台。××年流动资金周转慢，主要就是上述资金增加的幅度大大超过销售额增长幅度所致。资金增加的原因主要是：

(一) 库存商品结构不合理。据对××种商品××月末的库存分析，库存基本合理的有××种，偏多或积压的××种，不足的××种。库存偏多或积压的××种商品，超过合理库存部分，约占××年末商品库存总值的××%左右。其中××、××、××、××等8种商品占××%，质次价高、残损变质、冷背呆滞等有问题的商品约××万元，这部分商品比年初减少××万元，下降××%。由于库存结构不合理而占用的资金影响资金周转减慢××次。

(二) 在途商品××年比上年增加××万元，主要是运输力量紧张，加上外采商品增加，货运量也随之增加，商品压站、压港比较严重等等。

(三)××年末各部门因经营业务发生的各项往来款项，在结算过程中所占用的资金比上年增加××万元，增加幅度××%。主要是：

(1) ××年末有待自理的×××落实库存减值约××万元挂在账上，尚未处理，这是新增加的因素。

(2) 委托银行收款的比上年增加××万元，其原因除由于批发销售增加而相应增加万元××元外，其他是因为办理托收和贷款划拨不及时，承付期延长等造成的。

(3) 银行存款比上年增加××万元。

(4) 预计企业因购销业务等发生的暂付、垫付、存出押金等其他应收未收回的往来款项为××万元，比上年约增加××万元。

二、盈亏增减变化情况

××年实现的利润比上年增长××%。

从分公司看，××年实现利润比上年增加的有×××公司、××家电批发公司、××吉德公司，其中由于××商业发展较快，销售额较多。利润比上年减少的有××百货分公司、××分公司、××公司，其中××公司减少××万元为最多，主要是当地受灾较为严重。批发站实现的利润比上年减少××%。其中：百货、文化用品、针织各柜台和其他直属企业共增加利润

××万元；纺织、五交化、石油各分公司共减少利润××万元。石油站由于节约能源，销售量减少，费用上升，利润减少××万元为最多。为什么今年商品销售额增加的多（增加××%），正常业务利润部分增加的少（增加××%），主要是因为减少利润的因素比较多。

××年能够计算的减少利润的因素约××万元，主要是：

（一）部分商品调价和削价处理有问题商品损失增加，约减少利润××万元。××年由国务院、物价总局、××部通知在全国范围内调低销售价的××、×××、×××、×××等，据匡算约减少利润××万元，剔除×××等部分商品提价增加利润××万元后，净减少××万元。××年继续削价处理质次价高等问题商品约××万元，损失约××万元，比上年增加损失××万元。

（二）由于商品销售结构变化的减少利润××万元，即毛利率低的商品如×××、×××等卖多了，毛利率高的商品如××、××等商品销售少了。

（三）费用水平上升××%，相对多支付费用××万元。主要因流动资金周转慢，相对多占用资金××万元，多支付利息约××万元以及银行等其他方面的费用增加了，否则费用水平将上升的还要多。

（四）×××分公司利润减少约××万元，减少××%。利润自××年以来都是下降趋势，其中××行业利润下降幅度比××业大。

（五）财产损失约增加××万元。主要是今年有些分公司遭受水灾的商品、物资损失和商品丢失短少等损失增加。

根据上述情况，明年必须着重抓好以下工作：

各分公司要根据新的经济形势，经常研究分析市场变化情况，千方百计提高经济效益，通过整顿企业，针对企业管理中存在的问题，认真总结经验，狠抓扭亏增盈，努力增收节支，减少流通费用，节约一切可以节约的开支，把企业经营管理提高到一个新的水平。

×××公司

×年×月×日

【评析】这篇分析报告的毛病主要有：一是主要财务指标完成情况介绍过简，只是笼统讲利润增长的情况，没有把利润增长的各项财务指标情况作具体介绍。二是主体部分缺乏了利润增加因素的分析部分，显得不完整。三是今后工作的意见部分过于空泛，没有具体措施。

第五节　招标书与投标书

一、招标书

例文·点评

杭州××集团有限公司设备采购招标文件

杭州××集团有限公司设备采购招投标办公室

2009-8-13

1. 投标人须知

1.1 招标书、投标书、合同

1.1.1 本招标书是2009年第7号《电力设备设施》项目的规范性文件，是投标人编制投标书的主要依据。

1.1.2 投标书是投标人以招标书为依据编制的投标文件，投标结束后，中标人与杭州××集团有限公司(以下简称：招标人)进行商务谈判，签订合同。

1.1.3 合同是招标人与中标人共同以招标书、投标书为依据经过谈判协商签订的具备法律效力的文件。招标书、投标书及其共同确定的补充文件是合同的有效组成部分，与合同具有同等的法律效力。

1.1.4 本招标书的最终解释权属杭州××集团有限公司设备采购招标办公室。(联系电话：0571-8504××××；E-mail：hz××@yahoo.com.cn)

1.2 投标人

1.2.1 投标人必须是具备本招标项目的生产能力或供应能力的合法公司，投标时应提供生产或供应的实例。

1.2.2 招标人只接受符合各项投标规定的投标人的合格投标书。

1.2.3 投标人应严格按本文件《投标文件及格式》中的有关要求认真编制投标文件，所编制的内容必须真实可靠，并应提供资格证明及相关证明材料。招标人保留进一步要求投标人补充提供有关证明材料的权利，拒绝补充材料或提供材料不真实，将被视为自动放弃投标资格。

1.2.4 投标人一旦中标，通过商务谈判签订合同后，不得私自转包，否则将视为违约并自动中止合同。

1.3 投标费用

投标人在投标过程中产生的一切费用，无论中标与否，均由投标人自行负担。

1.4 投标文件的递交

1.4.1 投标书应按招标文件要求编制，技术标书、商务标书合装订成一册，一正一副共两份(如中标还须提供电子版投标书)。

1.4.2 投标文件必须写明投标项目名称、公司(单位)名称、投标人邮政编码、通讯地址。封口骑缝处加盖投标人印章和法人代表或法人代表授权委托人印章，否则不予受理。

1.4.3 密封盖章后的投标文件于 2009 年 8 月 17 日上午 11:00 前送达杭州××集团有限公司设备采购招标办公室(杭州市机场路××号杭州××集团有限公司 4 号楼动力处)。

1.4.4 开标后，所有投标资料将不予退还。

2. 工程简介

工程项目位于杭州余杭经济开发区，总受电规模为 6 400kw，10kv 进线。

3. 工程招标内容(商务偏离和技术偏离单列)

3.1 一包：

(1) 10KV 高压柜，KYN28-12 型，10 台(按图纸)。高压开关可按 ABB VD4 或施耐德 EV12 相同等级开关报价。HXGN-10ZFN/27(改)5 台(按图纸)。

(2) 400V 低压配电柜 GCK：38 台(按图纸)电容柜统一按 GCK 柜型。

3.2 二包：变压器 SCB10-1600KVA/10KV/0.4KV Dyn11，Uk＝6%，1 台(按图纸)。

3.3 三包：直流屏 1 面，电池屏 2 面(美国 Marathon，2V 蓄电池)。

3.4 四包：自动化控制系统 1 套，UPS 取消。

4. 报价要求

4.1 标书列明的清单，分 4 个包，单个包内必须完整报价，单个包内有取舍作废标处理。报价中包含生产、运输、调试、附件费用、保险、税费(17%)等全部费用。

4.2 投标书就所报主要配件必须注明品牌，产地。

4.3 供货时间承诺，质保期限和质量保证承诺，售后服务承诺。

4.4 质保期从 2009 年 10 月 30 日起。

5. 工期

交货期为高压柜，变压器：2009 年 9 月 30 日，低压柜：2009 年 10 月

10 日。

6. 评标及合同授予

6.1 评标：本着公开、公平、公正的原则，公司组织评标小组予以评标。

6.2 合同签订：中标单位与公司签订供货合同，付款支付方式：预付款30%，提货款30%，安装调试合格通电后付货款30%，余款质保期到后一周内付清。

7. 投标需知

7.1 标书应密封并加盖单位行政章。

7.2 开标时间：2009 年 8 月 17 日 13 时整。

7.3 投标单位对于招标文件、图纸误解而导致中标后发生的任何风险，其责任自负，不得向甲方索赔。

7.4 投标方中标后，不按中标通知书上的规定日期与我公司签订合同，可视投标方违约，取消其中标资格。

7.5 中标单位在与我公司签订合同时，如遇重大变化时，由双方共同商定解决。

7.6 中标优先条件：浙江省范围的生产企业。

7.7 未尽事宜均以双方合同约定为准。

招标单位：杭州××集团有限公司
联 系 人：胡××
联系电话：1358832××××

二〇〇九年八月十三日

【点评】这是一份非常正式的招标文本。该文本标题、正文和结尾三部分齐备，结构完整。标题由“招标单位名称＋招标项目＋招标书”组成。正文先概括介绍了招标的缘由和依据、招标项目与招标范围；接着用分条列项的方法全面而具体地写出标的的情况以及对质量、工期的要求等；然后写明招标步骤与招标工作具体安排的问题，最后写明招标单位的联系方式。总的来说，写作条理清晰，说明清楚，制作非常规范。

知识归纳

（一）招标书概述

1. 概念

企业为建设工程项目、进行大宗商品交易或合作经营某项业务，公布有关要求和条件，公开邀请承包者、承办者，从中选择最有利于自己的合作伙伴，叫做招标。用文字将这一要求表述出来，就是招标书。

2. 招标书的种类

招标可以分为公开招标(不限投标对象)和邀标(选定几个投标对象)两种，因此招标书也可分为公开标书和邀标标书两种。

3. 作用

(1) 有利于打破垄断行为，进行正当、合法的竞争。

(2) 有利于企业的改革、发展与管理。

(3) 有利于保证企业管理人员的廉洁自律。

(4) 有利于降低企业经营成本，提高经营效益。

(二) 招标书的格式和写法

招标书分为标题、导语、正文和结尾四部分。

1. 标题

有两种写法，一种只写文种，即“招标通告”，另一种是写明招标单位＋招标事项＋文种，如“××公司修建办公大楼的招标通告”。

2. 导语

简要说明招标的缘由、目的、依据。

3. 正文

(1) 前言。介绍招标的缘由和依据、招标项目和资金来源、招标范围等。

(2) 招标项目。这是招标书的重点和核心部分，要全面而具体地写出标的的情况。有的招标项目除了要写明标的的名称、型号、数量、规格、价格外，还要写明对质量、工期的要求等，以便投标者在充分了解情况的基础上作出判断和选择，从而有利于招标者达到招标目的，作出最佳选择。

(3) 招标步骤。这是对招标工作具体安排的问题，要写明招标文件的发售以及开标的时间、地点和方式等。

4. 结尾

写明招标单位名称，发文时间并加盖公章。然后列出联系地址、电子信箱、电话等。

病例评析

招　标　书

××学院为适应现代教育的发展需要，决定启动家属宿舍区网络工程

建设。凡有意参加我校该项工程建设的厂商，请遵照如下说明参加我校的招标、投标工作。

学院网络概况 ：

××学院校园网已经先后完成了两期工程，已经形成覆盖教学楼、办公楼二层、1号学生公寓的计算机网络，校园网采用千兆以太网解决方案（基于光纤），百兆交换到桌面，星型拓扑结构。网络中心地处教学楼七楼，网络主交换机为CISCO2948。本期工程需要完成余下的工程。

网络工程需求：

需要联网的有1＃、2＃、3＃、4＃家属宿舍楼，分别为5层4个单元每个单元3户、5层5个单元每个单元2户，6层5个单元每个单元2户、6层2个单元每个单元2户，各户以交款为准，不得擅自更改。所有的设备到达现场应合格。

招标说明：

1. 按照宿舍区网络工程招标书的要求，将制作的投标文件于2009年7月8日上午9:00前送交，必须出示合法企业的资格证明，购买标书时间6月30日至7月8日（周六、日休息）上午9:00前，以缴纳购买标书费时间为准，过期不再受理，标书售价150元。投标文件由投标人密封，一式三份。

标书购买地点：××学院网络室（教学楼七楼）

联系人：黄××、石××

咨询电话：507××××

2. 7月8日，上午9:30××学院（以下简称甲方）将组织开标。由评标专家组负责评审，从中确定2～3家拟中标厂商，再进行议标、决标，最终结果在此10天以后另行通知。

3. 投标的厂商在投标时需按投标价的5％缴纳履约保证金，现金和支票均可。未中标的单位当场退回保证金。最终中标单位保证金不退，作为该项目的质保金记入总合同金额，按照合同约定支付。

4. 该项工程建设分设备选购、综合布线、系统集成3个方面，这3个方面工作均由乙方统一完成。

5. 工程开工前，甲方按照有关网络产品技术指标对乙方购买产品进行抽样测试，如交换机、网线、信息点模块等。

6. 投标文件要求出示投标单位营业执照、产品厂家相关证明、单位业绩证明（加盖用户单位公章）、设计方案、整个项目详细报价。须注明产品生产厂家、型号、数量、价格。投标文件也须加盖投标单位公章。

投标说明：

1. 投标厂商应是已在工商部门注册的合法企业或厂商。投标时应出具合法厂商的资格证明。投标厂商应是具有一定规模，有一定经济和技术实力，并单独承接过本市一个楼宇网络工程的公司。

2. 投标文件包括：投标报价表、综合布线施工方案、资格证明文件以及有关说明文件。投标文件应采用已规范的中文术语，字迹要清楚、工整。

3. 投标文件应密封，封面标明：××学院宿舍区网络工程投标书；投标单位全称、地址、邮编、联系电话、联系人，并加盖公章。

4. 投标文件请于规定时间前送交指定地点，过期不受理。

其他要求：

1. 安装及调试

乙方负责设备的采购、安装、调试、与现有网络的集成和培训甲方人员，乙方应在甲方指定开工的25日内完成工程。

2. 售后服务

中标单位负责交换机以及其他网络产品的一年包换或免费维修；在接到系统故障通知后，应在2小时内响应。硬件故障如不能当场解决应及时提供同类产品替代使用直至故障排除。

开标与评标：

1. 开标

招标会时间定在2009年7月8日上午9:00进行，现场开标为7月8日上午9:30，开标地点在××学院办公楼一楼。参加开标的投标代表应签名报到，证明其出席。正式开标前未签名出席，视为废标。开标时由招标领导小组领导宣布开标程序和办法，并当场认定投标文件的封签并拆封。

2. 评标

由评标专家组进行，安排一定时间的厂商答疑。评标主要是比较各投标文件所提供设备的质量、性能、价格和厂商的服务、信誉、实力，综合选定中标厂商。我们本着性能价格比最优的原则，不保证最低价中标，投标厂商不出席评标过程，由评标专家组当场宣布并书面通知拟中标厂商。

××学院

2009年6月24日

附件1：宿舍区拓扑图

【评析】这份招标书主要有如下问题：一是标题过于简单，应加上招标单位名称、招标项目，可改为“××学院宿舍区网络工程招标书”；二是标的要求不够明确，如“本期工程需要完成余下的工程”是什么工程？必须有明确的指标；又如“所有的设备到达现场应合格”，合格的标准没有明确；三是决标时间未明确。如：“最终结果在此10天以后另行通知”句中“10天以后”，后到什么时间呢？因此，这份标书制作不规范，漏洞百出。

二、投标书

例文·点评

＊ 例文一

培训楼工程施工投标书

根据××铜矿兴建培训楼工程施工招标书和设计图的要求，作为建筑行业的×级企业，我公司完全具备承包施工的能力与条件，决定对此项工程投标。具体说明如下：

一、综合说明

工程简况（工程名称、面积、结构类型、跨度、高度、层数、设备）：培训楼一幢，建筑面积10 700 m²，主体6层，局部2层。框架结构：楼全长80m，宽40m，主楼高28m，二层部分高9m。基础系打桩水泥浇注，现浇梁柱板。外粉全部，玻璃马赛克贴面，内粉混合砂浆采面涂料，个别房间贴壁纸。全部水磨石地面，教室呈阶梯形，个别房间设空调。

二、标价（略）

三、主要材料耗用指标（略）

四、总标价

总标价3 408 395.20元，每平方米造价370.23元。

五、工期

开工日期：××××年2月5日；

竣工日期：××××年8月20日；

施工日历天数：547天。

六、工程计划进度（略）

七、质量保证

全面加强质量管理，严格操作规程；加强各分项工程的检查验收，上道工序不验收，下道工序决不上马；加强现场领导，认真保管各种设计、施工、试验资料，确保工程质量达到全优。

八、主要施工方法和安全措施

安装塔吊一台、机吊一台，解决垂直和水平运输；采取平面流水和立体交叉施工；关键工序采取连班作业，坚持文明施工，保障施工安全。

九、对招标单位的要求

招标单位提供临时设施占地及临时设施40间，我们将合理使用。

十、坚持勤俭节约原则，尽可能杜绝浪费现象。

投标单位：××建筑工程总公司(公章)

负责人：李××(盖章)

电话：×××× 传真：××××

电报：××××

附件：本公司基本情况介绍

【点评】这是一篇工程建设项目投标书。正文先介绍了工程简况，然后说明了标价，耗材指标、工期、计划进度等，对招标书作出了明确的回答。这可以说是投标单位的正式报价单，是评标决标的依据。本投标书还包括了保证工程质量的措施和达到的等级、主要施工方法、安全措施和对招标单位的要求等。文末附上公司基本情况，让他人对己方建立信心，是一份写得较完整、较规范的投标书。

知识归纳

(一)投标书概述

1. 定义和用途

投标书是投标者为了中标而按照招标书提出的项目、条件和要求，以求实现与招标者订立合同，而提供给招标者的承诺文书。

投标书撰写得好坏直接影响中标结果。

2. 特点

(1) 针对性。内容要针对招标书提出的项目、条件和要求而写。

(2) 求实性。要实事求是地对投标项目进行分析、介绍己方、提出措施和承诺等。

(3) 合约性。投标书以追求合作、签署合同为目的。

3. 投标书的类型

(1) 按投标方人员组成情况分，可分为：个人投标书、合伙投标书、集体

投标书、全员投标书和企业投标书等。

(2) 按性质和内容，可分为：工程建设项目投标书、大宗商品交易投标书、选聘企业经营者投标书、企业租赁投标书、劳务投标书等。

(二) 结构和写法

1. 标题

一般由投标单位名称、投标项目名称和文种构成，或由投标单位名称和文种构成，如《培训楼工程施工投标书》。也可直书《投标书》。

2. 正文

(1) 引言。说明投标的依据、指导思想和投标意愿。

(2) 主体。紧紧围绕招标书提出的目标、要求而写，介绍投标企业的现状、具备投标条件，提出标价(常用表格表示)、完成招标项目的时间，明确质量承诺和应标经营措施，填写标单等。

(3) 结尾。写投标单位的名称、法人代表、联系人地址、电话号码和传真，附件(附上利于己方中标的有关材料)等。

(三) 注意事项

(1) 内容紧扣招标书提出的要求。

(2) 实事求是地说明己方优势、特点。

(3) 内容合理合法。

(4) 承诺的内容须明确、具体、全面、周密，以免中标后发生纠纷。

病例评析

××××公司投标书

××××总公司

诸位先生：

研究了招标文件 IMLRC—LCB9001 号，对集通铁路项目所需货物我们愿意投标，并授权下述签名人××，×××，代表我们提交下列文件正本一份，副本四份。

1) 投标报价表。

2) 货物清单。

3) 技术差异修订表。

4) 资格审查文件。

签名人兹宣布同意下列各点：

1）所附投标报价表所列拟供货物的投标总价为×××美元。

2）投标人将根据招标文件的规定履行合同的责任和义务。

3）投标人已详细审查了全部招标文件的内容，包括修改条款和所有供参阅的资料及附件，投标人放弃要求对招标文件作进一步解释的权利。

4）本投标书自开标之日起 90 天内有效。

5）如果在开标之后的投标有效期撤标，则投标保证金由贵公司没收。

6）我们理解你们并不限于接受最低价和你可以接受任何标书。

投标单位名称：中国广州×××公司（公章）
地　　址：中国广州××区××街××号
电　　话：××××××××

授权代表：×××
××××年×月×日

【评析】这份投标书存在的主要问题如下：

(1) 投标对于竞标公司来说是一项很严肃、很重大的事，因而投标书不宜过分授权他人并由其提交。否则，容易让招标单位产生投标人能力不够及对投标一事过于轻率的看法，直接影响竞标。

(2) 文章的结构内容不符合投标书的要求。招标书的正文一般要根据招标书提出的目标、要求，介绍投标企业的现状、说明具备投标的条件，提出标价（常用表格表示）、完成招标项目的时间，明确质量承诺和应标经营措施，此外，根据招标者提出的有关要求，填写标单等。而本文虽有引言，但写作内容不规范。对本企业的介绍本是十分重要的内容，但本文却未能重视而展开，仅停留在“资格审查文件”上。对己方的质量承诺、应标措施等更是缺乏陈述。结尾也没写法人代表。

(3) 存在多余的话。如“6)我们理解你们并不限于接受最低价和你可以接受任何标书”。

(4) 序码不规范。

(5) 语言存在不明确、不具体、不准确现象。如“资格审查文件”，是谁的资格审查文件不明确。

(6) 抬头不对。投标书只能给招标单位，而不能给“诸位先生”。

第六节　市场调查报告

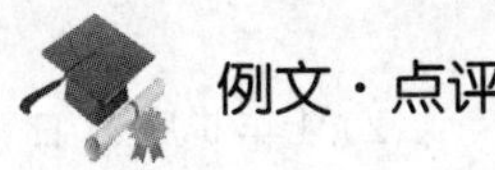

例文·点评

湖北淡水鱼加工业的调查报告

××工业大学　吴××
××省××厅　戴××

淡水鱼是湖北的优势资源。湖北淡水水产品产量连续8年在全国夺魁，2004年湖北省淡水产品总产量高达300万吨，其中青、草、鲢、鳙等低值鱼占80%以上。水产业已成为湖北省农业的一个重要支柱，水产产值已占到大农业的17.5%，2004年，湖北省农民收入新增部分的27%来自水产。但是，湖北省水产业的经济效益很低，湖北省的渔业产值只占全国淡水渔业总产值的9%，居全国第三；渔民的人均纯收入在全国只排13位。长期以来，淡水鱼行业一直维持以“活产活销”为主的传统产销格局，加工转化率极低，深加工和产业化加工更是空白，“鱼贱伤农”和“卖鱼难”问题已十分突出，极大地制约了湖北省农业产业化结构调整的步伐，成为限制湖北省发展农业经济的“瓶颈”问题之一。

1. 湖北省淡水鱼加工业的现状与存在的问题

近年来，湖北省淡水鱼加工业发展比较快，一些淡水鱼加工企业纷纷成立，主要生产诸如风干、清蒸、烟熏、红烧、调味和油炸等鱼块或全鱼制品，以及垂鱼、鱼面、鱼糕和鱼丸等鱼糜制品。但是，湖北省的淡水鱼加工业存在加工粗糙、技术含量低、产品跟风趋同、卫生安全性不高和缺乏知名品牌与龙头企业等突出问题。

(1) 产品以粗加工为主，跟风趋同现象严重。(略)

(2) 生产不规范，卫生安全性不高。(略)

(3) 企业规模偏小，缺乏知名品牌和龙头企业。(略)

(4) 鱼糜制品发展缓慢，市场举步维艰。(略)

(5) 产品研发能力差，科技含量不高。(略)

(6) 综合利用尚未起步，整体效益不佳。(略)

2. 做大做强湖北省淡水鱼加工业的建议与措施

(1) 提高准入门槛，扶持龙头企业，培养知名品牌。(略)

(2) 提升科技含量,提高研发能力。(略)

(3) 加强基础理论研究,注重新技术的应用研究。(略)

(4) 加强行业引导,在资金政策上给予扶持。(略)

2004 年 5 月 22 日

【点评】这是一份市场调查报告。标题点明调查对象是湖北的淡水鱼加工业。正文导言部分介绍了调查对象的基本情况,以使读者对所调查的对象能形成一个总体印象。正文主体分两大部分。第一部分从 6 个方面阐述了“淡水鱼加工业的现状与存在问题”;第二部分为“做大做强”,谈淡水鱼加工业的“建议和措施”。该报告语言简练、准确,层次分明,内容针对性强,是一篇对企业和政府皆有价值的高质量市场调查报告。

知识归纳

(一) 市场调查报告概述

1. 概念

市场调查报告是对市场的营销情况或重要的经济现象进行调查后,经过科学的分析、研究而写成的报告性文书。市场调查报告为市场预测提供依据,帮助经营管理者制订适当的经营策略和工作目标。

2. 特点

市场调查报告是调查报告的一个分支,它是以了解市场情况,反映商品供求及企业发展状况,总结经验,提示矛盾,指导工作为目的的专业性调查报告,其主要特点有:

(1) 真实性。市场调查报告的调查目的,主要是为了了解市场真实情况,为企业决策提供可靠的依据,因此,必须如实、客观地反映市场真实情况,不夸大,不缩小,报告中所用的事实与数据都真实、准确无误,这样,才能增强市场调查报告的可信度及说服力。

(2) 针对性。市场调查报告是为了研究、分析市场存在的问题、经验。因此,市场调查报告的写作要有明确的目的性和针对性。在深入市场调查之前,目的越明确,针对性越强,撰写的市场调查报告作用越明显,其价值也越高。

(3) 时效性。市场调查的目的是反映市场信息。在经济活动中,市场形式瞬息万变,对任何一个企业,时间就是金钱和效益,任何过时的信息与报

告，都会失去其应用价值。所以，市场调查报告的写作必须讲求实效，调查要及时，报告要迅速。

(4) 指导性。市场调查报告是应企业的生产与经营管理的需要而产生的，它不只是客观事实的叙述，更重要的在于它是对事实的分析和概括，是对事实的内在规律的探求，反映了经济活动中出现的问题，因此，市场调查报告对经济工作实践具有很强的指导意义和实用价值。

3. 种类

市场调查报告主要有如下4种类型：

(1) 市场需求调查报告。这类市场调查报告的调查对象，主要为市场对某种产品的需求量和影响需求量的因素，如购买力、购买动机和潜在需求等。

(2) 竞争对手调查报告。这类市场调查报告主要调查竞争对手的情况、竞争能力及新产品的开发情况等。

(3) 市场价格调查报告。这类市场调查报告的对象，主要为市场同类商品的价格变动情况，消费者对价格及价格变动情况的反应。

(4) 市场消费行为调查报告。这类市场调查报告的对象，主要为消费者的分布地区及经济状况、消费习惯，消费水平及广告对消费者的影响等。

4. 市场调查的基本方法

(1) 现场调查法。即调查人员到现场直接观察、记录调查对象的行为和言词等情报，向消费者直接了解购买意向，了解对商品的意见的方法。这种调查法简便易行，但调查范围较小。

(2) 访问调查法。即根据事先确定的调查问题，用口头或书面的方式向被调查者询问，以获取有关情报资料的方法。这种调查法要求准备好所要询问的问题，或设计好问卷，调查方式有个人访问、开座谈会、电话询问、邮件调查等。

(3) 实验调查法。这种调查法多以试行销售的方式进行。常见的试销会、展销会、订货会、博览会等都属此类。

(4) 统计分析法。即利用企业的销售情况表、会计报表等现成资料进行统计分析的调查方法。这种调查法带有总结本企业目前的产品及现行的经营策略是否能适应市场的因素，现实可行。

(二) 市场调查报告的格式与写法

市场调查报告的格式一般由标题、前言、正文和结尾4部分构成。

1. 标题

市场调查报告的标题没有固定的格式，可以根据市场调查的目的、内容、范围及结论来确定。从形式上看，可分为以下几类：

(1) 公文式标题。通常由调查范围、对象、内容和文种几个要素组成，前边加上引导词“关于”，如《关于×××冰箱在北京市场销售的调查》。

(2) 新闻式标题。采用新闻式标题的拟题方法，将调查报告的中心内容简明扼要地提示出来。这种写法分为单标题和双标题两种。单标题，如《红富士苹果在西安市场畅销》，双标题如《传统商业走向现代商业的探索——北京市连锁商业调查》。

无论用哪一种形式作标题，都必须简洁、准确、新颖、醒目，概括出全文的基本内容。

2. 前言

前言是市场调查报告的开头部分。它主要概括介绍调查的时间、地点、对象、内容、范围、目的以及所采用的调查方法等，也可以简略介绍调查的结论。写法上一般是点到为止，不需要详细说明。有的市场调查报告也可以不写前言，而把它放在正文部分。

3. 正文

正文是市场调查报告的主体，主要是根据调查所获得资料的性质和内在联系，集中反映调查的成果，对分析预测及所提建议等加以详尽阐述。从内容上看，正文一般包括如下几个部分：

(1) 情况介绍。对调查对象作进一步的阐述和分析。一般是以文字说明为主，必要时也以图表及数字进行补充说明。

(2) 分析和结论。通过运用科学的分析方法，在充分占有翔实的材料、准确的数据、典型的事例的基础上，全面剖析，综合衡量，以得出正确的调查结论。市场调查报告虽不以预测为重点，但也往往对市场的变化趋势有所展望。分析内容包括产品需求量，新产品的开发，消费习惯的变化，市场走向等。

(3) 对策与措施。对市场调查中发现的各种矛盾，各种不稳定因素和各种不利条件，提出有针对性的、切实可行的措施和办法，为企业管理者制定决策提供可靠依据和参考意见。

4. 结尾

结尾是全文的终结，通常与前言相照应，起到概括结论、强调主旨、加深印象以及响应开头的作用。有的市场调查报告的结尾部分在主体部分已阐

述，可以略写或省去。

市场调查报告的结构形式要为市场调查报告的内容服务，要从实际出发，灵活运用，不必要也不可能按一个固定的模式来写。

病例评析

大学生课外阅读情况的调查

阳光下、草坪上、教室里、图书馆……到处可以看见书不离开手的大学生，他们脸上洋溢着满足自信的笑容。

“你课外阅读的主要目的是什么？”、“你最喜欢阅读哪种类型的书籍？”、“你平时看一本书用多长时间？”……前不久我们对大学生的阅读取向进行了一次访问式调查，目的是了解当代大学生读什么书、读多少书和怎样读书的问题。

通过调查，有部分学生的课外阅读主要是为了休闲。他们认为“平时专业课程的阅读量已经很大了，课外阅读当然选择内容较轻松的课外书籍，以缓解读书的压力”。这样的学生大约占44.9%。还有部分同学的课外阅读是为了拓展知识面。这样的学生所占比例较少，只有8%。

大学生不青睐具有专业知识的书籍是否合理呢？不少招聘企业都感慨现在的大学生专业能力很薄弱，学以致用的能力较差。在学校期间不注重专业知识的积累和自身专业技能的训练，不阅读、不关注相关专业课外书籍，是造成这种现象的原因之一。

在回答“你最喜欢阅读哪种类型的书籍”时，大多数学生选择报纸杂志。报纸杂志始终占据大学生阅读排行榜的首位。多数学生选择此类书籍的原因大多是因为“阅读起来方便”和“信息量大，来源广泛，易获得”。调查中发现。学校为学生免费提供的《文汇报》成为阅读人次最多的报刊，《青年报》、《环球时报》、《参考消息》、《电脑报》、《读者》有一定的市场。在阅读内容上，阅读新闻占61%，领先其他3项，阅读“生活信息及收集资料”占24%，阅读“文学作品”占16%，阅读“评论文章”占18%。

目前大学生的阅读结构对大学生正确世界观、人生观的形成非常不利，急需加以正确引导。

【评析】这是一篇调查报告。该调查报告存在以下问题：第一，标题采用了公文式，应该用“关于”来引起；第二，前言部分应介绍此次调查的对象、时间、方法等要素，而非抒情或场景描写；第三，正文部分对调查的分析没有逻辑性，也没有总结出问题所在，虽然最后一段得出结论“大学生的阅读结构……急需加以正确引导”，但是从正文的分析论述中不能很好地推导出来；第四，缺少改变这种状况的建议和措施。

第七节　项目可行性报告

例文·点评

吸发式电推剪生产可行性研究报告

一、国际国内理发业目前使用的电推剪的缺点

据初步调查，国际（亚洲如韩国和日本、美洲如美国、欧洲如意大利、中东如以色列等）国内理发业目前广泛使用的电推剪在进行理发作业时，存在如下缺点：第一，被剪断的发屑以及头屑会散落飞溅到顾客的头、脸、脖子、衣服、理发座椅及其附近地面上，同样会散落或飞溅到理发人员的脸、双手和衣服上，不仅令人讨厌和难受，而且污染环境，传播皮肤疾病；第二，理发必须由专业理发人员进行。

二、吸发式电推剪的优点

具体分析（略）

三、吸发式电推剪的适用对象

（具体分析略）

四、吸发式电推剪的趋势

（略）

五、国内吸发式电推剪的市场前景与经济效益量化分析

1. 市场饱和量和年度需求量

（略）

2. 目标年度销售收入和利润

（略）

3. 可望实现的年度销售收入和利润以上目标年度销售收入和利润数

（略）

六、出口的市场前景和经济效益量化分析（暂未计算）。

七、实施吸发式电推剪项目，投资少，风险小，组织生产容易。

八、吸发式电推剪为专利产品，且设计独特，他人无机可乘，独家生产和销售有法律保障。

九、吸发式电推剪出口的专利保护(略)。

十、以吸发式电推剪为龙头，可以形成一个生产系列理发工具、洗发护发用品和化妆品的企业群。

(略)

十一、结论

吸发式电推剪较国际国内普遍使用的电推剪，具有明显的优点和适用性，必然深受顾客和理发员(即使用人)欢迎。该产品面市后，毫无疑问将逐步淘汰现在国际国内普遍使用的电推剪，市场容量巨大。实施吸发式电推剪项目，投资少，风险小，组织生产并形成较大批量并不困难，以此为龙头形成一个企业群亦有可能，经济效益和社会效益十分可观。因是专利产品，要做好专利保护工作，独家生产并向国内国际市场销售产品，其合法权益会受到国内和国际法保护。

【点评】本文是一篇论证产品开发的可行性报告。文章开篇分析了目前普遍所使用的电推剪的缺陷，阐述了本项目的优点、适用范围、发展趋势、市场前景等方面的情况，比较全面地论证了本项目实施的可行性。文章的论证部分，材料数据比较充分，虽然个别地方的分析有些理想化，但总体的分析和论证较合理，得出本项目可行的“结论”，属于水到渠成。需要指出的是：本文还应补写“前言”，至少本项目的承担人或实施单位等情况得在前言交代。本文还应加上“附件”，至少附件中应有本产品的专利证书。文章行文思路清晰，层次分明，语言明晰。是一篇写得较好的文章。

知识归纳

(一) 项目可行性报告概述

1. 概念和用途

项目可行性报告，又称可行性报告，是对拟建或拟改造项目，进行周密的调查、分析而论证该项目的可行性和效益性的书面报告。

可行性报告是项目投资决策前的一项重要工作内容，是项目能否立项的论证文件，同时，也是申办建设执照及与合作单位签订合同的依据。

2. 特点

(1) 材料的真实性。即可行性研究报告所需要运用的大量的数据、资料,必须是真实的,它们是以科学的方法阐明拟建项目在技术上和经济上是否合理和是否可行的前提。

(2) 论证的全面性。可行性研究报告必须围绕影响拟建项目的各种因素进行全面系统的分析,以求作出正确的结论。因而,在分析方法上,既要注重动态和静态分析相结合,还要注重定量分析与实物量分析、阶段性经济效益分析与全过程经济效益分析、宏观效益分析与微观效益分析等多种分析方法的综合运用。

3. 类型

分类标准不同,可行性报告的类型也不同。

按内容分,可分为政策可行性报告和建设项目可行性报告;按范围划分,可分为一般可行性报告和大中型项目可行性报告;按性质划分,可分为肯定性可行性报告、否定性可行性报告。

(二) 项目可行性报告的结构和写法

可行性报告由标题、正文和附件组成。

1. 标题

标题由项目主办单位、项目名称和文种组成,如《××公司能源综合开发项目可行性研究》。

2. 正文

正文由前言、论证和结论三部分组成。

(1) 前言,也称概述、概论或总说明。前言一般介绍项目立项的原因、目的、依据、范围、实施单位、承担者及报告人的简况,研究工作的依据和范围等。

(2) 论证。这是可行性研究报告的核心,是结论和建议赖以产生的基础。要求使用系统分析的方法,以经济效益为核心,围绕影响项目的各种因素,运用大量的数据资料,全面论证拟建项目是否可行。

(3) 结论和建议。对拟立项的项目完成了所有方面的分析研究之后,便可以对其提出综合性的评价或结论,指出其优缺点,提出可行或不可行的建议。

3. 附件

即必须附上的有关资料或证明文件。包括有些篇幅过长、类别较多的统计资料及说明文字,技术论证材料,财务测算,设备清单,批文,有关协议,意向书,地址选择报告,环境影响报告等。

病例评析

缝纫设备补偿贸易可行性报告

一、总论

我厂是初具规模的专业化服装生产厂。在改革开放方针的指引下，1986 年开始了外贸生产，1987 年领取了外贸生产许可证，1988 年落实外贸生产任务 200 多万元。随着外向型经济的发展，现在生产规模和设备已不适应外贸生产高质量、高速度的需要，进行技术与设备改造已势在必行。为此，厂长×××在香港考察期间与香港××行×××先生就补偿引进关键设备事宜进行了友好的洽谈。双方初步达成了一致的协议，并因此进行可行性研究。

二、项目名称：缝纫设备补偿贸易

主办单位：××青春服装厂

法人代表：×××

企业地址：××市××路××号

项目负责人：×××　×××

三、合作双方简况

甲方：××青春服装厂是初具规模的专业化服装厂，现有职工 670 人，专业技术人员 25 人，服装设计师 2 人；年产衬衫 160 万件、毛呢服装 8 万件，产值 2 400 多万元。

乙方：香港××行是一个既有企业又有商店的综合性经济组织，有一定的资金和实力，信誉良好。

四、补偿金额：19.2 万美元。

五、补偿方式：利用本厂生产的衬衫直接补偿。

六、补偿期限：19××年 9 月开始分期进行至 2007 年底之前全部补偿完成。

七、项目申请理由

1. 本项目引进的关键缝纫设备均为日本制造，具有性能好、生产效率高、操作简便等优点，是适合外贸生产的先进设备。

2. 引进项目后，每年可多为国家创汇 100 万美元。

3. 因该项目主要是利用本厂的衬衫作直接补偿。因此，可以扩大我厂产品在国际市场的销路，有利于我厂发展外贸生产。

八、市场需求分析

随着企业改革的不断深化，我厂产品质量越来越高。“××港”牌男女衬衫和拷花呢长大衣相继被评为省优、部优产品，畅销上海、南京、西安等20多个大中城市，现有销售网点300多个。今年已落实销售计划200多万件。产品供不应求。今年1～6月份，生产衬衫90多万件，销售130多万件。预计明年可销售衬衫250万件。外贸产品销售趋势良好。今年预计可完成外贸收购额200万元。

九、原辅材料及水、电供应安排

我厂在上海、常州、无锡、宁波等地已有固定的原辅料供应网点，因此，原辅料供应能保证满足生产。

水、电可利用本厂现有供电设备及水塔，能满足生产需要。

十、项目内容

本项目共引进缝纫设备160台，新增衬衫流水线一条，改造老衬衫流水线4条。(详见附表二)(附表略)

十一、项目实施进度安排

8月份进行立项审批与签订购货合同；10月份设备厂进行验收；11月份进行设备安装与调试；12月份进入正常生产。

十二、经济效益分析

该项目建成后，预计每年可增产衬衫50万件，产值425万元。创汇100万美元，创利税102万元，一年内可收回全部设备投资总额。经济效益显著。(详见附表一、二)(附表略)

××青春服装厂

××××年××月×日

【评析】这份项目可行性报告条理清楚，数据翔实，但其中存在以下几个问题：第一，项目合作的运作方法没有交代清楚；第二，合作方的资质、信誉等考察不详；第三，欲引进的日本设备没有预算和具体说明；第三，引进设备后的安装、培训、生产量、市场等也没有预算进去。这份项目可行性报告的主要缺陷在于没有以企业的经济效益为中心，有针对性地进行调查、分析、预算。

阶段练习与自测

一、名词解释

1. 经济文书　2. 经济合同　3. 价金　4. 罚则
5. 协议书　6. 广告　7. 创意　8. 广告标语
9. 经济活动分析报告　10. 市场调查报告
11. 项目可行性报告　12. 招标　13. 投标书

二、单选题

1. 招标书的主体一般包括招标的项目、方法和(　　)。
A. 步骤　B. 目的　C. 范围　D. 根据
2. 意向书的主体一般表述意向、条件、目标、措施,多采用(　　)形式。
A. 表格　B. 条款　C. 目录　D. 图表
3. 签订合同的目的是写在经济合同书的(　　)。
A. 首部　B. 前言　C. 主体　D. 尾部
4. 在标题中直接揭示广告的主要内容及意义的是(　　)标题。
A. 直接式　B. 间接式　C. 单一式　D. 复合式
5. 招标书、投标书只作为企业招标、投标的前提和依据,以及招标者和中标者签订合同的依据,而不作为目的,因此标书具有(　　)。
A. 具体性　B. 吸引力　C. 约束力　D. 手段性
6. 把整个系统、行业或企业在一定时期内的市场经济活动作为一个整体,根据各项经济指标、数据进行全面的、系统的综合分析和研究而写出来的书面报告是(　　)。
A. 进度分析报告　B. 全面分析报告
C. 市场调查报告　D. 市场预测报告
7. 意向书的各项条款只是对一些重要问题做出确定,不重细节,不求具体,求同存异,为进一步接触留下商谈、回旋的余地,因此意向书条款具有(　　)。
A. 粗略性　B. 原则性　C. 模糊性　D. 参考性
8. 招标人为了征召承包者或合作者而对招标的有关事项、要求做出具体说明和揭示,利用投标人之间的竞争而达到优选投标人的一种告知性文书是(　　)。
A. 通知　B. 意向书　C. 招标书　D. 申请书
9. 把两种性质、特征各不相同的事物加以对照,使它们彼此的本质显现的更加突出和鲜明的论证方法是(　　)。

A. 归纳论证法　　　　B. 对比论证法
C. 喻比论证法　　　　D. 因果论证法

10. 写作意向书的要求是考虑周密和（　　）。
A. 用词准确　　　　B. 用词超前
C. 用否定句　　　　D. 用肯定句

11. 经济合同的前言一般包括签订合同的目的或签订合同的（　　）。
A. 姓名　　B. 依据　　C. 主要条款　　D. 次要条款

12. 商品广告的主体一般包括提供商品或服务的（　　）。
A. 信息　　B. 对象　　C. 要求　　D. 特征

13. 招标书的标题一般包括招标单位名称，招标项目和（　　）。
A. 招标目的　　B. 文种　　C. 范围　　D. 根据

14. 意向书的主体一般表述意向、条件、目标和（　　）。
A. 措施　　B. 要求　　C. 依据　　D. 指导思想

15. 经济合同书中多采用条文法的是（　　）。
A. 主体　　B. 开头　　C. 前言　　D. 结尾

16. 商品广告标题中正题虚写，副题实写的是（　　）标题。
A. 直接式　　B. 间接式　　C. 虚幻式　　D. 复合式

17. 依据市场调查的材料，用科学的方法，对未来市场变化及其发展趋势、特点进行推测，并提出措施和建议的书面报告称为（　　）。
A. 市场活动分析报告　　　　B. 市场调查报告
C. 市场预测报告　　　　D. 经济项目可行性报告

18. 经济合同是当事人双方或多方的法律行为，因此经济合同首先要具有的特点是（　　）。
A. 平等性　　B. 合法性　　C. 严肃性　　D. 一致性

19. 市场调查的第一步是（　　）。
A. 分析研究　　　　B. 设计调查方法
C. 搜集有关资料　　　　D. 选定目标

20. 在招标书、投标书中，项目标准和条件往往通过数据来表现，为使招标、投标双方不引发纠纷，影响工程质量，写作招标书、投标书时要求（　　）。
A. 格式规范　　　　B. 谨慎思考
C. 立意鲜明　　　　D. 数据精确

三、多选题

1. 经济合同书的主要条款一般包括（　　）。

A. 标的　　B. 数量和质量
C. 价款和酬金　　D. 履行期限、地点和方式
E. 违约条款

2. 商品广告的写作要求是(　　)。
A. 实事求是　　B. 新颖别致　　C. 针对性强　　D. 数据精确
E. 条款明确

3. 市场活动分析报告的特点主要有(　　)。
A. 对比性　　B. 评估性　　C. 时效性　　D. 情感性　　E. 建议性

4. 市场调查报告标题的一般要素是(　　)。
A. 目标　　B. 内容　　C. 结论　　D. 范围　　E. 文种

5. 经济项目可行性报告的内容包括(　　)。
A. 经济项目的性质、目的、条件　　B. 投入的必要性
C. 投入的合理性　　D. 经济效益
E. 社会效益

四、判断题

1. 经济合同的鉴证是一种法律监督,由公证机关审查。(　　)
2. 合同的公证是行政监督,由工商行政管理部门审查。(　　)
3. 创意是广告制作的关键环节,是广告策划的灵魂。(　　)
4. 广告的随文主要是介绍产品信息。(　　)
5. 招标书分为标题、导语、正文和结尾4部分。(　　)
6. 协议书是一种法律行为和法律关系。(　　)
7. 合同条款中的“标的”,是指合同买卖的货物。(　　)
8. 广告既是一种信息,也是一种信息传播手段。(　　)
9. 招标文书一旦发出就不能更改,如果违背约言就要承担法律责任,要赔偿由此给投标单位造成的损失。(　　)
10. 对自己的观点不利的材料,在市场调查报告中也应附带提及。(　　)
11. 投标书介绍己方的优势可以适当地拔高。(　　)
12. 广告有狭义和广义之分,狭义的广告也成为商业广告或经济类广告。(　　)
13. 广告的标题,不具有重要的宣传作用。(　　)
14. 具有法律行为能力的人,才能充当合同的当事人。(　　)
15. 管理者一定要涉足市场调研过程才能进行业务决策。(　　)
16. 市场调查报告是关于市场发展情况的文书。(　　)

17. 市场调查报告要把调查面放宽，才能更全面地掌握市场情况。（　　）
18. 可行性研究报告是项目投资决策前的一项重要工作内容。（　　）
19. 可行性研究报告必须围绕影响拟建项目的各种因素进行全面系统的分析，以求作出正确的结论。（　　）
20. 结论与建议是项目可行性报告最重要的部分。（　　）

五、简答题

1. 经济合同正文的重要条款有哪些？
2. 条款式合同的首部包含哪些必备要素？
3. 协议书的特点有哪些？
4. 协议书的种类有哪几种？与合同有什么关系？
5. 协议书与合同的区别在哪里？
6. 广告的特点有哪些？
7. 广告的创意应注意哪几个方面？
8. 投标书的特点是什么？
9. 市场调查报告正文的导言一般写什么内容？
10. 市场调查报告正文的主体一般写什么内容？
11. 项目可行性报告的特点是什么？
12. 项目可行性报告的前言部分一般写什么内容？

六、公文改错题

1. 指出下列合同错误之处，并修改成一份规范的合同

经 济 合 同

立合同人：

××汽车制造厂三车间（以下简称甲方）

××建筑公司生产科（以下简称乙方）

甲方需建一座大楼，经双方反复协商，共同订立本合同。

第一条：甲方委托乙方建造楼房一座，由乙方负责建造。

第二条：全部建造费用大概为人民币500万元，甲方在订立合同生效后一个月左右，先付给乙方全部费用的50%，其余 ________ 部分在楼房建成验收后一次付清。

第三条：建房所需水、电等由甲乙双方共同解决。

第四条：大楼从合同签订之日起，争取春季开工，力争明年夏季交付使用。

第五条：合同一式两份，双方各执一份为凭，并作为检查督促的依据。

××汽车制造厂(公章)
法人代表(盖章)
××建筑公司(公章)
法人代表(盖章)
××年×月×日

2. 按照招标书的写作要求，指出下文缺写什么内容

××集团公司修建计算中心大楼招标书

本集团公司将修建一栋计算中心大楼，由××市城市建设委员会批准，建筑工程实行公开招标，现将招标有关事项公告如下：

1. 工程名称：××集团公司计算中心大楼
2. 建筑面积：××××m^2
3. 设计及要求：见附件。
4. 承包方式：实行全部包工包料
5. 索标书时间：投标人请于2010年6月5日前来人索取招标文书，逾期不予办理。

投标人请将投标文书及上级主管部门的有关签证等，密封投机或派员直接送本集团公司基建处。收件至2010年7月5日截止。开标日期定于2010年×月×日，在××市公证处公证下启封开标，地点在本集团公司绿湖楼第一会议室。

报告挂号：××××

电话：×××××××××

联系人：×××

××集团公司招标办公室
2010年5月5日

七、材料写作题

1. ××电力公司与××变压器公司经过协商，欲购买两台××××型号的变压器两台，每台价格××万元，要求对方两个月内将产品送到××市火车站，运费由对方负担，产品在一年内实行“三包”，收货时按装箱单验收，对方应负责免费安装；付给对方

××万元预付款，合同生效，余款交货时一次付清。详细技术参数要求达成了一个技术协议作为合同补充。请依据上述情况拟写一份经济合同，未提及部分可适当扩充，题目自拟，字数要求200字以上。

2. 阅读下面的广告，然后回答问题

电视广告：喜乐饮料

（画面）富丽堂皇的王宫，一小国王在宝座上喝着饮料，几个侍臣端着各种饮料。背景映出“好吃国的故事”。

音乐声起。

小国王：“这是本王最爱喝的乳酸饮料，谁能找到更好的乳酸饮料，我就把王位让给他。”

（侍臣依次呈上各种饮料）

小国王：“这个不对，这个也不是。”

（一老神仙，手持喜乐饮料，飘飘然从天而降至王宫）

老神仙：“‘喜乐’具有丰富的营养和帮助消化的功能，就连天上的神仙也难喝到呢。”

小国王：“喜乐！没想到吧。”

（1）根据这则广告，请谈谈你怎样看待广告的创造性和真实性。

（2）请你给“喜乐饮料”写一份对话体广告。

答案

二、单选题

1. A	2. B	3. B	4. C	5. D
6. B	7. B	8. C	9. B	10. A
11. B	12. D	13. B	14. B	15. A
16. D	17. C	18. B	19. D	20. D

三、多选题

1. ABCDE	2. ABC	3. BCE
4. BDE	5. ABD	

四、判断题

1. ×	2. ×	3. √	4. ×	5. √
6. √	7. ×	8. √	9. √	10. ×
11. ×	12. √	13. ×	14. √	15. ×
16. ×	17. ×	18. √	19. √	20. ×

第六章　司法文书

司法文书是指一切在法律上有效的或具有法律意义的文件、文书、公文的总称。司法文书可分为规范性司法文书和非规范性司法文书。前者包括宪法和一般法律、法规，其中包括国家立法、地方立法及各企事业单位内部规范的各项管理制度。后者是指国家司法等机关在其职权范围内制作的有关办理刑事、民事、经济纠纷等案件和非诉讼事件的各种文书，如诉状类文书、法庭论辩文书、仲裁申请文书等形式。

通过本章的学习，拟达到的学习目标有：

◇ 掌握起诉状和答辩状的概念、特点、写法

◇ 了解上诉状、申诉状的概念、写法

第一节　起诉状

例文·点评

＊ 例文一

民事起诉状

原告：钟×，男，19××年1月5日生，汉族，广东省××市人，××市人民政府综合科科长，住××市××路××街×号。

原告：骆××，女，19××年4月20日生××市人，××中学教师，住址同上。

被告：××房地产公司。

地址：××市××区××号。

法定代表人：张××，总经理。汉族，广东省××市人，××中学教师，住址同上。

被告：××房地产公司。

地址：××市××区××号。

法定代表人：张××，总经理。

诉讼请求

一、判令终止原、被告双方所签订的《购房协议书》，责令被告返还原告所付的购房款61.5万元。

二、判令被告支付从自违约日起至2001年2月20日的违约金37.515万元(暂计)。

事实与理由

原告钟×、骆××于1998年5月27日与被告××房地产公司签订了《购房协议书》，协定原告向被告购买坐落在××市××路×× 5楼A504单元，建筑面积102平方米，总价款61.5万元的住宅原告于签约之日先付60%，计45万元，余款16.5万元于2000年11月20日前付清。付清余款后被告需在2000年12月20日前将竣工验收合格之房屋交付给原告。被告如逾期交楼，则每逾期一日，按原告购房总价款1%向原告支付违约金6 150元(见证据1)。协议签订后，原告即依约于1998年6月1日付被告45万元(见证据2)，2000年11月5日付16.5万元(见证据3)，购房款61.5万元全部付

清，并在图纸5楼A504处签名确认（见证据4）。但是被告收齐房款后不能依约交付房屋，仍在施工之中。原告多次催促，被告只得出具未交楼证明（见证据5），2000年12月30日，原告到楼盘察看，发现仍在施工，而且房屋面积、间隔与原告签名确认的图纸不符，实用面积仅有81.4平方米，实用率为78%。

由于被告在交楼期限、房屋面积和间隔方面的违约行为，严重侵害原告的合法权益，双方签订的《购房协议书》已失去实质意义。因此，特诉请法院依法终止原、被告双方签订的《购房协议书》，责令被告退回原告已付购房款61.5万元；并判令被告承担违约责任，依约支付由2000年12月21日至2001年2月20日共计61天的违约金37.5万元（暂计）。以上两项共计99.015万元，应由被告退还及赔偿给原告，并由被告承担本案诉讼费用，以维护原告的合法权益。

证据和证据来源、证人和住址：

1. 原、被告双方所签的《购房协议书》
2. 被告1998年6月1日开出的收取购房款收据
3. 被告2000年11月15日开出的收取购房款收据
4. 原告签名确认的房屋平面图
5. 被告出具的未能交付房屋证明
6. 现场所建房屋结构图（自绘）

此致

××市××区人民法院

起诉人：钟××（签名）

骆××（签名）

二〇〇×年××月×日

附：1. 本案诉状副本1份

2. 书证6件

【点评】这份民事起诉状的内容符合要求，格式规范，语言文字准确简练。诉讼请求分条加序码列出，清楚醒目。用概括的语言交代购房协议的签订经过、双方承诺的权利和义务，特别是能着重陈述原告按约履行义务而权利却受到被告侵害的关键问题，并能边叙述事实边举证，分析纠纷的来龙去脉、前因后果和双方的权责。事实清楚，理由确凿充实。在叙述中所涉及的数字、时间都具体列出，为法院审查、立案和处理提供了有力的依据，是一份写得较好的民事起诉状。

＊ 例文二

行政起诉状

原告：方××，男，52，岁，汉族，广东省××县人，个体工商户，住××县××镇××路100号。

被告：××县工商行政管理局。所在地址：××县××镇××路26号。法定代理人：唐××，该局局长。

诉讼请求

一、撤销被告××县工商行政管理局查封原告店铺的行为。

二、判令被告赔偿因违法查封原告店铺给原告造成的损失16000元。

事实与理由

原告方××于2005年6月在××镇××市场14号摊位租用一个20平方米的店铺，并于7月在县卫生局领取了卫生许可证，在卫生防疫站办理了食品卫生检验合格证，并在被告处办理了个体营业执照，经营烧腊肉食品，每月向被告交纳工商管理费50元。2005年8月正式开业以来，经营情况良好，日均赢利200元以上(见货物购、销单据及纳税证明)。由于原告守法经营，注意卫生，讲究信誉，保质保量，深受人们欢迎，生意十分兴隆，但却引起经营烧腊同行招××的妒忌，认为他生意不好是被原告抢走的。于是他便与分管××市场工作的工作人员洪××密谋要将原告挤出市场。2005年8月20日下午，原告的同乡孙××(小食店主)到市场采购时，将一桶食油暂存原告的档口，说他找一位朋友后再来取走。原告想老乡之间存放一桶油是平常事，也就随手放在货架下。谁知放了不到10分钟，洪××就走过来，指定要检查孙××那桶油。当时原告对洪××说明这桶油是同乡孙××寄存的，但洪××说不管是谁的都要检查，并将油取走。第二天下午，洪××和被告的3位工作人员来到原告的店铺，说："经过化验，你的油是有毒的，为了对人民群众的健康负责，现决定对你的烧腊档查封。"说完后，在未出示任何证件的情况下，将原告正在经营的店铺查封，换上铁闸门锁，贴上盖有"××县工商行政管理局"公章的封条，对店内的食品也没有清点记录。原告多次找被告反映，但均以"查封是洪××的个人行为，与县工商局无关"为由推诿，不作任何调查和处理。结果，造成原告停业60天，经济损失15000元；

原告店铺未卖出的烧腊食品价值1 000元。两项共计16 000元。

以上事实说明:①查封原告店铺的行政行为是××县工商行政管理局所为。洪××等4人是受被告委托分管××市场的工作人员;查封原告店铺使用的封条盖有被告的公章。可见,对原告合法使用的店铺强制查封,是被告依职权进行的具体行政行为。被告作为国家行政机关,应依法行政。但被告在行政管理活动中,没有约束工作人员,致使洪××等人假公济私,违法行政;对原告合法经营使用的店铺强行查封,直接侵犯了原告的合法财产权。②被告查封原告店铺所依据的事实是错误的。《中华人民共和国行政处罚法》第三十条规定:"公民、法人或者其他组织违反行政管理秩序的行为,依法应当给予行政处罚的行政机关必须查明事实,违法事实不清的,不得给予行政处罚。"被告的工作人员洪××提走、化验的油不是原告的,当时原告一再声明是同乡孙××存放的。但洪××等人出于私利目的,竟不讲道理,硬说此油是原告的。因此,查封原告的店铺是没有事实根据的(孙××有证言可以证实),不能作出处罚原告的决定。③被告查封原告的程序不合法。《中华人民共和国行政处罚法》第三十四条规定:"执法人员当场作出行政处罚决定的,应当向当事人出示执法身份证件,填写预定格式表、编有号码的行政处罚决定书。行政处罚决定书应当当场交付当事人。"被告查封原告店铺,既没有出示任何证件,又没有将书面决定送达原告,也没有将查封决定向原告宣布,更没有告知原告有关的申请复议或提起诉讼的权利,是违反法律程序的。

被告查封原告店铺的行政行为是被告的工作人员所为,其责难逃,不可推卸;采取封铺的行政行为,所依据的事实是错误的,又违反法律程序,严重侵犯了原告的合法权益。为此原告提起诉讼,请求人民法院审查,依法判决,以维护法律尊严和原告的合法权益。

证据和证据来源、证人和住址:

1. 原告营业执照(复印件)
2. ××县卫生防疫站卫生合格证(复印件)
3. ××市场14号铺位租赁合同(复印件)
4. 原告店铺货物购、销账本及单据(复印件)
5. 原告缴税证明
6. 小食店店主孙××证言
7. 原告被查封的店铺及被告封条照片

此致

××县人民法院

起诉人：方××(章)
二〇〇五年×月×日

附：

1. 本诉状副本1份

2. 书证1件

【点评】这份行政起诉状，抓住被告工商行政管理局与原告发生争议的焦点，先围绕查封店铺侵害原告权益这个核心问题，详尽叙述了封铺的时间、地点、起因、结果的全过程，以及要求被告调查复议无果的事实，为阐述理由打实基础。然后从被告是非法查封原告店铺的具体行政行为的实施者、被告查封原告店铺的行政行为所依据的事实有误以及实施具体行政行为不合法定程序等3个方面分析说理，有力地论证了被告侵犯原告的合法权益的观点。在分析论证中能运用事实、证据和法律条文，充分证明工商行政管理局做出的封店行为是违法的。论点准确、鲜明、集中，材料真实、典型，语言简洁明白，格式规范，项目齐全。

＊ 例文三

刑事自诉状

自诉人：任××，女，16岁，汉族，河南省××县人，无业，住河南省××县××镇××村。

代理人：李××，女，45岁，汉族，河南省××县人，农民，住河南省××县××镇××号。

被告人：任××男，46岁，汉族，河南省××县人，农民，住河南省××县××村。

案由和诉讼请求

被告人任××犯虐待罪，请依法追究刑事责任。

事实和理由

自诉人与代理人是母女关系，与被告人是父女关系。自诉人的母亲李××与被告人任××于1980年结婚，婚后生下自诉人任××。后因感情不和，于1990年离婚。离婚时法院判决自诉人由被告人抚养。1993年被告人再婚，与后妻生下一男孩后，重男轻女，说："女孩子不用读这么多书！"便强

行让自诉人辍学，下地干活。由于自诉人年少，不堪劳累，又不熟农活，被告人便经常打骂，一来二去，自诉人渐渐心怀不满，常常逃出家门，或去找亲生母亲诉苦，或去镇上闲逛。每次亲生母亲送回或是被告人找回后，自诉人都受到一顿打骂，邻居、继母都看不惯也常劝阻，但被告人仍然我行我素。1996年6月，自诉人认为忙了一个月的农活，该歇歇脚，便与同村的几个女孩到张庄镇赶集，晚上在电影院看了一场电影，回到家已是晚上12点多钟。一直守在门口的被告人便一边大声地喝骂，一边用绳子将自诉人捆绑起来，扔到羊圈里关禁闭。一直到第二天，继母乘被告人外出才将自诉人松绑给饭吃。1998年1月2日晚上，自诉人涮碗时不小心打破了一个瓦盆，又遭被告人大骂，说自诉人是"丧门星，败家精"；自诉人赌气离家在村里游转，被告人找到后将其赶回家中，用巴掌劈头盖脸地抽打自诉人的脸。自诉人的脸霎时红肿青紫，他还不解恨，还用香烟头烫烧自诉人的脖子。后来被邻居梁××大婶发现劝阻，并由梁大婶敷药。今年2月7日，因自诉人未告诉被告人去看望亲生母亲，亲生母亲害怕自诉人遭被告人打骂，劝说自诉人立即返家。返家后被告人便用拴羊的铁链将自诉人的双手双脚缠绕，并用铁丝拧死，锁在拴羊的小屋的木桩上，期间，每天只给自诉人几片小馒头和一碗水，直至17日，继母和弟弟从娘家回来才发现并解救，送往医院救治。由于长达10天的捆绑和饥饿，自诉人双手双脚的伤口已溃烂，并因营养不良造成心肌萎缩引发心力衰竭性昏迷(有医院证明)。自诉人住院治疗15天后方痊愈。综上所述，被告人任××无视国法，自1993年以来多次对亲生女儿打骂捆绑、关禁闭，严重伤害自诉人的身心健康，情节恶劣，触犯了《中华人民共和国刑法》第二百六十条第一款之规定，已构成虐待罪。为此，根据《中华人民共和国刑事诉讼法》第十八条第三款之规定提起自诉，请求依法追究被告人任××的刑事责任。

证人姓名和住址，其他证据名称、来源：

1. 梁××证言；梁××现住河南省××县××镇××村

2. 林××(自诉人继母)证言，住址同上

3. 镇医院证明

此致

××县人民法院

自诉人：任××(指印)

代理人：李××(章)

××××年×月×日

附：1. 本诉状副本1份

2. 书证3件

【点评】这份刑事自诉状格式正确，项目齐全；表达直接明白，内容充实有力。自诉状紧紧地扣住虐待罪的核心问题，概括案由，提出诉讼请求。陈述被告人对自诉人的虐待事实，阐明诉讼理由和观点。在叙述案件事实时，能按时间先后顺序，交代被告人虐待自诉人的种种犯罪行为的时间、地点、事件、原因、手段、情节、经过以及后果，并列举出见证人或证人的证据，证明被告人的犯罪行为真实确凿。有条有理地反映全案的前因后果、来龙去脉；在阐明理由时，能根据被告人犯罪行为，援引相关刑法和刑事诉讼法的有关规定，论证被告人的犯罪性质和提出起诉的法律依据，有理有据，严谨有力。

知识归纳

(一) 起诉状概述

1. 概念

起诉状是指原告依据事实和法律向人民法院提起诉讼而写的书面材料，简称“诉状”，俗称“状纸”或“状子”。

根据我国《刑事诉讼法》和《民事诉讼法》的规定，任何国家机关、企事业单位、社会团体或公民个人，在认为自己或受自己保护的合法权益受到侵害，或与他人发生纠纷时，都可以向人民法院提起诉讼，以求得法律上的保护。

根据案件性质的不同，起诉状可分为以下几类：

(1) 刑事自诉状。是刑事自诉案件的被害人或其法定代理人为追究被告人的刑事责任或附带民事责任而直接向人民法院提起诉讼的书状。

(2) 刑事附带民事诉状。是有权提起附带民事诉讼的人，向人民法院提出的附带民事诉讼，要求在追究被告人刑事责任的同时，责令被告人赔偿经济损失的书面请求。

(3) 民事起诉状。是公民、法人或其他组织为了维护自身的合法权益，根据事实或法律，就有关民事权利和义务的争议向人民法院提起诉讼，请求人民法院予以支持，保护其民事权益的诉讼文书。

(4) 行政起诉状。是公民、法人或其他组织认为行政机关及其工作人员的具体行政行为侵犯了其合法权益时，依据事实和法律，向人民法院提起诉讼的文书。

(二) 起诉状的基本格式

起诉状标题、首部、正文和结尾 4 部分组成。

1. 标题

根据案件的具体情况,居中写明“民事起诉状”、“刑事自诉状”、“行政起诉状”或“刑事附带民事诉状”。

2. 首部

要写明当事人的基本情况。当事人是指与案件有利害关系的自然人或组织,包括原告、被告、第三人等。基本情况包括当事人的姓名、性别、年龄、民族、籍贯、职业或职务,单位或住址。如当事人为企事业单位、机关团体时,应在被告栏写明单位全称、地址,再写明法定代表人姓名、职务。

3. 正文

包括诉讼请求、事实和理由3部分。

(1) 诉讼请求。是原告请求法院依法解决问题的具体内容,即起诉人所要达到的目的和要求。应简明具体,合理合法。

(2) 事实。包括事实部分和证据部分。

① 事实部分,应明确交代被告犯罪的时间、地点、目的、手段、情节、结果。这是法院审查并决定是否受理的主要依据,也是解决双方纠纷的前提。写作时,应围绕双方争执的焦点,一般以时间为顺序或把纠纷的焦点综合归纳来写,既要写明案情,又要重点叙述被告侵权的行为后果。特别要把纠纷的焦点和各自的观点写清楚。

② 证据部分,根据“客观性、关联性、法律性”三要素向法院提供,包括书证、物证、视听资料、证人证言等。

(3) 理由。包括认定案件事实的理由和提出法律依据的理由。理由的书写,应根据案情和相应的法律、法规和政策,阐明原告对案情性质的分析、被告造成的危害和后果、被告应负的责任,以及如何解决纠纷的看法。在引用法律法规和政策规定时,应引用到条、款、项。常用的方式有“综上所述(分析说明纠纷的性质、危害和后果),根据××法第×条第×款第×项的规定(说明被告应负的责任),请求人民法院依法判决,以实现诉讼请求。”

4. 尾部

尾部包括接受诉讼的人民法院名称、署名、起诉日期和附项。

(1) 法院名称,即“此致/××人民法院“。

(2) 署名和起诉日期,写在右下方。署名包括起诉人、法定代表人、委托受理人的姓名。

(3) 附项写在诉状的左下角,除写明诉状副本份数外,还要写明证据的名称和份数。

（三）起诉状的写作要求

（1）要尊重事实，实事求是，不歪曲捏造，否则要承担法律责任。

（2）请求事项要合理，在诉状中要有确凿的证据和充分的法律依据，说理要中肯。

病例评析

民事诉状

原告：黄××，女，32岁，住址：广州市××路13号

被告：钟××，男，42岁，住址：湖南省×县×乡×村六组，电话：×××××××

诉讼请求：请求被告赔偿损失138 400元。

事实和理由

2005年1月27日，被告无证驾驶一辆倾卸大货车在×路上撞倒原告，致使原告头部受伤，住院共60天，花去医药费、误工费、护理费等共118 400元。原告和家人为此遭受严重的精神打击，因此要求被告支付精神损失费2万元，作为补偿。

此致

××区人民法院

具状人：黄××

二〇〇五年×月×日

【评析】这一篇起诉状的格式基本符合起诉状的要求，但还存在以下问题：第一，诉讼请求太笼统，没有分点写明；第二，事实和理由叙述不清。

趣味阅读

经典还是荒诞

——美国2002年史特拉奖

在美国有一个所谓的史特拉奖，每年都颁给美国最成功、最荒诞的诉讼案件的原告律师和陪审团。对于这个奖项，不知道是一种社会上的荣誉还是一种道德上的讽刺。但不论社会层面的效果如何，如果站在职业律师角度进行分析，恐怕从这些案例中，我们在职业素质和职业道德上都会有所

收获。

史特拉奖以史特拉·李蓓克命名,该位81岁的老太太曾因为咖啡倒在腿上而成功的告赢了 McDonalds 并得到百万元赔偿。

2002年入选的案件

(1) 德州奥斯丁的妇女凯瑟玲·劳勃孙告赢一家家具店,得到78万美元赔偿,原来她在店内奔跑时被一小孩绊倒扭伤脚关节,该小孩不是别人而正是她的儿子。

(2) 洛杉矶一位19岁的青年卡尔·杜鲁门得到78000美元外加医疗费用赔偿,因为他的邻居开车压过他的手。为什么会发生?原来那位邻居在开车时没看到该青年正偷他汽车轮的轮毂罩。

(3) 宾州有位蠢贼,名叫特伦斯·笛克孙。他到一家住宅里行窃,当他试图从车库离开时,车库的自动开门装置坏了,所以车库门开不了,而回到房屋的门又被关上锁住了。由于房屋的主人在外度假,于是这个笨贼被困在车库里长达8天之久,靠一罐可乐和一袋狗食艰难度日。后来义愤填膺的他愤怒地起诉房主的保险公司,并赢得50万美元赔偿。

(4) 阿肯色小石城有位杰瑞·威廉姆的屁股被隔壁邻居家的狼狗咬伤。狗为何咬他?因为他拿 BB 枪不停地打它,但法庭判决邻居赔他1.45万美元。

(5) 费城一家餐馆输掉官司,被迫付给一位来自宾州的客人11万美元,因为她由于地上的饮料而滑倒并跌碎尾骨。而地上的饮料是从哪里来的?大约30秒钟前正是她因争吵而将饮料泼向男友的。

(6) 特拉华州克雷蒙的一位小姐卡拉·瓦尔登为了逃避3.5美元的门票,从厕所的窗户爬进一了家夜总会,结果摔倒并跌破两颗门牙,她因而告赢夜总会并得到12000美元补牙的费用。

最后得奖案件

马芙·格瑞辛斯基先生购买了一辆崭新的32尺长的旅行车(有床、厕所、厨房的 Motor Home),在回家的高速公路上,他把自动巡航定在70英里的时速就离开了驾驶座到后面去倒咖啡,车子自然开始往地狱进发,不过幸好交通事故发生后该车主还活着,于是他起诉该车制造厂,得到175万美元赔偿另加新车一台,理由是该种车子的说明书上没有说不可以离开驾驶座到后面去倒咖啡。案子过后,该制造厂真的把这一条加在说明书上了。

第二节　上诉状

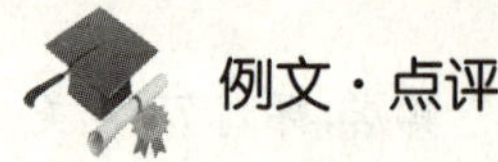

民事上诉状

上诉人(原审原告):××市四海水果批发公司。地址:××市××路××号地下。

委托代理人:饶××,四海水果批发公司业务主办。电话××××××××

企业性质:个体。工商登记核准号:××××。

经营范围和方式:水果批发兼零售。

开户银行:××区××工商银行办事处。账号:×××××××××。

被上诉人(原审被告):××市××县金山水果种植场。场址:××市××县××镇。

法定代表人:何××,金山水果种植场场长。

上诉人因合同纠纷一案,不服××县人民法院(2005)字第××号民事判决,提起上诉。上诉的请求和理由如下:

上诉请求

1. 撤销××县人民法院(2005)××经民字第×号民事判决。

2. 判令被上诉人归还上诉人的订货款 45 000 元,货款银行贷款利息 2250 元,违约金赔偿 2000 元。

3. 判令被上诉人赔偿上诉人因诉讼支出费用 1440 元。

上诉理由

上诉人与被上诉人合同纠纷一案,上诉人于 2005 年 4 月 2 日向××县人民法院提起诉讼,11 月 20 日收到法院民事判决书。上诉人认为该判决书认定事实不清,适用法律不当,严重损害了上诉人的合法权益。

一、认定事实错误

(具体论述略)

二、适用法律不当

(具体论述略)

综上所述,因被上诉人违约在先,延迟交货,致使上诉人中止合同,蒙受经济损失。被上诉人应负担全部责任,给予上诉人经济赔偿和全部支付诉讼费用。为此,请求法院依法改判。

此致

××市中级人民法院

上诉人:××市四海水果批发公司(章)
法定代表人:杨××(签名)
委托代理人:饶××(签名)
二OO五年×月×日

附:1.本状副本1本

2.被上诉人延迟交货致歉信(2页)

3.上诉人与广西桂平果菜公司供货合同1份(复印件)

【点评】这份民事上诉状的格式规范,内容充实,语言得体,文笔犀利。全文抓住原审判决认定事实和适用法律的错误,展开论辩。内容充实,中心突出,论证有力。

知识归纳

(一)上诉状概述

1. 定义

上诉状是当事人表示不服第一审人民法院未生效判决,请求上一级人民法院变更原裁判的诉讼文书。上诉状是上诉人提起上诉的法定方式,也是第二审人民法院接受上诉请求的依据。

2. 种类

上诉状分为刑事上诉状、民事上诉状、行政上诉状三种。

3. 特点

(1) 上诉主体的合法性。我国《民事诉讼法》规定,民事案件的原告和被告都可提出上诉;无行为能力的当事人,可由法定代理人提起上诉。《刑事诉讼法》规定,刑事案件中的自诉人、被告人或其代理人,以及经被告人同意的辩护人和近亲属均有权提起上诉。

(2) 内容的针对性。上诉状是针对地方各级法院的一审判决不服所提起的,其目的是使一审的不公判决得到纠正,因此,在写作上诉状时,要针对一审判决的不公、错误、失实等关键性问题,以法律规范和事实为依据,进行分析和辩驳,讲明理由,解释问题实质。

(3) 文书的时效性。上诉状必须依照法定程序,在法定上诉期限内,向上一级法院提起上诉才有效。民事和行政上诉期限有两种:对判决提起上诉为15天;对裁定提起上诉为10天。刑事上诉期限为:一般刑事案件判决的为10天,裁定的为5天;对严重危害公共安全犯罪的死刑案件上诉期限为3天。期限从判决书送到后第二天算起。逾期写出和送达的上诉状,不具有法律效力。

(二) 上诉状的格式

上诉状由首部、正文、尾部组成。

1. 首部

(1) 标题。根据案件的具体情况,在状纸顶端居中写明民事上诉状、刑事上诉状、刑事附带民事上诉状、行政上诉状。

(2) 当事人的基本情况。与起诉状相比,上诉状在写当事人基本情况时略有不同。在写上诉人和被上诉人的时候,应用括号注明他们各自在一审中的诉讼地位。如上诉人(原审被告)、被上诉人(原审原告)、上诉人(原审第三人)等。当事人是自然人的,写明其姓名、性别、年龄、民族、职业或工作单位和职务、住所。

有法定代理人或指定代理人的,应列项写明其姓名、性别、职业或工作单位和职务、住所,并在姓名后括注其与当事人的关系。有委托代理人的,应列项写明姓名、性别、职业或工作单位和职务,如果委托人是律师,只写明其姓名、工作单位和职务。

(3) 案由。一般由过渡性的、程式化的文字组成。在当事人的基本情况栏下,另起一行写明案由、原审人民法院的名称、原审判决或裁定的时间、文书编号、文书名称。可以表述为:"上诉人因××××(案件性质)一案,不服××人民法院×年×月×日×字第×号民事判决(或裁定),现提出上诉。上诉的请求和理由如下"。

2. 正文

(1) 上诉请求。上诉请求即上诉人所要达到的目的,也就是上诉人对第二审人民法院审理提出的要求。

(2) 上诉的理由。上诉的理由,主要是写明上诉人不服一审裁判而提出上诉的依据。上诉的理由,可以从以下3个方面着手,有针对性地对一审裁判予以辩驳:认定事实方面;适用法律方面;运用程序方面。

3. 尾部

(1) 在正文的左下方,写明上诉状提交的人民法院名称,分两行写"此致”、“××人民法院”。

(2) 正文的右下方,写明上诉人的全称,加盖上诉人公章。法定代表人或主要负责人签名或盖章。注明提出上诉的年、月、日。

(3) 附项写明:副本××份、物证××件、书证××件。

病例评析

刑事上诉状

上诉人:潘××,女,55 岁,已退休,现住本市仁爱路 8 号 201 房,是被告的母亲。

我是被告人陈某的母亲,我儿子没有挪用公款不还,他只是为支付我的医药费才先借用一下单位保管在他手上的一些钱。他想着以后赚到后再填上去的,反正那些钱目前单位放着不会立即用掉。他没有想不还。他的确是有困难才走到这一步的。因为他向其他人借过也借不到,难道他看着我病死吗? 请法院查清楚,体谅他的一片孝心,我们愿意卖掉房子还钱给单位。请判决他无罪吧。

此致

××区人民法院

上诉人:潘××

二○○六年×月×日

【评析】上文的内容和格式存在的问题有:第一,上诉人的主体资格不符合法律规定的要求。第二,没有写明不服原审判决的事由,也不表明是针对哪一案件的,让人不明所以。第三,上诉请求不具体。第四,上诉理由不清。第五,致送的法院不正确。

知识岛

“上诉”知多少?

我国《民事诉讼法》第 147 条规定:“当事人不服地方人民法院第一审判的,有权在判决书送达之日起 15 日内向上一级人民法院提起上诉。当事人不服地方人民法院第一审裁定的,有权在裁定书送达之日起 10 日内向上一级人民法院提起上诉。”

我国《刑事诉讼法》第183条规定：“不服判决的上诉和抗诉的期限为10日，不服裁定的上诉和抗诉的期限为5日。从接到判决书、裁定书的第二日起算。”

我国《行政诉讼法》第58条规定：“当事人不服人民法院第一审判的，有权在判决书到达之日起15日内向上一级人民法院提起上诉。”

第三节　申诉状

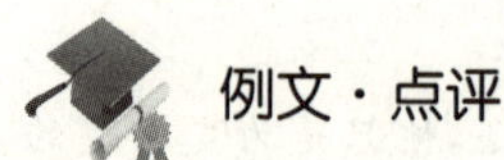

例文·点评

刑事申诉状

申诉人：刘××（被害人刘×荣之兄），男，31岁，汉族，××区建筑公司第二工程队工人，住××区××路13卷1号。

申诉人因“伤害致死人命”一案，对××省高级人民法院（200×）×高刑字第268号判决书不服，现提出申诉。申诉请求和理由分述如下：

原判定性不准确，认定事实有出入，适用法律条文不适当，要求重新审判，依法惩处杀人犯彭××。

申诉人是被害人刘××的哥哥，于200×年4月18日下午收到××省高级人民法院（200×）高刑终字268号判决书，我认为判决书对杀人犯彭××在定性量刑上均失公正，叙述事实有出入，我们无法接受。

一、判决书认定彭××行为为伤害致死罪是不恰当的。我认为彭××应定为故意杀人罪。因为刘××并未对彭××或他人造成任何人身威胁，彭××没有必要用三棱刮刀来主持“正义”。他如果真是出于主持“正义”，不是出于故意杀人的动机目的，刘××在赤手空拳的情况下，完全可以采取劝阻和以理服人的方法，为什么要选择最要害的部位——心脏，并一刀刺死刘××呢？彭××在我弟刘××找母亲的路上行凶杀人是有预谋的，绝不是无意伤害。

二、判决书叙述事实有出入。判决书说：维修队书记要求到医院看病，刘××多次进行拦截和挑衅，这与事实不符。事实是：我母亲多次去找维修队要求解决工作问题，均受到维修队队长张××毒打。为此，我母亲找到县委和××法院，但都未作处理，仍叫我母亲去找维修队书记。10月19日我

母亲找到书记杨××后，又遭到书记的谩骂。然后书记要坐车上医院，我母亲拦车不让走，是因他袒护队长，不解决问题。这时杨××叫其他几个人强行把我母亲拉开，把车开走了。我和母亲也走路去医院找书记理论。在这个过程中，我弟弟刘××根本不在场，他怎么会“拦截”和挑衅呢？到了中午12点，我弟弟刘××找我母亲回家吃饭，彭××用从仓库拿出来的三棱刮刀，一刀刺在刘××的心脏，然后穿过马路逃跑了。我弟弟只身一人，而彭××他们人多势众，我弟弟没带凶器，彭××他们却带着凶器，我弟弟怎么会跟他们“挑衅”？彭××刺死我弟弟并逃跑，为什么判决书对此只字不提呢？

三、××省高级人民法院终审判决书根据《中华人民共和国刑法》第二百三十四条第二款之规定，判处彭××有期徒刑7年，实属定性不当。由于定性不当，所以适用法律错误，判刑太轻。本案被告人的行为是故意杀人罪，应按刑法第二百三十二条治罪。

为此，我请求法院对此案重新复查审理，依法对杀人犯彭××从严惩处，替我死去的弟弟刘××申冤，以维护国家法律的尊严。

此致

××省高级人民法院

申诉人：刘××（签名）

二〇〇×年×月×日

附：1. 本申诉状副本2份

2. ××省高级人民法院判决书复印件2份

3. ××医院医生李××证明材料1份

【点评】这份刑事申诉状格式规范，结构完整，案由简明扼要。在提出申诉理由时，先概括判决书在认定案件事实、定性量刑方面的错误，为后面申诉理由做出提示，加深印象，继而又分3个问题进行分析论证。3个论点前后联系紧密，理由充分，申诉人不服之点也就明白清楚，原判决的错误也不攻自破。全文结构严谨，项目齐全。

知识归纳

（一）申诉状概述

1. 定义

申诉状是指民事、刑事、行政案件中的当事人或其代理人，被害人及其家属或者其他公民，对已经发生法律效力的判决、裁定认为有误而不服，向人民法院或人民检察院提出申请，要求复查纠正的书面请求。

2. 种类

申诉状可分为民事申诉状、刑事申诉状和行政申诉状。

3. 特点

(1) 没有时间的限制。申诉状不论已发生效力的判决、裁定是否经过上诉，也不论这些判决、裁定是否执行完毕，都可以不受时间限制，书写申诉状进行申诉。但提出申诉，并不能停止判决、裁定的执行。

(2) 申诉状在司法程序上可能无效。申诉状只能被视为决定是否因其审判监督程序的主要参考材料，可能由此而引起审判监督程序的发生，也可能不会引起审判监督程序的发生。

(3) 申诉状是一种申诉的书面形式，应将申诉理由写充分。

(二) 申诉状的格式

申诉状的结构与上诉状相似，也可分为首部、正文和尾部。

1. 首部

标题，在状纸的顶端居中写明"申诉状"或"民事申诉状"、"刑事申诉状"、"行政申诉状"等。

2. 正文

(1) 申诉人及对方当事人(被申诉人)的基本情况。当事人是自然人的，写明其姓名、性别、年龄、职业或工作单位和职务、住所。当事人是法人的，写明法人名称和住所，并另起一行写明法定代表人及姓名、职务。

有法定代理人或指定代理人的，应列项写明其姓名、性别、职业或工作单位和职务、住所，并在姓名后括注其与当事人的关系。

有委托代理人的，应列项写明姓名、性别、职业或工作单位和职务、住所，如果委托人是律师，只写其姓名、工作单位。

(2) 案由。这部分应写明申诉人因何案不服何人民法院何时哪一个民事、刑事、行政判决或裁定，而提出申请的。一般用"申诉人×××因××一案，不服××人民法院×字第×号刑(民)事判决(裁定)，特提出申诉"，来引出正文。

(3) 申诉请求和理由。这部分是申诉状的核心部分，申诉人应简明扼要地把要求人民法院解决的问题、自己所要达到的目的，明白清楚地写出来。应明确提出要求撤销、变更原裁定或要求重新审理。

申诉理由主要写不服原裁判的理由。根据不同的案情，主要从以下几

个方面来考虑：

第一，摆清事实。在申诉状中，事实应做到全面真实、准确。

第二，列出证据。为了说明申诉事实的真实性，申诉人应将与请求目的相符的人证、物证、书证明确列出，具体说明。

第三，引用法律。如果原裁判适用法律不当，对案件的性质、罪名认定有误，应在申诉状中阐明正确适用的法律的条、款、项。如果原裁判严重违反诉讼程序，申诉人应在申诉状中具体说明正确执行诉讼程序的做法和法律规定。援引法律条文时，要全面、具体。

此后，用"为此，特向你院申诉，请求依法撤销（变更）原判决（或裁定），予以改判（或重新审理）"来结束正文。

3. 尾部

(1) 写明致送的机关。分行写"此致"、"××人民法院"或"此致××人民法院（原审法院）转送××人民法院（上一级人民法院）"等语句。

(2) 申诉人签名盖章，注明具状时间。如果委托律师代书，可在最后写上代书律师的姓名及其所在律师事务所的名称。

(3) 附项。写明"附：申诉状副本×份、物证×份、书证×份"，并附上原判决、裁定复印件，新发现的事实证据等。

病例评析

刑事申诉状

申诉人：赵某，男，40岁，汉族，某市×厂职工，住某市人民路××号，邮政编码：××××××

申诉人因盗窃、窝赃一案，不服某市×区人民法院××××年×月×日（×）法刑初字第×号刑事判决书，现提出申诉，申诉的请求和理由如下：

请求事项：撤销某区人民法院的原审判决。

事实和理由

某市某区人民法院××××年×月×日以盗窃罪、窝赃罪为由，判决赵某有期徒刑3年。赵某表示不服。说赵某犯了盗窃罪和窝赃罪是不对的。赵某只是帮李某保管一个行李箱，行李箱里有什么，赵某根本不知道。而且赵某和李某是老乡，帮他保管一下行李也是人之常情。因此根本谈不上什么窝赃。在李某行窃的时间里，赵某在上班，也就是说赵某根本没有作案的时间，当然也就没有犯罪了。原判决书认定的事实是不正确的。事实上赵某根本没有犯罪。请求法院再进行调查,重新审理,做出公正的裁决。

此致

××区人民法院

申诉人:赵××

××××年×月×日

【点评】本文存在的问题主要有:第一,针对性不强,条理不清。申诉状是针对已经生效的判决来写的,行文应当紧紧围绕原判决内容。本文应针对两点展开,一是赵××没有犯盗窃罪,二是赵××没有犯窝藏罪,然后再举证说明。第二,事实证据论述不够。要证明赵××没有犯盗窃罪和窝藏罪,重点在于举证。如若要说明赵××没犯盗窃罪,就要从时间、地点上来说明其没有作案的条件。已生效的判决作出时通常就已经建立在一定的事实基础上,如果申诉状没有强有力的证据是很难推翻原判决的。

知识岛

申诉状与上诉状的区别

申诉状与上诉状写法相同,但它们之间存在以下区别:

(1) 针对的对象不同。申诉状是对已经发生法律效力的判、裁定提出的书状;而上诉状是对未来发生法律效力的判决、裁定而提出的。

(2) 期限限制不同。申诉状的提交时间不受限制,只要发现新的事实和证据,或有机关报的理由,随时都可提出;而上诉状则受上诉期限的限制。超过期限则不能提出上诉。

(3) 提出主体不同。上诉状的提交是当事人及其法定代理人,如是委托代理人或近亲属则需经当事人同意;申诉状提出的主体则没有限定必须是当事人,只要是具有权益的人都可提起申诉,而不必征得案件当事人的同意。

(4) 法律后果不同。上诉状引起的是二审程序,不管当事人提出的上诉是否合理,二审都要对案件进行审理;申诉提出后会引起审判监督程序,只有经司法机关审查后,认为原处理决定确有错误,申诉合理合法的,才会通过审判监督程序进行再审,否则就不会产生再审程序。相对上诉状而言,申诉状的要求更为严格。

第四节　答辩状

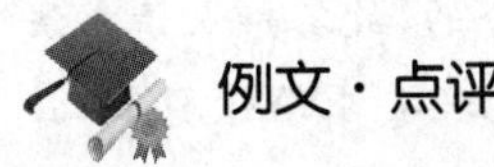

例文·点评

民事答辩状

答辩人：唐××，男，×岁，汉族，××公司××队工人，现住××市×街××号。

因原告杨××所诉离婚一案，现提出答辩如下：

答辩人认为被答辩人所诉离婚之理由纯属捏造的不实之词。答辩人不能同意被答辩人离婚的要求。理由有三：

一、被答辩人诉称答辩人不务正业，对家务事不管不问，经常在外喝酒跳舞，致使答辩人生活困难，连买油盐都无钱，儿子上学的学费都得向人借等情况，确系捏造。事实是：答辩人有正当职业，是××公司员工。在家时间少，是单位工作制度要三班倒，答辩人下班后还找零工干以补贴家用，根本没有喝酒跳舞的事（有公司和打零工的单位证明）。答辩人所挣来的钱除零用（主要用来抽烟）的都交给被答辩人支配，每月交给被答辩人1 400元左右，现被答辩人有15 000元储蓄，根本不存在买油盐都没钱的事实。至于儿子借钱交学费一事是在6年前的事。当时由于公司效益差，答辩人个人工资也低，答辩人刚为被答辩人治病花去一笔钱，又恰逢小孩上学交学费，手头一时周转不过来需借款，而完全不是答辩人不顾家所致的问题。事实上，答辩人每月都将工资和打零工收入的90%交给被答辩人作为家庭开支，绝不是被答辩人所言。

二、被答辩人诉称答辩人经常殴打她，逼得她服农药自杀，经抢救脱险等，更是不符合事实。结婚以来答辩人仅打过其一次。那是她因为小孩打斗与邻居吵架，答辩人见其无理，多次劝阻无效才动手打了她一巴掌，此后就再没打过她。至于被答辩人自杀一事，那是因为答辩人不同意离婚，被答辩人以自杀威胁，为创造离婚条件咎由自取，与答辩人毫无关系（岳母何××证言证明）。

三、被答辩人提出离婚是嫌贫爱富。自被答辩人认识××大排档的小老板张××后，关系暧昧，想离婚后嫁给他。这事答辩人知道后曾多次向被答辩人哀求，要求其不看答辩人的面也要看小孩的面，不要自毁这个家庭。

被答辩人也表示悔改，愿意重归于好。但是一旦答辩人钱给少了，就大吵大闹，以离婚相威胁，其提出离婚完全是被答辩人迷恋富裕的生活，与张××藕断丝连所致。

上述事实证明，被答辩人提出离婚的理由是不充分的，故答辩人请求法院对合法婚姻予以保护，对被答辩人给予教育，对其无理要求给予驳回，作出公正判决。

此致

××市××区人民法院

答辩人(被起诉人)：唐××

二〇〇×年×月×日

附：1. 本答辩状副本1份

2. ××公司证明1份

3. ××安装队证明1份

4. 何××证言1份

【点评】这份民事答辩状，在答辩时，能先列出上诉人提出离婚的3点理由，然后抓住要害，有的放矢地逐一提出事实根据，将不同意离婚的理由说深说透加以反驳，使上诉人的论据站不住脚，提出离婚的请求也就不攻自破。在反驳辩解中，做到一事一论，事事有据，字字在理，使人信服。这是一份内容充实、格式正确、结构严谨、语言简洁明了的答辩状。

知识归纳

(一) 答辩状概述

1. 概念

答辩状又叫答辩书，是案件审理过程中处于应诉地位的被告、被上诉人、被申诉人，在法定期限内，针对起诉状、上诉状和申诉状中所提出的事实、理由及诉讼请求，根据事实和法律进行回答和辩驳的书状。

2. 种类

根据案件性质不同，答辩状分为刑事答辩状和民事答辩状，它是与诉状和上诉状相对应的法律文书。

根据诉讼程序不同，答辩状分为一审答辩状和上诉答辩状。

3. 特点

(1) 内容的针对性和辩驳性。在答辩状中，答辩人针对对方所做不符合

事实或不合理的诉讼请求进行反驳。

(2) 时间的规定性。人民法院在收到原告的起诉状和上诉人的上诉状后，应当在规定的期限内将副本送达被告或被上诉人。被告或被上诉人应当在法定的期限内提出答辩状，否则视为放弃。

(二) 答辩状的格式

答辩状由首部、正文和尾部组成。

1. 首部

(1) 标题。属于一审程序的，标题居中写“民事答辩状”、“刑事答辩状”或“行政答辩状”等；属于二审程序的，还应写明审判程序，如“民事上诉答辩状”等。

(2) 答辩人基本情况。答辩人为公民的，列写答辩人的姓名、性别、年龄、民族、籍贯、职业或职务、单位或住所。凡有代理人的，另起一行列写代理人，并且标明是法定代理人、指定代理人，还是委托代理人，接着写明代理人姓名、性别、年龄、民族、籍贯、职业或职务，单位或住所。是法定代理人的，还应写明其与答辩人的关系。如果委托律师代理，只需写明其姓名、工作单位和职务。

(3) 答辩事由。一审案件答辩状案由写为“因××(原告)诉××(答辩人)××(案由)一案，现提出答辩如下：”。上诉案件答辩状的具体行文为“上诉人××(姓名)因××(案件性质和类别，如民事赔偿等)一案不服××人民法院××年×月×日×字第×号×事判决(或裁定)，提起上诉，现提出答辩如下：”。

2. 正文

(1) 答辩理由。这是答辩状的主体部分或说是关键部分。大体包括如下几个方面：

第一，就事实部分进行答辩。针对原告起诉状中的虚假事实，予以反驳；针对隐瞒、歪曲的事实，要补充事实真相；针对曲解法律，要求不合理，应驳斥其曲解部分和不合理要求。阐述理由时，要叙明案情、辨清原委。

第二，就适用法律方面进行答辩。事实如果有出入，当然就会引起适用法律上的改变，论证理由可以从简。如果事实没有出入，而原告对实体法条文理解错误，以致提不出合法要求的，则可据理反驳。在程序方面，如果原告起诉(或上诉人上诉)违反诉讼法的规定，没有具备引起诉讼发生和进行的条件，则可就适用程序法进行反驳。

(2) 答辩意见。在充分阐述答辩理由的基础上，再根据事实、证据和法律规定，明确具体阐明自己对处理纠纷的意见的看法和主张，以证明自己的理由和观点是正确的，而提出的要求是合理的，并请求人民法院依法公正裁判。

3. 尾部和附项

(1) 呈送的机关，分两行写："此致"和"××人民法院"。

(2) 答辩人签名盖章，注明递交日期。

(3) 附项。注明证物、书证的名称和件数。

病例评析

民事答辩状

答辩人：永耀灯饰有限公司，地址：××市人民路48号，政编码：××××××

法定代表人：李×，职务：经理

委托代理人：张×，天平律师事务所律师

答辩人因与华天灯饰制造厂（以下简称华天）诉新颖灯饰有限公司（下简称新颖公司）还款一案，现提出如下答辩意见：

华天与新颖公司曾签订3万元灯饰的购销合同，由答辩人对有关的款项进行担保，答辩人也在合同上确认了这一点。但是，这种担保只是一般担保，而不是连带担保，按照我国担保法的规定，被告新颖公司有还款能力的，不应由答辩人承担担保责任。而且原、被告曾就还款事项修改过合同内容，又没有通知答辩人，因此答辩人不应承担担保责任。请法院考虑上述原因，做出公正的判决。

此致

××区人民法院

答辩人：永耀灯饰有限公司

××××年×月×日

【评析】上文存在的主要问题是：第一，论述事实不清。答辩人在案件中的关系没有交代清楚，尤其是与本案的原告、被告的关系以及案件的由来都含混不清。第二，没有列明答辩要点。答辩状与起诉状一样，要鲜明提出答

辩人的观点。为了观点鲜明，最好用小标题或概括性的句子来表示。第三，答辩状也没有针对原起诉状的内容进行反驳。

阶段练习与自测

一、填空题

1. 起诉状是指原告依据________和________向________提起诉讼而写的书面材料，也称诉状。
2. 起诉状可以分成________、________、________和________。
3. 起诉状的正文包括________、________和________三部分。
4. 起诉状所提供的证据包括________、________、________和________等。
5. 上诉状是当事人表示不服________未生效判决，请求________变更原裁判的诉讼文书。
6. 上诉状分为________、________和________三种。
7. 上诉状的首部由________、________和________组成。
8. ________________，是二审能否取胜的关键。
9. 申诉状是指民事、刑事、行政案件中的________、________或者其他公民，对________的判决、裁定认为有误而不服，向________或________提出申请，要求复查纠正的书面请求。
10. 答辩状又叫________，是案件审理过程中处于________的被告、被上诉人、被申诉人，在________期限内，针对起诉状、上诉状和申诉状中所提出的事实、理由及诉讼请求，根据________进行回答和辩驳的书状。
11. 答辩状必须就________和________进行答辩。

二、判断题

1. 起诉是发动整个诉讼程序的第一步。（　　）
2. 刑事诉状的请求，往往既包含追究被告人的刑事责任，又包含追究被告人的民事责任。（　　）
3. 诉讼请求必须明确、具体、合法。（　　）
4. 上诉必须在法院规定时间内进行，否则将视为服从一审判决。（　　）
5. 上诉理由是二审法院裁决维持、发回重审或改判的依据，必须有的放矢，运用反驳法，反驳得有理、有据、有力，合情、合理、合法。（　　）

6. 上诉书正文右下方,应写明上诉人的全称,加盖上诉人公章、法定代表人或主要负责人签名或盖章,并注明提出上诉的年、月、日。( )
7. 申诉状提交受时间限制。( )
8. 申诉状应尽量列举与请求目的相符的人证、物证、书证,并加以说明,以增强说服力。( )
9. 答辩状的提出必须在法定期限内,在收到起诉状或上诉状副本后,10 日内提出答辩。( )
10. 答辩状应注意使用反驳和立论方法,抓住关键问针锋相对地进行答辩,语言尖锐犀利。( )

三、单选题

1. 控告被告人侵犯自身权益,以追究刑事责任的书状称( )。
   A. 民事起诉状　　B. 刑事起诉状
   C. 行政起诉状　　D. 刑事附带民事起诉状
2. 诉状具有通用的固定格式,书写时一定要按规范性的格式安排内容结构,因此,诉状在写作时要求( )。
   A. 内容真实　　B. 体例规范　　C. 条例明确　　D. 事理结合
3. 答辩状是被告人或被上诉人针对原告的起诉或上诉人的上诉而书写的予以答复和辩驳的文书,因此其第一属性是( )。
   A. 针对性　　B. 事实性　　C. 引导性　　D. 答辩性
4. 各类案件的当事人为了维护自身的合法权益,依法行使诉讼权利,自书或委托他人代书的向司法机关提出指控、答辩或申诉等法律意见的书状是( )。
   A. 诉状　　B. 答辩状　　C. 请示　　D. 申请书
5. 民事案件处理后,当事人一方向人民法院提出的请求用强制手段敦促对方当事人执行法院判决、裁定、调解、裁决所制作的申请类文书是( )。
   A. 行政答辩状　　B. 请示　　C. 请柬　　D. 申请执行书
6. 答辩状的写作必须针对原告方或上诉方的指控进行答复或辩驳,重点抓住问题的关键和要害进行辩驳才能起到应有的作用,因此答辩状写作时要求( )。
   A. 特色鲜明　　B. 针对性强,有的放矢
   C. 论证充分　　D. 内容可行,易懂易记
7. 为了维护当事人的合法权益,解决纠纷,防止其他人的侵害,当事人才书写诉状,这是诉状的( )。
   A. 议论充分的特点　　B. 条款明确的特点

C. 感情真挚的特点　　D. 目的明确的特点

8. 公民、法人或其他组织认为行政机关或行政机关的工作人员在行使行政权力时侵犯了其合法权益,请求人民法院依照法定诉讼程序审理和裁判,以维护其合法权益而使用的诉讼文书是(　　)。

A. 民事诉状　　B. 刑事诉状

C. 行政诉状　　D. 个人诉状

9. 答辩状是针对原告的起诉或上诉人的申诉而写的,比如完全否定原告或上诉人提出的诉讼请求及提出相应事实和证据,因此,答辩状具有很强的(　　)。

A. 针对性　　B. 事实性　　C. 说服力　　D. 答辩性

10. 诉状的制作要严格遵循"以事实为根据,以法律为准绳"的原则,因此诉状的写作要(　　)。

A. 表达清楚　　B. 内容真实　　C. 体例规范　　D. 陈述周详

11. 起诉状是原告向法院递交的(　　)的文书。

A. 控告被告一方的事实　　B. 通过法律程序和法律依据写成

C. 聘请律师作为代理人写成　　D. 表述诉讼请求和事实根据

12. 诉状的原告栏和被告栏,要分别写明(　　)。

A. 原告人的基本情况　　B. 被告人的基本情况

C. 原告代理人的基本情况　　D. 原被告双方的基本情况

13. 写诉状要正确使用(　　)的表达方式。

A. 论述问题、分析研究　　B. 依据法律、阐述观点

C. 描写、记叙、议论　　D. 记叙、论证、说明

14. 答辩状主要采用(　　)进行申辩。

A. 面对法官、原告的方式　　B. 议论、说明的方式

C. 递交答辩书,请律师代理的方式　　D. 反驳的方式

15. 诉状的事实部分,要注重证据,包括(　　)。

A. 原告一方的证言、证物　　B. 代理人的证言

C. 证人、证言、证物、视听资料　　D. 律师的法庭辩护

四、多选题

1. 诉状的写作格式包括(　　)。

A. 标题　　B. 首部　　C. 主体　　D. 尾部

E. 附件

2. 诉状的特点主要有(　　)。

A. 目的明确　　B. 法律理由充分
C. 以情感人　　D. 事实清楚，材料可靠
E. 格式严谨完备

3. 根据诉讼案件性质的不同，可以将诉状分为（　　）。
A. 答辩状　　B. 民事诉状　　C. 刑事诉状　　D. 行政诉状
E. 刑事附带民事诉状

五、下面句中画线部分有误，请改正

1. 答辩状针对原告人起诉或上诉人上诉的证人、证物以及相关法律进行答复辩解。
改正：
2. 损害赔偿案件属于刑事案件的范围。
改正：
3. 答辩状可以分为民事答辩状、代理答辩状两种。
改正：
4. 诉状的原告人在必要时，可委托家人或亲友出庭。
改正：
5. 诉状的格式部分，要严格区分请求事项和事实论证两部分。
改正：
6. 上诉人或被告人的答辩状必须在原告递交起诉状之前递交法院。
改正：
7. 肇事司机开车夜行撞死一名老人后驾车逃逸，被老人家属起诉，属于民事纠纷。
改正：
8. 孙××虐待老父，被父亲一纸诉状告上法庭，属于刑事案件。
改正：
9. 中华人民共和国司法机关通缉的大案要案，通过群众团体来写起诉状。
改正：
10. 诉状中写出数个原告被告人，应依据个人在案件中的年龄大小，依次排列写下来。
改正：

六、公文改错题

1. 阅读这份起诉状，指出错误，并加以修改

离婚起诉状

原告：张××，女，住广州市越秀区×号。

被告:李×,男住本市××路×栋×号房。

诉讼请求:请求离婚

事实理由:

我与被告是夫妻,婚后两人感情一直不好,两人经常吵架,无法生活在一起,特向法院提出诉讼,请法院依法判决。

此致

法院

起诉人:张××

××××年×月

2. 阅读这份申诉状,指出错误,并加以修改

民事申诉状

申诉人:张××(被申诉人的继母),女,52岁,汉族,××市××区服装厂女工。案由:我因"李××继承房屋产权"案不服××人民法院(2003)××字第××号民事判决,现申诉如下:

一、我和李××婚姻关系存续期间所买的两间房是我自己的血汗钱,当时拖欠的钱,也是我本人偿还的。

二、买房子时,我的故夫,被申诉人的父亲李×向我表示,他不愿意买这两间房子。

三、一、二审法院只是认定事实,援引法律条文,不顾我提供的事实,一股脑儿下判,对这样的判决,我不能信服。

根据以上理由,请高级人民法院重新依法判处,保护公民合法财产。

此致

××市人民法院

申诉人:张××(盖章)

二○○三年×月×日

3. 阅读这份答辩状,指出错误,并加以修改

答　辩　状

××市××区人民法院

××公司告我厂违约实在是冤枉。事实是双方签订了一份合同,约定由我厂为×

×公司加工装配一批电子元件,但××公司未能按规定的时间提供原材料。我厂为了不使机器停机,只能改作其他单位的加工订货,因此才使得我们的交货超过了规定时间。所以责任主要在对方,希望人民法院能查明事实,作出公正的判决。

答辩人:××电子元件厂厂长雷××

2008年×月×日

七、公文写作题

1. 根据下列材料,撰写一份起诉状,未明事项,自行模拟。

2005年×月×日,上海××皮鞋厂与兰州××实业公司签订了一份购买皮革合同,由××实业公司向皮鞋厂提供××牌牛皮×××张,总计款额××万元。按照合同规定上海××皮鞋厂于2005年×月×日将货款全部汇入对方账户。但对方并未按合同准时交货。虽经皮鞋厂多次催促,但对方借故拖延,拒不执行。最后,上海××皮鞋厂又曾多次要求退还货款,也遭拒绝。为避免自己蒙受更大的损失,故不拟再要求对方履行合同,只要求对方如数退还全部货款及损失。遂向法院提起诉讼。

2. 阅读下列材料,拟写一份上诉状。

桑苗与田力于1995年10月1日结婚,1997年8月23日生下一女田甜。2000年3月9日,田力到美国留学。2003年11月,田力以婚后感情不和为理由,向上海市静安区人民法院提起诉讼,要求判令与桑苗离婚,女儿田甜由其抚养。上海市静安区人民法院判决同意田力的诉讼请求。桑苗不服,提起上诉。

答案

一、填空题

1. 事实　法律　人民法院　2. 民事起诉状　刑事自诉状　刑事附带民事诉状　行政起诉状　3. 诉讼请求　诉讼事实　诉讼理由　4. 书证　物证　视听资料　证人证言　5. 一审人民法院　上一级人民法院　6. 刑事上诉状　民事上诉状　行政上诉状　7. 标题　当事人的基本情况　案由　8. 上诉理由是否充分　9. 当事人或其代理人　被害人及其家属　已经发生法律效力　人民法院　人民检察院　10. 答辩书　应诉地位　法定　事实和法律　11. 事实部分　法律方面

二、判断题

1. 对　2. 错　3. 对　4. 对　5. 对

6. 对　7. 错　8. 对　9. 错　10. 对

三、单选题

1. B　2. B　3. A　4. A　5. D
6. B　7. D　8. C　9. D　10. B
11. D　12. D　13. B　14. D　15. C

四、多选题

1. ABCDE　2. ABDE　3. BCDE

五、改错题

1. 事实和理由或上诉的理由和请求　2. 民事案件　3. 民事答辩状和刑事答辩状　4. 原告代理人　5. 事实和理由　6. 之后　7. 刑事案件　8. 民事案件　9. 人民检察院　10. 所承担法律责任的大小

第七章 宣传文书

宣传文书是指为了某种目的将特定信息向公众进行宣传的文书形式。现代社会是信息社会,政府机关要发布政策、法规,企业、公司要树立形象、推销产品,新闻媒体要报导事实、引导舆论,等等,都要使用宣传类文书。宣传文书具有极强的政治性、强烈的时效性和内容的针对性等特点。

宣传文书的种类很多,如行政公文中的公告、通告;演讲词、会议报告;新闻稿、通讯、广播稿;广告、产品说明书等,都属于宣传文书的形式。

通过本章的学习,拟达到的学习目标有:

◇ 掌握宣传文书的概念

◇ 掌握消息、通讯、演讲词的概念、特点和行文格式

◇ 了解并明确广播稿、解说词的特点及写作格式

第一节　消　息

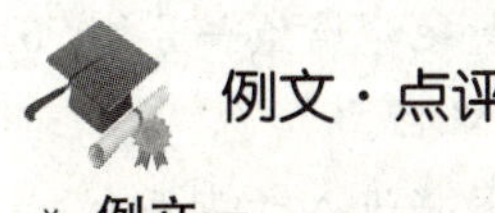

例文·点评

＊ 例文一

“嫦娥”进入工作轨道

本报讯（徐瑞哲 李甲林 姜宁）历经近9天、约38万公里奔月之旅，“嫦娥”终于飞入自己的“探测位”。昨天11时32分，在北京航天飞行控制中心的精确控制下，嫦娥二号卫星成功实施第三次近月制动，顺利进入轨道高度为100公里的圆形环月轨道，即其工作轨道。

上午11时17分，航天飞行控制中心发出指令，嫦娥二号搭载的490牛顿发动机作为“刹车”点火，反推卫星，使之减速。约15分钟后，发动机按指令正常关机。实时数据显示，卫星距月面最远的远月点高度由1825公里降至约100公里，从原先的椭圆轨道转入一个周期约118分钟的圆形环月轨道，这标志着最后一次近月制动获得成功。

按照预定计划，嫦娥二号卫星上搭载的各项有效载荷将陆续开机工作，对月球展开各种科学探测活动。

来源：解放日报（上海）2010-10-10

【点评】这是一则简讯类的“硬新闻”，记者只做纯客观的事件报道。它由标题、消息源、导语、正文、结语等部分构成，结构完整规范，符合消息的写作规范。

＊ 例文二

追梦人永远在路上

100公里！今天，“嫦娥二号”第三次近月制动成功，中国人创造了距离月球的新高度。

午饭后，媒体同行的脸上洋溢着轻松的笑容。一些新闻单位给北京航天飞行控制中心打来电话，表示想报道晚上的庆祝活动。

“哪有什么庆功会啊，后面还有好多事情要干呢！”接电话的宣传干事姜宁一脸诧异。

如她所言，记者随后采访了几名科技人员，听到了这样的回答——

轨道室主任谢剑锋说："'嫦娥二号'设计寿命为半年，如今仅仅过去了9天。半个月后，我们将进行15公里降轨。这就相当于打靶，'嫦娥一号'打6环就能满足要求，但'嫦娥二号'却要打10环，任务相当艰巨。"

软件室主任孙军说："第三次近月制动成功后，卫星将进入长期运行状态，我们不敢有丝毫懈怠。'嫦娥二号'任务软件系统有200多万行指令，稍有疏忽就可能导致整个系统崩溃。"

北京航天飞控中心副总工程师周建亮，是个大忙人——从14时开始，他一直在指控大厅忙前忙后，接下来又参加了办公会、飞控会。好不容易拨通他的电话，听到的却是这样一句话："离月球越近，风险和挑战越大，责任和使命越重，越需要我们精细运作！"

傍晚，记者步出冷清的新闻中心，仰望苍穹，弯月当空，繁星点点。

今天，承载13亿中国人梦想的"嫦娥二号"，初步完成奔月任务，又开启探月使命。然而，追梦路上，中国航天人依旧步履匆匆……

来源：解放军报(北京)2010-10-10

【点评】这是一则动态消息，它比简讯详细。记者以花絮的形式报道了北京航天中心工作人员科学严谨的工作态度，其角度并不重在"嫦娥二号"，而是其地面工作人员。这则动态新闻对报导对象的具体时间、地点、人物、事件、因果等都做了详细的说明，中心突出，内容简洁。最后以"追梦人"的评论作结尾，使主题得到了升华。

知识归纳

(一) 消息概述

1. 概念

消息又称新闻，是用概括性的叙述方式，以简明扼要的文字，迅速及时地报道国内外新近发生的、有报道价值的、群众最关心的事件的一种文体。它是报纸、广播、电视最基本、最常用的一种新闻形式。

2. 特点

(1) 真实性。这是消息的灵魂和生命，也是其写作的基本原则。

(2) 实效性。又称"新闻性"，强调内容的及时、新鲜。

(3) 简短性。短小精悍是消息的又一大特点，因此又称“电报文体”。

3. 消息的分类

从写作的角度，可分为4类：简讯、动态消息、综合消息和评述性消息。

(1) 简讯。它只是简单地报道某件新发生的事情，内容单纯、简要，不加任何评论。如范文一《嫦娥进入工作轨道》。

(2) 动态消息。它比简讯要详细，要具体说出时间、地点、人物、事件和原因，内容集中、突出。动态消息要一事一报，以叙述为主，用事实说话，文字简洁。如范文二《追梦人永远在路上》。

(3) 综合消息。它是全面反映国内外的全局或某一方面情况的新闻报道形式。这类消息往往主题较重大，有高度的概括性。

(4) 评述性消息。它是既报道一定的事实，又进行分析评论的新闻报道文体。事实要概括、扼要、有说服力，分析要中肯、深入。

(二) 消息的结构和写法

消息一般由标题、消息源、导语、主体、背景、结尾等部分组成。内容丰富，写法灵活多样。

1. 标题

标题是消息的“眼睛”，是全文内容的高度概括，它起着揭示主题或主要事实的作用。消息常用多行标题，一般称为正题、引题和副题。如：

全国自来水笔圆珠笔普遍供应饱和　　引题

上海制笔何以一枝独秀　　正题

诀窍是：多方搜集国内外情况，密切掌握市场需求，不断开发新产品　　副题

正题又称主题、母题或大标题，它是消息的骨干和核心，要高度概括消息的中心内容。

引题，又称肩题、眉题，在大标题的上面一行，作为引子交代背景、烘托气氛、说明原因、揭示消息的内涵精神等。

副题又叫次题、辅题或子题，标在正题下面作补充，进一步说明消息的主要内容，往往起提要的作用。

此外，单行标题与双行标题也很常用。如：

单行标题：

恋爱是件费力讨好的事

豆芽为什么这么“肥”？激素催的！

双行标题(复式标题)：

肩题　墓价 4000 元碑价 1500，一亩地年租 350 元能建 200 座墓

主题　**墓园暴利 人"死不起"了**

主题　**京剧舞台上的"洋"贵妃**

副题　——美国留学生魏莉莉主演《贵妃醉酒》

制作标题的基本要求是：准确、鲜明、生动、简洁。

2. 消息源

报纸登载的消息正文之前要注明消息的来源，如"本报讯（徐瑞哲 李甲林 姜宁）"，用以突出其报道的根据和真实性、权威性，并提高报道该消息的新闻机构和记者的声誉。

3. 导语

消息的第一自然段或开头的一两句话，用简练的文字将消息最重要、最新鲜的事实概括地写出来，给读者以强烈印象，并吸引读者读完全文。如范文一的第一句话"历经近 9 天、约 38 万公里奔月之旅，'嫦娥'终于飞入自己的探测位"就是导语。

导语"六要素"包括何时（When）、何地（Where）、何人（Who）、何事（What）、何故（Why）、如何（How），简称"5W＋H"，现在逐渐过渡为"部分要素"。

在写法上多种多样，可根据题材的种类灵活处理，如有的概括介绍消息的主要内容，有的提出问题让读者思考，有的烘托气氛，引人入胜，有的开门见山，直陈其事。

4. 主体

即具体报道和说明消息的内容，可用不同的手法如白描、叙述、议论等具体写出事件的时间、地点、人物、经过和原因。

具体写法有两种：一种是按照时间的先后顺序写，多用于重大新闻、特写新闻、故事性较强的新闻；另一种是按照事情内部的联系或逻辑关系（如因果关系、并列关系、主从关系等）来安排，一般依次排列出几件事或一个问题的几个侧面，然后逐一论述，多用于动态新闻、综合新闻、经验新闻等。

5. 背景材料

不一定每条消息都有，也不一定单独成为一部分，可根据实际在导语、主体或结尾中安排。其主要作用是介绍有关情况，帮助阐述事物的意义，加

深读者的理解。

6. 结尾

要简短有力，发人深省。既要注意内容不要和导语、主体重复，又要与全篇融为一体。

病例评析

××推普周宣传活动进校

本报讯(记者朱××、林×报道) 前不久，××市语言文字工作委员会和我校语言文字工作委员会联合，在学校图书馆广场举行××市第九届全国推普宣传周大型推普宣传活动。××市副市长、广州市语言文字工作委员会主任李××，市教育局局长华××、副局长××，我校党委书记陈××等领导到会为宣传周开幕剪彩。

今年推普周的宣传主题是"五十年推广，新世纪普及"。全市11个区、县级市以及××大学、××医学院、××电视大学在现场设点宣传，主办单位在现场举行了文艺节目表演。会场开展了各项生动有趣的咨询和游园活动。1200多名来自我校及大学城其他高校的师生兴致勃勃地观看文艺表演，并现场咨询专家、参加摊位游戏、参观推普成果展览。

【评析】这篇消息基本符合消息的写作要求，但存在的问题有：第一，推普宣传周活动的时间没有写具体；第二，有些活动内容交代不清，如现场举办了哪些与活动内容有关的节目表演？不能空洞地写"文艺节目表演"。下一句写的"咨询"，也应写上有关的内容，这样，报道的内容就鲜明了。

实训活动

结合网络学院组织的各类活动，练习写一篇有署名、标题、导语、主体、背景、结尾的消息，写时要注意交代"5W+H"，寄给校报。

趣味阅读

趣话"消息"

新闻媒体上刊播的消息，就像随身佩带的表，块儿不大，但很重要，每天不多看上几眼，怕是要晨昏不分、世事不明。表，新款迭出，才备受青睐；消息，不断创新，才屡获好评。

《新闻学大辞典》中说："采写消息是记者基本功。""在各类新闻产品中，消息是信息密度最高的品种"。写好消息对于从事新闻，即是入门须会，更是深造必研，犹如学书法中的练楷书，习武术中的蹲马步，搞赛跑中的练起跑，打射击中的练瞄准，都是必不可少的基本功。但消息绝不仅仅是新闻业务中的基本功，而是更有重任可当。

消息，是新闻报道阵容中的"急先锋索超"，是新闻传播过程中的"神行太保戴宗"，是新闻接受过程中的"及时雨宋公明"。每临新闻大战，跃马挺枪冲在最前面叫阵的，斜刺里杀过去突袭的，必然是消息。

正如有些马拉松选手是在高原上磨炼耐力，在平原上参加比赛，才拿金牌的。新闻写作也是一样，要先在消息写作创新上打下深厚的基础。没有消息写作创新功夫垫底，要想在其他新闻写作领域取得显著的成就，如同沙上建楼阁，冰上塑佛像。

消息最集中地体现了所有新闻体裁的本质属性和写作要求。各种新闻体裁的共同写作要求是迅速及时、真实准确、简短明了、用事实说话，这些要求在消息写作中体现得最突出。消息以概括叙述为主，只客观地介绍事实本身；偶尔用一下描写、议论等手法，也不是为了表达主观感受，而是为了更清晰地展现新闻现场、更明确地揭示事实的本质；有时候需要表现感情色彩，却是用客观事实和客观表现方式展示出来……只有写好消息，才能进而写好其他新闻文体，才能取得在新闻写作上的巨大成绩。

第二节　通　讯

例文·点评

* 例文一

严师·慈父·名医

——记酉阳县浪坪乡评议村小学民办教师喻登智

吴建平

采访乡村教师——酉阳县浪坪乡评议村小学民办教师喻登智，乡亲们异口同声地称他：是名医、似慈父、更是严师！

1975 年，喻登智接过教鞭，在评议村小学的三尺讲台上一站就是 20 年。

如今,他已由血气方刚的毛头小伙变成了鬓角染霜的“小老头”,可他痴心不改,无怨无悔。

说他是名医,不是因为他有多高超的医术,而是因为他一直坚持义务为学生和乡亲们治疗疾病。评议村地处酉阳、黔江、彭水三县结合部,离乡所在地也有近20公里。这里缺医少药。喻登智刚当上民办教师时,学生们因营养不良,常生病。喻登智买来一些医学书籍,在认真教书的同时挑灯自学,掌握了儿科推拿术,并学会了用中草药治疗简单的疾病。一次,学生谢光玉在课堂上呕泻不止,当即休克。喻老师用学到的知识紧急施救,使谢光玉终于苏醒过来。家长闻讯赶来后,感激之泪涌出眼眶,连称喻老师“恩人”。

为备足常用药品,他用自己微薄的收入在外出开会时尽可能多地买些西药,利用星期天和节假日到山里采中草药。

三年级学生胡世淑学习用功,成绩优良,可连续几天没到校上课了。喻老师在家访中得知,其父病故后家庭难以维持生计,只好不读书了。喻老师鼻头发酸,眼泪禁不住往外流。他当即决定免去胡世淑的学费,并保证供给她课本和学习用品,使即将失学的胡世淑重返校园。问及20年中喻老师究竟为多少学生资助过书费和学费,他说:“这点小事不足挂齿。”

他抓校风、学风十分严格。有人对坚持升国旗不理解,他认为“可激发学生的爱国热情”;有人认为学生搞义务劳动是“不务正业”,他说这是培养“集体主义精神和爱劳动的习惯”。学生的红领巾没戴好,他帮助纠正,甚至脸未洗干净他也帮助洗净。

乡亲们还说喻老师是真正的“以校为家”。学校教学条件差,没有教具,所用的直尺、三角板、圆规、量角器及体育器材都是他亲手仿制的。课桌凳、门窗坏了,他亲手补修。房上的瓦片被大风揭了,他亲自上房检修。他说这样可节约点钱,多资助几个失学儿童。

自1983年以来,他所教班级的成绩,在全区的会考中总是名列前茅,其中1983年毕业的40人就有32人升入初中学习。突出的成绩使喻老师多次被乡、区、县、地评为先进教师。他于1994年9月获得中国青少年发展基金会“希望工程”园丁奖,去年夏天又光荣地出席了全省乡村教师“夏令营”活动。

【点评】这是一篇人物通讯。记者采用生动具体的典型事例来表现人物,其中包括对人物肖像、语言、行动,乃至细节的描写,运用了环境、景物衬托的手法,还有议论抒情的方式,这样使所写对象具有了较强的形象性、生动性和感染力。此外，这篇通讯采用了并列式结构，运用了正面、侧面描写结合，并以正面描写为主的手法，语言通俗亲切，读来真实感人。

* 例文二

温馨留蓝天 爱心在人间

——陈太菊家人向西南航空公司致谢

陈　波

3月22日下午，因丢失一年血汗钱受到西航乘务员帮助的打工妹陈太菊的两位姐姐陈太凤和陈太翠，从广汉市专程赶到成都双流机场，亲手将书有“温馨留蓝天，爱心在人间”的一面锦旗赠送给西航总经理王如岑，以表达全家人的诚挚谢意。

去年12月30日，在广东中山一童装厂打工一年的陈太菊从珠海机场乘机到成都，过安检时忙乱中不填将12 900元血汗钱丢失了。当她痛不欲生之际，西航乘务员带头为其捐款，从而感动了全机123位旅客纷纷为其解囊相助。当晚23点过，同机旅客古和强、张其君夫妇在回家整理行李时意外发现了陈太菊的钱盒，于是连夜驱车冒着浓雾赶到双流机场，将钱盒交给西航乘务部值班领导。元月一日，西航派人到广汉寻找到陈太菊后及时归还了钱盒。陈太菊得到失款后，感动不已，当场将在飞机上所得的6 000元捐款委托给西航的同志，请转捐给“希望工程”。四川省青少年发展基金会接到这笔捐款后，打破常规，速将该款划拨给朱德同志的故乡仪陇县，从而使15名失学儿童得助重返校园。“这一串串动人的真实故事，就像是导演编的，简直令人不敢相信，然而它却实实在在发生在我们自家人的身上”。陈太菊噙着泪水，满怀感慨地握着王如岑的手说：“你们培养了这么好的乘务员，我们全家人永远都会感激”。作为全国人大代表，3天前才从北京开完人大会议归来的王如岑托着锦旗说：“推进社会主义精神文明建设，是我们共同的大事，刚召开的全国人大会议把它放在了很重要的位置。陈太菊把款转捐给‘希望工程’的举动，做得很好，它对我们继续抓好安全服务工作，也是一种激励。”

据悉，陈太菊已于3月13日重返广东求职打工去了。

【点评】这是一篇报导新闻事件发展过程中的事件通讯。本文以记事为主，比较详尽而形象地写出了事件的前因后果、来龙去脉，通过一些具体

情节，把事件如实地反映了出来。该事件中有3组人物：陈太菊姐妹3人、张其君夫妇和西南航乘务员及其领导。这3组人物都紧紧围绕"丢款、还款、捐款"这件事来写，与人物通讯中的"一人多事"写法不同。该通讯采用了单线倒叙的结构方式，主题鲜明突出，叙事脉络清楚，语言简明通俗，短小精悍。

知识归纳

(一) 通讯概述

1. 概念

通讯是一种以记叙和描写为主，具体形象地报道具有新闻意义的典型人物、事件和经验及社会风貌的新闻体裁。它是记叙文的一种，是报纸、广播电台、通讯社常用的文体。

2. 特点

通讯介于消息和作品之间，其特点有：

(1) 真实。它是新闻体裁，所反映的人、事必须真实，不允许虚构。

(2) 讲求实效。通讯要详细报道有关的人和事，需要有采写的过程，所以不如消息快，但也要很快使读者知道，所以必须抓紧时间，注重实效。否则，读者通过其他渠道了解后，通讯就失去了其价值。

(3) 一定的文学性。通讯比消息的容量大，题材比较丰富，既要选择有典型意义的人物或事件，又要有许多细节的生动描绘，可灵活运用描写、抒情、议论等多种手法，具有一定的文学色彩。

3. 种类

(1) 按内容分。通讯一般分为人物通讯、事件通讯、概貌通讯、工作通讯。

(2) 按形式分。通讯分为一般记事通讯、访问记(专访、人物专访)、小故事、集纳、巡礼、纪实、见闻、特写、速写、侧记、散记、采访札记。

(二) 通讯的结构和写法

通讯的结构包括标题、开头、主体、结尾4个部分。其写法如下：

1. 标题

通讯的标题一般要具体、准确、鲜明地揭示其主题或主要内容。

2. 开头

通讯的开头要有吸引力。常见的写法有：

(1) 开篇点题，突出中心。如《海南老干部局积极推动健康事业》的开头一段："近几年来，海南省委老干部局在工作实践中勇于探索，打开了老干部健康事业的新局面。”

(2) 造成悬念,引人入胜。如《一位东北农民的泪》的开头:“俗话说,男儿有泪不轻弹。而他,一位黑龙江省东宁县万鹿沟村来北京治病的农民,丢失了身上携带的275元钱,伤心流泪了。”

(3) 引用诗歌、民谣、警句等开头,渲染气氛,揭示主题。如《鱼水新篇,沂蒙山记事》用民歌的句子“河里的鱼儿啊,没有水就没有家”开头,渲染了气氛,起到了点题的作用。

(4) 比喻和联想,引出主题。如《手执金钥匙的人们》,开头把知识比喻为“传说中的大宝库”,而把小学教师比作“智慧老人”和“用金钥匙打开心灵的人”,从而引出主题。

3. 主体

主体是通讯的主干部分,也是充分表现主题的重要部分。主体的结构和写法,常见的有3种:纵式结构,按事件发展的时间顺序描写;横式结构,按事件内部的逻辑关系来描写,如并列关系、因果关系等;纵横交叉式结构,既按时间顺序又按逻辑顺序来描写,多用于较复杂的事件的报导。

4. 结尾

结尾是通讯的最后部分。结尾一般要总结全文,深化主题,留有余味,发人深省。结尾常见的写法有:

(1) 照应前文,首尾圆合。例如《浩浩长江,何日百舸争航》的开头,引用了杜甫的诗句:“蜀麻吴盐自古通,万斛之舟行若风。”结尾写:“人们拭目以待,希望浩浩长江,不久将迎来一个千帆竞发、百舸争航的繁荣局面。”照应了前文,首尾圆合,结构严谨,主题突出。

(2) 画龙点睛,篇末点题。如《觉醒了的大地》,写作者重返凤阳看到的变化,结尾点题:“当然我想得更多的还是觉醒了的人民。因为无数事实告诉我们一个真理:首先有了觉醒的人民,才会有觉醒的大地。”

(3) 意在言外,深化主题。如《王老师的小屋》,写王老师身居陋室,且胸怀宽广,小屋里充满着师生情谊与欢乐。结尾处拓开一笔:“我们歌颂王老师的小屋,却并非歌颂他屋子小。我们希望那些肩负教书育人重任的老师们,能够不再住这样的小屋。”深化了希望改善教师居住条件的主题。

(4) 总结全文,展望未来。如《抢“财神”——河南农村见闻》的结尾:“看样子,农村几千年来保留的传统耕作经验,正在被新的科学技术所代替。我国的农村继实行责任制之后,又开始了一个新的技术改革的进程。广大农

民在辽阔田野上发动的科学进军，必将对我国现代化建设带来强大的推动力。”总结了全文，又展望了未来。

病例评析

除暴英雄谢二亮

2004年2月22日，武警××部队二连班长谢二亮回家探亲，晚上路过宁夏回族自治区石嘴山市大武口区全兴市场时，发现几名歹徒持械殴打一名男青年。他毫不犹豫地上前劝阻，歹徒不但不听劝阻，反而举刀向他砍来，他临危不惧，奋力反击，将两名歹徒打倒在地。歹徒见状起身逃跑，谢二亮在身体被多处砍伤的情况下，忍着剧烈疼痛全力追赶，终因伤势过重倒在地上。经出租车司机送往医院连夜抢救，他才脱离了生命危险。身体被砍15刀，共缝合54针，左手3根筋骨被砍断。他勇斗歹徒、血洒百米长街的英雄事迹，驻地多家新闻媒体进行了报道，在社会上引起了强烈反响。

在担负海关监管执勤任务中，他面对诱惑不动心，铁心打私不留情。一天中午，带班关员去吃午饭，这时有一票5箱的货物通过闸口，过地磅时，其中3箱超过了正常重量。谢二亮果断按规定扣留了货物，报关员赶紧过来说情，把一个5000元的存折往他手里塞，他坚决予以拒绝，随即把情况报告给带班关员。值勤期间，他先后拒贿拒礼12人次，查获走私案件6起，案值20余万元。

他在工作生活中对战友倾注一片真情，对群众奉献一片爱心，先后为4名因家人患病、家庭受灾的战友捐款1000余元，帮助3名失学儿童重返校园，长年照顾一名孤寡老人，受到官兵和驻地群众的高度赞扬。

【评析】这是一则新闻故事，主题集中，篇幅短小，故事性强，能起“以小见大”的作用。但作为新闻小故事，还存在一些毛病。首先是缺乏人物行动背景的交代，令读者对人物行动感到有些突然；其次是通讯写了两件事，如果集中笔墨把第一件事写得更具体细致一些，就会给读者留下更深的印象。

实训活动

结合本节内容，模拟写作一篇通讯稿，可以是人物通讯，也可以是工作通讯，或特写、小故事、散记。

知识岛

消息和通讯的异同

两者的相同之处在于都具有真实性和时效性，要报道真人真事，内容真实准确。

两者的不同之处在于：

(1) 从内容上看，通讯的容量大。消息只扼要提供事实，简明准确报道，篇幅短小；通讯重在描写事件发展的过程和人物行为的变化，通过多侧面反映人物和事件。

(2) 从形式上看，通讯灵活多变。新闻由于以事实为本，在形式上有固定格式，即按导语、主体、结尾行文；通讯由于写具体、形象的人和事，没有固定格式，表达较为灵活。

(3) 从表达上看，消息因展现事实，重在叙述，可有一点描写，但不抒情，尽量避免议论；但通讯因形象地反映，则综合运用叙述、描写、抒情、议论等。

(4) 从语言上看，消息要求准确、简略、通俗、易懂；通讯要求具体、生动、形象，多用修饰手法，讲究文采，富有感情，以求形象性和感染力。

(5) 从人称上看，新闻只用第三人称，以作客观报道；通讯可用各种人称，主客观都可以。

第三节　演讲词

例文·点评

人格是最高的学位

白岩松

> 该文获得了“演讲与口才杯”全国新闻界“做人与作文”演讲比赛特等奖

很多年以前，有一位学大提琴的年轻人向20世纪最伟大的大提琴家卡萨尔斯讨教：我怎样才能成为一名优秀的大提琴家？

卡萨尔斯面对雄心勃勃的年轻人，意味深长地回答：先成为优秀而大写的人，然后成为一名优秀而大写的音乐人，最后成为一名优秀的大提琴家。

听到这个故事的时候，我还年少，老人回答时所透露的含义我还理解不多，然而随着采访中接触的人越来越多，这个回答在我脑海中越印越深。

在采访北大教授季羡林的时候，我听到一个关于他的真实的故事。有一年秋天，北大新学期开始了，一个外地来的学子背着大包小包走进了校园，实在太累了，就把包放在路边。这时正好一位老人走来，年轻学子就拜托老人替自己看一下包，而自己则轻装去办理手续。老人爽快地答应了。近一个小时过去了，学子归来，老人还在尽职尽责地看守。谢过老人，两人分别。

几天后是北大的开学典礼，这位年轻的学子惊讶地发现，主席台上就座的北大副校长季羡林正是那一天替自己看行李的老人。

我不知道这位学子当时是怎样的一种心情，但我听到这个故事之后却强烈地感觉到：人格才是最高的学位。

这之后，我又在医院里采访了世纪老人冰心。我问先生，您现在最关心的是什么？

老人的回答简单而感人：是年老病人的状况。

当时的冰心已接近自己人生的终点，而这位在80年前的“五四”运动爆发那一天开始走上文学创作之路的老人，心中对芸芸众生的关爱之情，历经近80年的岁月而仍未老。这又该是怎样的一种传统！

冰心的身躯并不强壮，即使年轻时也少有飒爽英姿的模样，然而她这一生却是用自己当笔，拿岁月当稿纸，写成的一篇关于爱是一种力量的文章。她在离去之后，给我们留下了伟大的背影。

世纪老人在陆续地离去，他们留下的爱国心和高深的学问却一直在我们心中不老。但在今天，我还想加上一条，这些世纪老人所独具的人格魅力是不是也该作为一种传统由我们向后延续？

前几天我在北大听到一个故事，清新而感人。

一批刚走进校园的年轻人，相约去看季羡林先生。走到门口，却开始犹豫，他们怕冒失地打扰了先生。最后决定，每人用竹子在季老家门口的土地上留下问候的话语，然后才满意地离去。

这该是怎样美丽的一幅画面！离季老家不远，是北大的伯雅塔在未名湖中留下的投影，而在季老家门口的问候语中是不是也有先生的人格魅力在学子心中留下的投影呢？只是生活中，这样的人格投影在我们心中还是太少。

于是，我也更加理解了卡萨尔斯回答中所具有的深意。怎样才能成为一个优秀的主持人呢？心中有个声音在回答：先成为一个优秀的人，然后成为一个优秀的新闻人，最后自然地成为一个优秀的节目主持人。

我知道，这条路很长，但我将执著地前行。

【点评】这是中央电视台主持人白岩松在一次全国新闻界演讲比赛中的演讲稿。这篇演讲的感情基调是深沉的，通篇没有慷慨激昂的词句，只是像讲故事一样地娓娓道来。在处理故事与议论的关系时像是自言自语，如行云流水，自然而然，毫不夸饰，表达了演讲者对怎样才能成为一名优秀主持人的深深思考。

知识归纳

（一）演讲稿概述

1. 概念

演讲稿又称演讲词，是演讲者在较为隆重的仪式上和某些公众场演讲前事先准备好的供演讲使用的文稿。演讲具有表演的性质，是在特定的时空环境，用有声语言和肢体语言，公开向听众传递信息，表达见解，抒发感情，用以感召听众或进行宣传时经常使用的一种形式。

2. 特点

（1）鲜明的针对性。演讲是一种社会活动，是用于公众场合的宣传形式。是演讲者在现场与听众双向交流信息。

（2）直接产生社会效应。演讲自始至终是一种实实在在的社会实践，目的是说服听众，而不是一种经过加工虚构的艺术活动。

（3）注意声韵美。句子简短，句式变化，语意明白，声调顿挫，语气自然，便于演讲者调动声音技巧来表情达意。

（4）灵活的临场性。要使稿子和演讲的时间、地点、听众等相应合。

（5）强烈的鼓动性。演讲是一种有声音的感染艺术，既要以理服人，又要以情感人。

3. 种类

根据不同分类标准，演讲可分为不同类型，如根据演讲方式的限定，可分为命题式演讲、即兴演讲和论辩式演讲；根据演讲的内容，可分为政治演讲稿、法律演讲稿、教育演讲稿、学术演讲稿等；根据演讲目的趋向，可分为立论性演讲、驳论性演讲等。

（二）演讲稿的结构和写法

演讲稿的结构可分为标题、称谓、正文三部分。

1. 标题

演讲稿的标题，既要能概括演讲的内容或主旨，又要有一定的吸引力。在写作上要求明确、简洁、新鲜。常用的方法有以下几种：

(1) 直接揭示主题。如孙中山的《中国决不会灭亡》，概括了演讲稿的中心主旨。

(2) 提出问题、发人深省。如蔡畅的《一个女人能干些什么》，可引发听众的思考。

(3) 概括内容。如鲁迅《对左翼作家同盟的意见》，提示出演讲的基本内容。

(4) 交代场合和背景。如廖仲恺《史坚如烈士石像揭幕仪式演讲词》，题目就给出了演讲发表的场合、背景因素。

(5) 巧用比喻。如美国林肯的《裂开的房子》，将当时美国的局势比喻成一所开裂的房子，言外之意自然是要进行修复。

2. 称谓

演讲稿的称谓既是礼貌用语，又起到转换层次、加重语气、强调内容、提请注意的效果。随着演讲对象的不同，要选择恰当得体的称谓。如正式外交场合应称"女士们、先生们"；较庄重的政治会议或集会的演讲，应称呼"同志们、朋友们"；面向学生的演讲，应称"同学们"等。

3. 正文

正文又可分为开头、主体、结语三部分。

(1) 开头，也称开场白。它有两项任务：一是建立说者与听者的同感；二是迅速打开场面，引入正题。

开场白一般有这样几种方式：

① 直入式。即直接切入所要演讲的主题，如"我投票反对这项提案，理由如下……"

② 即兴式。即在会议或聚会场合下的一种即兴发挥，如田汉的"陶先生说，他是以'田汉'的资格欢迎田汉，实不敢当！我是一个'假田汉'，陶先生是个真'田汉'，我这个假'田汉'能够受到陶先生这个真'田汉'以及在座的许多真'田汉'的欢迎，实在感到荣幸！"

③ 悬念式。演讲伊始，或提问题，或引出故事，设置悬念，激发听众兴趣。如"如果我把这张10美元钞票给你你会干什么呢？带你的朋友去看电影？请你自己吃比萨、喝饮料？嗯，如果你做了这两件事中的任何一件，你都会惹来大麻烦，这张钞票是假的。"

④ 名言式。利用名言警句做开场白，可使听众易于接受，振奋精神。如“记得张志新烈士曾说过：‘民族，不能是一个没有灵魂的民族；人，更不能是个没有灵魂的人。’那么，什么是我们民族的灵魂，什么是我们自己的灵魂呢？我想，回答这个问题就不那么简单了。”

⑤ 提问式。开场设问，引导听众积极思考，如“在座的各位，都是理财的行家，做生意的能手。现在，请允许我向大家请教一个问题：美国十大金融财团的首富摩根，当年从欧洲到美洲时，穷得发慌，只得卖鸡蛋为生。他弄了三篓鸡蛋，可卖了三天，一个也没有卖出去。第四天，他让妻子去卖，结果，不到半天全卖完了，大家知道这是什么原因吗？”

⑥ 赞扬式。即对听众进行赞美，一般是一种谦虚的姿态。如沈钧儒的“今天来参加文化大会开幕典礼，非常荣幸。出席今天大会的代表，包含了全中国最优秀的诗人、小说家、散文家、文艺批评家、戏剧家、音乐家、画家、艺术家。”

演讲稿的开场白的方式要因人、因事、因地而不同，没有固定不变的程式

(2) 主体，即正文。这是演讲稿的核心部分。演讲稿的主体，要层层展开，步步推向高潮。所谓高潮，即演讲中最精彩、最激动人心的部分。在主体部分的行文上，要在理论上一步步说服听众，在内容上一步步吸引听众，在感情上一步步感染听众。要精心安排层次结构，层层深入，水到渠成。

主体部分的展开方式有以下几种：①排比式，把演讲中心论点分解成若干个分论点，逐一展开论证；②对比式，围绕演讲的中心论点从正反两方面展开论证；③递进式，利用因果、时间、逻辑、感情等关系，对分论点循序渐进地进行论证。

这几种方式可单独使用，也可综合运用。

(3) 结尾，是主体内容发展的必然结果。结尾或归纳，或升华，或希望，或号召，方式很多。但好的结尾应收拢全篇，卒章显志，干脆利落，简洁有力，切忌画蛇添足，节外生枝。

(三) 演讲稿写作的注意事项

1. 语言要有针对性

演讲要直接面对听众，因此要考虑听众的接受水平和习惯，重视和听众的交流，用各种表达方式缩短与听众的距离，使演讲成为与听众真诚的思想交流。

2. 议题集中

一篇讲话只有一个主题，尽量写得简明扼要，干净利落。

3. 语言通俗易懂

演讲是"说"与"听"的艺术,因此要尽量少用书面语,另一方面又要顾及语言的规范和文采,既要有说话的特点,又不失庄重和典雅。

4. 要注意演讲人的身份,演讲人和听众的关系,演讲的场合

不同的身份、关系和场合,演讲稿的措词、语气和语体风格是不同的。

病例评析

自信,让你成功

朋友们:

谁一生下来便会走路,便会写字?知识靠积累,勇气靠磨炼。别再红着脸,腼腆地说:"我不行。"

课堂上,有问题时只管站起来发言,不必紧张,不必害怕。勇敢发表自己的见解,即使未必正确,也没有人会讥讽你,即使说得结结巴巴,投向你的,也只会是敬佩的目光,同学们只会在心里为你鼓掌。因为你远比只敢在课桌上窃窃私语的人了不起。喔,别说"我不行"。一个生活的勇士,是敢于在别人面前展露自己的缺点的。

万事总是开头难,义无反顾地面对挑战迈出决定性的第一步,紧接着就会有第二步、第三步,别说"我不行"。

运动场上,请迈开步伐去拼搏、奋斗吧,别因身体孱弱而退缩。经不起波浪的鱼儿永远不能跃出水面,只会躲在安乐窝中的雏鹰终究无法在苍穹中翱翔。不要害怕跌倒,它只会使你的脚步更踏实、矫健;不必担心失败,失败乃是成功之母。通往胜利的路上充满着坎坷。爱迪生为发明电灯曾试验过一千多种灯丝,每次失败,他从不气馁,当有人嘲笑时,他却自豪地说:"我发现了一千多种物质不适合做灯丝。"这是怎样的勇气和自信啊!朋友,困难在强者面前只能是纸老虎。当你成功时,你就会发觉:"这并不难,我行。"

朋友,请别说:"我不行"。自信,会让你成功。

【评析】这篇演讲稿属于草稿,其中有这样几个问题:第一,中心不突出,标题为"自信,让你成功",但第一、二、三段均没有实质性拓展或举例说明,第四段虽然有例子说明,但主题仍欠明朗;第二,文章的开头没有开场白,如自我介绍、演讲的题目等,因而显得很突兀,结尾又过于平淡;第三,语言不符合演讲的要求,尤其是第四段,书面语与长句子均过多,讲起来不朗朗上

口，听起来也生硬呆板。

实训活动

结合本节所学内容，以“自信，让你成功”为题，将上述病文修改或重写为一篇演讲稿。

趣味阅读

即席发言

林语堂对演讲非常重视，他的要诀便是，“演讲必须像女孩子的迷你裙，愈短愈好。”而且认为成功的演讲必须要有充分的准备。因此，他反对临时请人演讲，特别是在吃饭的时候。有一次，林语堂到一所大学参观时，校长请他到大餐堂与学生共同进餐。校长认为机会难得，临时请他讲几句话。林语堂觉得为难，又几次推辞不下，他就开始讲道：古罗马时代，皇帝为了取乐，时常把人投到斗兽场中，让猛兽吃掉。可是有一次，有一个人被投进斗兽场之后，他并不怕那里的狮子，而且靠近狮子，耳语一番，那狮子便掉头而去。皇帝又放进一只老虎，那人又走近老虎，对它又耳语一番，那老虎便悄然离去。皇帝奇怪，询问缘故。那人说“没有什么，我只是提醒它们，吃掉我很容易；可是吃了之后，你得讲演一番。”刚一讲完，在场的师生喷饭不已。

人才辈出

林语堂不但文章写得好，而且言谈风趣。有一次，纽约林氏宗亲会邀请他演讲，希望借此宣扬林氏祖先的光荣事迹。这种演讲吃力不讨好，因为不说些夸赞祖先的话，同宗会失望；若是太过吹嘘，又有失学人风范。只见林语堂不慌不忙地走上台，说：“我们姓林的始祖，据说是商朝的比干丞相，这在《封神榜》里提到过；英勇的《水浒传》里的林冲；旅行家有《镜花缘》里的林之洋；才女有《红楼梦》里的林黛玉。另外还有美国大总统林肯，独自驾机飞越大西洋的林白，可说是人才辈出。”

婚姻与爱情

胡适博士留学美国康奈尔大学时，万国学生会请他演讲中国婚姻制度。有人对中国青年男女未见过面而结婚不理解，胡博士遂发表论道：“贵国人结婚，男女事先恋爱，恋爱热度达到极点乃共缔姻缘；敝国人结婚，以前多由父母之命，媒妁之言，男女素未谋面，等结为夫妻后，始行恋爱，热度

逐渐增加。所以贵国人之婚姻是爱情之终也；敝国人之婚姻是爱情之始也。”

知识岛

如何克服怯场

爱默生说：“恐惧较之世上任何事物更能击溃人类。”诚然，有过公共演讲经历的人都知道，很少人能够做到心情平静信心十足地登上演讲台。造成怯场心理的原因多种多样，如对观众的熟悉程度、准备是否充分等。

下面是针对演讲时怯场的几种“药剂”：

(1) 充分的准备。林肯曾说：“我相信，我若是无话可说时，就是经验再多、年龄再老，也不能免于难为情的。”这话说得很深刻。要进行成功的演讲，就必须有成功的准备，否则，没有准备好就出现在听众面前，与未穿衣服是一样的。对付怯场心理最有力的武器是诚心诚意地告诉自己你对本次演讲准备得十分充分。只有有备而来的演说者才能获得自信和成功。

同时，对演讲者来说，平时不但要做好演讲前的准备，还要注意加强自己的心理训练和调适，养成良好的思考习惯。

(2) 端正演讲动机，减轻心理负担。不要把目标定得过高，对于不切实际的期望要有客观的分析。如果把演讲的意义片面夸大，甚至把演讲与个人终生的成就、事业和幸福等紧紧联系在一起，演讲还未来临，就已经是惶惶不可终日了。带着强烈的求胜动机和沉重的心理负担去准备，结果情绪焦虑程度越积越强烈，到了发挥时却事违人愿。因此，演讲者要学会适度降低求胜动机，减轻心理负担，真正做到轻装上阵。

(3) 保持积极的情绪体验。有些演讲者面对即将到来的演讲，感觉就像如临大敌，心惊胆战，有着诸多这样那样的担心，比如，在演讲过程中总是设想自己会犯语法错误，或总担心自己讲着讲着会突然地停顿下来，讲不下去了，这就是一种反面的假想，它很可能会抹杀我们对演讲的信心。面对这种情况发生，可以使用积极自我暗示的方法。暗示对人的心理影响是极大的，我们都能看到人在不良的心理状态下发挥是不正常的。多学会给自己一种积极放松的暗示，用一些“我一定可以做得很好”、“我一定可以超常发挥”等肯定自己的短句。时间长了，就会发现这种良好的积极的心态就会成为自己的一种思维习惯。

(4) 避免机械背诵演讲稿。逐字逐句地背诵讲稿，很容易在面对听众时遗忘，即使没忘，讲起来也会显得十分机械化。美国总统林肯曾说过：“我不喜欢听刀削式的、枯燥无味的讲演”。背演讲稿对演讲者可能是一种必要的准备方式，但是，背诵依赖的是机械记忆，逐字逐句的记忆不仅耗费演讲者大量的时间，而且容易形成演讲者心理麻痹。实际的演讲过程中，一旦因怯场、听众骚动、设备故障等突然出事而容易出现“短路”现象。因而，在准备演讲中我们只要准备好大概的提纲，根据自己的语言、思路发挥更能打动观众。

(5) 演讲前要把注意力从自己身上移开。比如，可以积极听取主办人和听众的意见，或是集中精力听别的讲演者说些什么，以便把注意力放在他们身上，并避免不必要的登台恐惧感。

(6) 以平常心态面对挑战。1988 年汉城奥运会上，称雄排坛数年的中国女排，在与前苏联队一场比赛中，不仅以 0:3 败北，而且第一局竟创纪录地吃了零分，其中最主要原因不在于技术基础，而在于心理的崩溃。演讲中的怯场同样也是一种心理崩溃的反映。事实上，当怯场现象发生时，只要有所准备，掌握必要的技巧，也可以顺利度过这一危机期。当意识到自己出现怯场现象时，不要惊恐慌乱，抱着平常的心态，不要好强求胜，也不要过分地强调自己的怯场紧张心理。

(7) 练习放松。演讲前，如果你仍感到紧张，可以借助深呼吸或肌力均衡运动来放松自己。做深呼吸的目的是供给你充分的氧气，帮助你在演讲中更好地控制自己的声音。这里所讲的“呼吸”当然指的是腹呼吸而不是肺呼吸。肌力均衡运动是指有意识地让身体某一部分肌肉有规律地紧张和放松。比如你可以先握紧拳头，然后松开；你也可以固定脚掌，作压腿，然后放松。作肌力均衡运动的目的在于让你某部分肌肉紧张一段时间，然后你便不仅能更好地放松那部分肌肉，而且能更好地放松整个身心。

(8) 带点幽默感。幽默是演讲中的食盐。优秀的演讲人和有吸引力的演讲内容只有加上恰到好处的幽默才能创造出成功的演讲。当你遇到怯场心理的袭击时，不妨加点幽默，在听众轻松的笑声中解脱自己。

第四节　广播稿

例文·点评

* 例文一

录音访问：关于学校“人文教育”采访录音

节目主持人：广州市人大十二届二次会议召开期间，我台记者采访了教

育界代表陈××老师，我们请他谈谈对当前中小学教育的看法，他热情地答应了。下面是我台记者采访的录音对话。

记者：陈老师，您在人大会议期间，对中小学当前的教育提出了许多意见，我们请您谈谈您主要的看法是什么，好吗？

陈老师：好的。人文精神失落，是我国教育工作存在的一个重要问题，也是一个世界性问题。改革开放以来，我们把精力放在经济建设上，这是对的，但放松了人文精神的教育，就使青少年出现了人文精神危机，不能不引起人们的极大关注。

记者：您认为青少年人文精神缺失的主要表现在什么地方？

陈老师：当前我国人文精神缺失的主要表现，是在部分青少年中有知识没文化；有智商缺人性；受教育没教养；只讲个性张扬，不管社会影响；专业知识烂熟，人间常理不晓；知识充足，精神空虚。这一切正预示着我们的社会潜伏着人文的危机。

记者：为什么会这样呢？

陈老师：造成这种现象的原因是多重的，尤其是"文化大革命"以斗争为纲，泯灭天良，疯狂破坏原本优秀的中华人文环境。但同时也因为人文教育远远不够，许多时候流于形式，以为只上几堂人文课，搞几个什么社团之类的就是人文教育。阅读面的狭窄，阅读层次的浅薄，也是人文精神匮乏的重要原因。

记者：您认为现在中小学的思想教育如何？

陈老师：如果说过去的缺点是以政治教育代替全面的人文教育，那么现在的问题以实用的功利目的挤压了人文教育。过分看重眼前的功利目的，例如应试、追求升学率等，再好的教育也会被扭曲和变味。

记者：您认为应该怎样着手改变这种状况？

陈老师：中央已经不断采取措施了，如倡行素质教育，加强道德建设，弘扬民族精神等。学校固然是一个重要的场所，社会大环境更是实践的场地。人文教育建设任重道远，需要各界人士持之以恒的共同努力。

【点评】这是一篇录音报道，及时报道了广州市人大十二届二次会议期间代表的发言，具有新闻价值。从广播新闻的角度看，它内容通俗易懂，语言口语化，听起来顺耳流畅，听觉效果佳，符合新闻广播稿的特点与要求。

* 例文二

六孔秤盘卖鱼翁

王险峰　雷胜利

本站消息：今天，记者在双河农贸市场，见到一位挑着一担鲜鱼，提着六孔盘秤的老人。当他一到市场，买鱼人便呼啦一下拥了过来，争相选购。一位中年妇女在鱼桶里选了几条活蹦乱跳的鲫鱼往秤盘里一放："喂，老大伯快点称嘛！我还要上班"。老人把秤提得高高的，笑眯眯地说："别急嘛，你看！"只见6个孔里的水珠直往下滴。这时记者才悟出六孔秤盘的道理。

这位老人叫龙得才，是三圣乡水口山村的养鱼专业户。今年八月的一天，他挑了一担鲜鱼到市场上卖，每称一次鱼秤盘里都有些水，自己心里感到不是滋味："把水当鱼卖，这是卖的亏心钱哪！"他回到家里，就用钉子叮叮当当在秤盘上钉了6个孔。老伴见了埋怨道："鲜鱼水中捞的嘛，哪能没有水！"老汉笑嘻嘻地对老伴说："人嘛，要讲道德，我活了60多年都没有做过亏心事，怎能把水当鱼卖？"说得老伴点头笑了。

【点评】这篇广播稿报道了以为老人用六孔秤盘卖鱼的新鲜事。该广播稿最突出的特点是，用通俗的民间语言叙写老百姓中的新鲜事，如"呼啦一下"、"活蹦乱跳"、"不是滋味"等来自老百姓日常用语，"把水当鱼卖，这是卖的亏心钱哪！"、"我活了60年都没有做过亏心事，怎能把水当鱼卖？"都符合老人的身份和语气。这些词汇和语言，通俗易懂，又生动形象，极富生命力和表现力。

知识归纳

(一) 广播稿概述

1. 概念

广播是通过无线电波或导线传送声音的新闻传播工具。通过无线电波传送节目的称无线广播，通过导线传送节目的称有线广播。广播稿是为电台、电视台、广播站等传播媒体而写的一种特殊的新闻文体。其内容不限，可叙事、写人、评论，也可播报新闻、启示、通知等，重在口读耳听。

2. 特点

(1) 传播速度快。电台利用电波传递声音，每秒钟行程30万公里，迅速无比。

(2) 传播范围广。广播可以翻山越岭，渡江涉河，所能披盖无所不及；加上广播稿较少受文化程度的限制，有广泛的接受者。

(3) 听觉优先。广播稿靠播音员语音传播，因电波传递声音有着转瞬即逝、不留痕迹的弱点，听不懂的地方来不及思考，听众处于被动接受的位置，因而广播稿要具有听觉优先的特点。

(4) 简短性。很多新闻报道在广播中仅占30～45秒，3分钟的单条新闻广播已经是长报道了。

3. 种类

一般说来，广播稿的种类有：录音讲话(包括录音座谈会)、录音报道(包括文字解说、音响和配乐、人物谈话)、录音新闻、口头报道、录音通讯、录音特写、录音访问、配乐广播、广播对话、广播评论、广播大会、重大集会的实况广播、重要文艺、体育表演活动的实况转播。

(二) 广播稿的结构和写法

广播稿一般由标题、称谓和正文组成。

1. 标题

广播稿的标题类似于新闻的标题，在写作时一定要醒目，应尽量反映整个报道的主题，让人明白整个报道的内容。如《六孔秤盘买渔翁》、《锣鼓声声庆丰收》等。

2. 称谓

在正文之前要有“听众朋友们”、“各位听众”等称呼，一是表示礼节，二是请听众收听，增强吸引力。称谓要适当，针对不同的听众选取合适的称呼。

3. 正文

报纸是给人看的，广播是给人听的。看起来顺眼的词语，听起来不一定顺耳；看起来清楚的文章，听起来不一定好懂，而且声音稍纵即逝，一句没听懂，下一句又接上来，因此广播稿要特别注意通俗化和口语化。所谓通俗化，就是写得朴素、自然、不装腔作势。所谓口语化，就是要求写的稿子要按照中国老百姓的阅读、欣赏习惯，写得简明扼要，明白易懂。要做到这两点，写作时要注意以下几个方面：

(1) 句子要短，避免长句、文言句、倒装句或欧化句。因为声音存在的时间短暂，长句、文言句、欧化句、倒装句等都因要引起思考与转换而影响信息的正常接受，因此要尽量避免。如“晚上把身体放床上”是一种欧化句，不如写成“晚上上床睡觉”通俗易懂。

(2) 少用书面语,多用口语。如"今年我校招生人数迅速增加"中的"迅速"不如改为"很快"。再如"立即"、"因而"、"从而"、"地处"、"备足"等书面词可以改成"马上"、"位置在"、"准备好"等口语。关联词多用于书面语,应尽量少用。

(3) 注意同音字,以免产生歧义。如"全部"容易听成"全不",可改为"全都";"喉头"跟"猴头"分不太清楚,应写为"喉咙"。

(4) 有些标点符号的意思在广播中要用文字表述出来。如"这就是资本家的'慈善事业'","慈善事业"上加了引号表示反语否定,但在广播中听众会误会或理解成肯定的意思,因此要加上"所谓",改成"这就是资本家所谓的'慈善事业'"就没问题了。再如"出席会议的有刘元(软件一系)、黄伟(B区)",句中的括号,听众听不出来,最好不用或改写为"出席会议的有软件一系的刘元和来自B区的黄伟"。

病例评析

录音新闻:锣鼓声声庆丰收

(实况:打锣敲鼓庆丰收的声音)

(压低混)各位听众,你已听到悦耳的锣鼓声了吧,你一定想知道党的十六届三中全会后农村的情况吧。春节前,记者走访了这个过去戴着"贫穷"帽子的石坑村,现将所见所闻向大家报道。这里的情况正如一位村民所说的:"石坑如今大变样啦!"

这里土地贫瘠,山路崎岖,没有公路,汽车进不了村。农民靠种玉米种水稻维持生活。青壮年为了生计,多数跑出村庄到城市打工找活,家里只留下小孩和老人。

党的十六届三中全会以后,政策向农村倾斜了,农民得到了许多实惠和好处,生产积极性大大提高了,特别免去了农业税,且还有农业补助,更激发了农民的劳动积极性,故使许多曾于城市打工的青壮年也回村搞农业生产了。这里土地贫瘠,过去亩产水稻每年300斤,现在亩产600斤,翻了一番。前段日子,公路又修到了村里,不仅方便了村民出城镇赶集,更重要的是使农副产品能及时送往各地。

记者找到了伍建大叔,下面是跟他谈话的实况:

问:伍建大叔今年贵庚了?

答:今年70了!

问:你现在还到田里干活吗?

答:干活,党的政策好,越干越有劲,生活有了奔头!

问:听说你儿子从城里打工回来了,是吗?

答:是的,他准备办一个果园场,这个娃可有理想呢……

【评析】广播稿是让人听的,所以必须通俗化和口语化,注重音响效果。上文的问题主要就是这方面的毛病:第一,有些单音词,容易听错,应改为双音词,让听众听得更清楚。如第四行的"现将"应改为"现在把",第九行的"且"应改为"而且"。第二,有些文言应改为白话,更为通俗易懂。如第九行的"故",应改为"所以",第一个问句中的"贵庚"应改为"年纪有多大",这样听起来才不至于听错。第三,书面语应该为口语。如最后一句"这娃可有理想呢"就不如"这娃可有出息呢"更符合老百姓的表达习惯。

实训活动

采集学院发生的一件新闻,并将它写成广播稿在校园广播站播报。

阶段练习与自测

一、名词解释

1. 宣传文书　2. 消息　3. 通讯　4. 演讲词　5. 广播稿

二、选择题

1. 用最简单精练的语言迅速报道新闻事实的一种文体是(　　)。

A. 消息　B. 简讯　C. 通讯　D. 通知

2. 消息报道的事实要快,如果迟缓拖延就成了"旧闻",失去了新闻的价值,因此消息具有特点(　　)。

A. 预见性　B. 时效性　C. 客观性　D. 权威性

3. 新闻 滚滚车轮碾碎屈辱史
中国人民解放军进驻澳门 上面一行标题是(　　)。

A. 主标题　B. 引题　C. 副题　D. 子题

4. 比较详细生动报道人物和事件的传播文体是(　　)。

A. 消息　B. 简讯　C. 通讯　D. 特写

5. 简讯的标题一般是(　　)。

A. 双行标题　　B. 单行标题　　C. 三行标题　　D. 多行标题

6. 广播稿在写作时，不同于文学创作，不能用“艺术形象”说话，不允许虚构，必须对事实作真实的报道，因此在广播稿写作时要求（　　）。

A. 内容准确　　B. 语言通俗　　C. 主题鲜明　　D. 逻辑性强

7. 通讯必须相对完整、具体地报道人物或事物的过程，甚至描写细节和场面，但为了使文章不失去灵魂，通讯应具有特点（　　）。

A. 主题突出　　B. 结构严谨　　C. 全面剖析　　D. 议论充分

8. 时效性是新闻写作区别于其他文体独具的特色，是新闻写作要着力突出的特性，因此，消息写作时要求（　　）。

A. 主题明确　　B. 迅速快捷　　C. 号召力强　　D. 针对性强

9. 要想把通讯写得饱满，既有深刻的思想性，又有可读性，写作时要求（　　）。

A. 主题突出　　B. 说服力强　　C. 针对性强　　D. 方法多样

10. 以迅速及时地报道国内外重大事件和新人、新事、新情况、新问题为根本任务的消息称为（　　）。

A. 动态消息　　B. 综合消息　　C. 经验消息　　D. 人物消息

11. 简讯中结构类型最多的是（　　）。

A. 消息式　　B. 导语式　　C. 标题式　　D. 主体式

12. 对具体事物、人物、事件进行解释说明的文体是（　　）。

A. 说明书　　B. 解说词　　C. 简讯　　D. 广播稿

13. 用最简单精练的语言迅速报道新闻事实的文体是（　　）。

A. 消息　　B. 通讯　　C. 简讯　　D. 新闻

14. 以人物的思想、言行事迹和命运为报道内容的通讯是（　　）。

A. 新闻故事　　B. 工作通讯　　C. 名人通讯　　D. 人物通讯

15. 横式结构也称（　　）。

A. 空间结构　　B. 倒叙结构

C. 插叙结构　　D. 并列式结构

16. 简讯的正文一般采用（　　）顺序式。

A. 感情　　B. 逻辑　　C. 发散　　D. 固定

17. 要想真正起到宣传和教育的目的，通讯在写作时要求（　　）。

A. 主题突出　　B. 针对性强　　C. 打动人心　　D. 感情强烈

18. 通讯区别于消息的标志是（　　）。

A. 真实性　　B. 时效性　　C. 新闻性　　D. 形象性

19. 通讯反映的事实比较完整、详细，为了感动读者，使其产生身临其境的感觉，通讯在写作时要求（　　）。

A. 主题突出　　B. 形象生动　　C. 说服力强　　D. 内容全面

20. 演讲中能够与听众产生共鸣，是因为（　　）。

A. 自己的思想感情与听众的评价吻合

B. 事例典型，感情饱满，神采飞扬

C. 演讲者与听众思想感情达到沟通融合

D. 演讲者声音语言和态势语有机结合

三、判断题

1. 消息在结构上通常采用“倒金字塔结构”的写法，即按材料的主次轻重的程度，将最重要、最关键的材料放在前面，而次要的依次排在后面。（　　）
2. 新闻的导语是体现新闻价值的关键部分。（　　）
3. 消息导语要交代清楚“5W－H”六要素。（　　）
4. 通讯内容比消息更详尽。（　　）
5. 消息的作者可以直接站出来发议论，表示自己的见解，而通讯主要靠事实说话，作者不宜多发议论。（　　）
6. 通讯的时效性不如消息强。（　　）
7. 广播稿要求通俗易懂，多用书面语。（　　）
8. “先声夺人”是广播稿的优势和特点之一。（　　）
9. 广播稿一定要言之有物，内容具体，要用事实说话，少用抽象空洞的词语和空发议论。（　　）
10. 演讲只是一种知识的传播，与个人的经历和实践没有多少联系。（　　）

四、简答题

1. 消息的特点有哪些？
2. 消息有哪几种？
3. 消息的导语包括哪几个要素？
4. 通讯的特点有哪些？
5. 消息和通讯的区别在哪里？
6. 演讲词的特点有哪些？
7. 演讲词的开场白有什么作用？
8. 广播稿的特点有哪些？

五、写作训练

1. 从报纸上选出几则新闻，先盖住标题，仔细阅读内容，然后给每则新闻拟上1～3个标题，再对照原标题加以比较，并分析其优劣。
2. 阅读并分析下面一则新闻，说说它是哪种类型的新闻？标题属于哪种形式？消息源是什么？导语、主体、背景、结尾各报道了哪些内容？写得好不好？好在何处？

武大毕业生甘当“红薯郎”

本报讯（记者朱建华）“卖红薯，没什么不好的。”昨日，在华中农业大学四食堂内，戴着一副黑边眼镜的黄开庆，不讳言自己武汉大学毕业生的身份。

9日，《长江日报》独家报道大学毕业生小黄摆摊卖红薯一事，引发广泛关注。多名拍客将他的事制成视频上传到网上，一天点击超过4万人次。

昨日，是25岁的小黄在华中农大食堂摆摊的第8天。“早晨8点多到，下午6点多回，工作不累，生活挺开心的。”午餐和晚餐是学生购买高峰，多的时候他一天可以卖出300多个红薯。

来自黄石农村的小黄，4年前被录取到武大的国贸专业。第一年高考，因未被录取到经管类专业，他选择复读。怀揣创业梦的他，大学期间干过服务员、当过领班、开过奶茶店。

今年9月，看好烤红薯项目的小黄，放弃在武大附近的奶茶店，变身为一名“红薯郎”。他现在的任务是不断开发新摊点，待新摊点成熟后，就交给新招聘的“红薯郎”经营。

昨日中午，小黄的红薯摊被学生重重包围。华中农大机电专业大二学生小高，因去了好几次都没吃到特色的“烤红薯”。深感郁闷的他，排队等候半小时才如愿以偿。

小黄说，他现在想的就是如何把“烤红薯”项目做好，不在乎能赚到多少钱。与底薪1600元招募的“红薯郎”不同，小黄现在不拿工资，只拿一份生活费，他期待“将来会有业绩分红”。

大学生们对小黄摆摊卖红薯多持支持态度。华中农大农学专业大三学生小崔说：“靠自己的劳动赚钱，没什么不好。”但问及毕业后是否也愿意这样做时，很多学生犹豫了。

“烤红薯”项目总负责人王明辉称，计划3年内招1000名大学毕业生做“红薯郎”，月薪会超过2000元。他说，“烤红薯虽然不起眼，但也是个技术活，需要有文化、有知识的人来做。”

这几天，每天有近20名大学生咨询应聘“红薯郎”。王明辉说，有前来应聘的大学

生因女友觉得“没前途”放弃了。他要求应聘者能吃苦、人品好、有上进心，家庭贫困者会优先。

3. 根据下述材料，按要求写一篇广播稿。

一个星期天，小王与小张在学院球场打篮球，小张跳起封球时不慎打在小王头上，顿时将小王的眼镜打碎，刺伤小王的眼睛。因伤势严重，需要大量的治疗费。学院已拿出2万元，一些同学也自愿地捐助一些钱，但还是不够。为了减轻学校及家人的负担，使伤者安心治疗，早日康复，校学生会拟发动同学捐助。请你以学生会的名义，写一篇200字以内的广播稿，倡议全院同学献出爱心，赞助受伤同学。

4. 阅读下面几段演讲的开头，分析一下各用了什么方法？有何作用？

(1) 同志，当你在万籁俱静的夜晚，遥望那星光闪烁的夜空时，你是否会想到那构成这壮丽画面的一颗颗星星呢？当你在商场里散步，观看那琳琅满目的纺织品时，你想到过那织成这绚丽纺织品的一缕缕经纬吗？

(2) 我叫陈毅，耳东陈，毅力的毅。刚才司仪先生称我将军，实在不敢当，我现在还不是将军。当然，叫我将军也可以。我是受全国老百姓的委托，去“将”日本鬼子的“军”，这一“将”，直到把它“将”死为止。

(3) 公民们，请恕我问一问，今天为什么要我在这儿发言？我或者我所代表的奴隶们，同你们的国庆节有什么相干？《独立宣言》中阐明的政治自由和生来平等的原则难道也普降到我们的头上？

(4) 大家请看，这是我演讲的核心——青春。(将青春的上半部折叠起来)现在我们看到青春二字的基础是“月”与“日”。这说明了什么呢？说明祖先在造字时就想到了：青春是充满光明的，青春是灿烂辉煌的，青春是无怨无悔的！所以，我今天的演讲题目就是要对青春说：除了无悔，我还对你说什么呢？

答案

二、选择题

1. A	2. B	3. B	4. C	5. B
6. A	7. A	8. B	9. D	10. A
11. B	12. D	13. C	14. C	15. A
16. B	17. B	18. D	19. B	20. C

三、判断题

1. ✓	2. ✓	3. ✓	4. ✓	5. ×
6. ×	7. ×	8. ✓	9. ✓	10. ×

第八章　礼仪文书

我国历史文化悠久，是有名的礼仪之邦。人们的社会生产交往和思想感情交流，大多通过一定的礼仪形式和一定的文化活动来进行。礼仪文书就是在交际应酬中使用的文书形式。它是沟通人际关系的桥梁，增强人与人之间感情的纽带。礼仪文书种类繁多，适用范围广，具有交际性、礼节性和规范性的特点。它随着社会文明的进步而不断发展。

在实际生活中，我们每个人都会使用到一系列的应用文书，如请柬、名片、书信、邀请函、答谢词等。这些应用文书包含着丰富的礼仪内容，具有浓厚的文化色彩。

通过本章的学习，拟达到的学习目标有：

◇ 了解礼仪文书的概念、特点

◇ 掌握请柬、邀请函、名片的特点及其制作格式

◇ 了解欢迎词、答谢词、聘书、慰问信等的特点及写法

第一节　请柬　名片

一、请柬

例文·点评

* **例文一**

×××女士/先生：

兹定于9月12日晚7:00～9:00在市政协礼堂举行仲秋茶话会，届时敬请光临。

此致

敬礼

××市政治协商会

2010年9月10日

【点评】此篇是政协邀请有关人士仲秋聚会的请柬，既庄重严肃，又显得喜庆和对知名人士的尊重。时间、地点和具体内容在短短的一句话中全部表达出来，显得简洁明确。

* **例文二**

××电视台：

兹定于五月四日晚八时整，在××大学学习堂举行“五四”青年诗歌朗诵会，届时恭请贵台派记者光临。

××大学团委会

五月二日

【点评】此篇请柬也是以团体的名义发出的，所不同的是该文的请邀对象不是要作为客人参加会议或聚会，而是要前往进行采访工作。这份请柬实际还起到了提供某种新闻信息的作用。语言上也是用语不多，却将所要告知的信息全部说出，简洁明快，不拖泥带水。

知识归纳

（一）请柬概述

1. 概念

请柬又称请帖、柬帖，有时也称邀请书，是邀请某单位或个人来参加会议或出席某种有意义的活动的一种应用文。

2. 作用

请柬作为书信的一种，是为请客而发出的礼节性的通知书，也可作入场或报到的一种凭证。

3. 特点

(1) 艺术性。请柬一般要做艺术加工，如图案装饰，文字用美术体、手写体，有的还用烫金等。

(2) 亲递性。请柬一般不用邮寄或快递的方式送达，尤其是重大的喜庆社交活动，邀请的对象又是比较重要的人物，应派专人或主人亲自递送请柬，以示诚意。

（二）请柬常用的格式

1. 标题

请柬的款式和装帧都十分讲究，一般用特厚的艺术纸对折起来，外面是封面和封底，里面是内容。标题“请柬”写在封面的正中。

2. 开头

在里面第一行顶格写邀请者的单位、名称、职务或尊称。

3. 正文

称谓下面一行空两格写起，交代活动的时间、地点和内容。最后以“敬请光临”等句子结尾。

4. 结尾

正文下面一行，空两格写“此致”，另一行顶格写“敬礼”。

5. 署名、日期

分两行写在右下方。请柬也有用书写式的，书写顺序从右向左写。

病例评析

×××同学：

兹定于2010年3月6日上午9时到校医院看望病重的××老师，届时请准时到校医院指导。

××班委
2010年3月4日

【评析】本请柬有以下几个方面的问题：第一，参加人不为客人，不用发请柬；第二，到医院看患者非隆重喜庆之事，不可发请柬；第三，看医问药治疗事宜乃医生之事，“请准时到医院指导”，措词不妥，违背常理。

实训活动

恒达科教有限公司拟于20××年8月8日8:00～18:00在×××大酒店举办科教仪器商品洽谈会，拟邀请有关商家参加。请据此信息以该公司的名义，制作一个请柬。要求格式、措词符合请柬的要求。有关内容可以合理扩充。

知识岛

“请柬”溯源

请柬又称请帖，是人们在节日和各种喜事中请客用的一种简便邀请信。请柬是为邀请宾客参加某一活动时所使用的一种书面形式的通知。一般用于联谊会、与友好交往的各种纪念活动、婚宴、诞辰或重要会议等，发送请柬是为了表示举行的隆重。

在古代，柬与帖有一定的区别。请柬的“柬”字，本为“简”。造纸术发明以前，简一般是较普遍的写作材料。简是将木材或竹木经过加工后制成的狭长的片。简一般指竹简，木制的写作材料古人称“牍”。人们把文字刻在简上用来记事，由于书写面积有限，篆刻也有些难度，所以用简书写文字容量是较小的。人们把“简”连缀在一起而成“册”。到了魏晋时代“简”就专门用来指一种短小的信札，这一说法沿用至今。

二、名片

例文·点评

开头：店名、广告语

正文：姓名

地址
电话

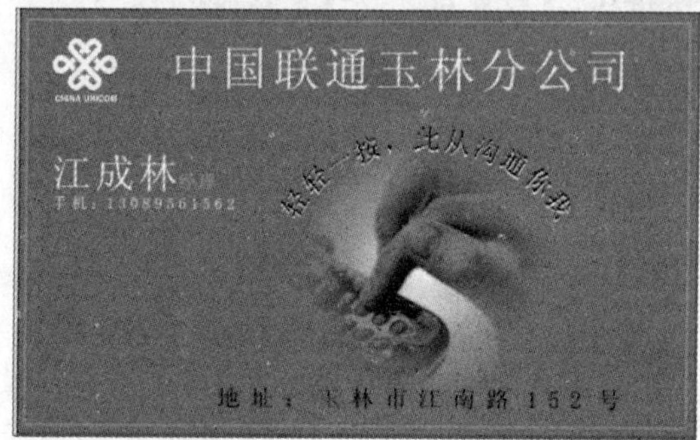

开头：公司名称，LOGO

正文：姓名、职衔
电话

广告语

公司地址

【点评】这两张名片的设计都比较新颖大方，正文中传递的信息简明清楚，构图完整，便于记忆。

知识归纳

（一）名片概述

1. 概念

名片，顾名思义，就是带有本人名字，用来交流、沟通或纪念收藏的卡片。

2. 种类

现代社会，名片的使用相当广泛，分类也较多，没有统一的标准。最常见的分类有如下几种：

（1）按用途，可分为商业名片、公用名片、个人名片三类。

(2) 按质料和印刷方式,可分为数码名片、胶印名片和特种名片三类。

(3) 按印刷色彩,可分为单色、双色、彩色、真彩色四类。

(4) 按排版方式,可分为横式、竖式、折卡式三类。

(5) 按印刷面,可分为单面和双面两种。

(二) 名片设计制作的格式与主要内容

名片的设计性与个性化都较强,没有统一的格式,但是一些基本的内容却是都要具备的。

1. 姓名

这是名片最重要的部分,名片的名字可选择艺术字体,也可以选择自己的签名、印章等。

2. 职务

可根据个人需要或所在公司职务来印刷,让名片的接收者直观地了解对方在公司负责的业务。另外也可以印上自己在社会上一些社会团体的头衔,如××××会长、××委员、××顾问等。

3. 公司名称

这是商务名片中必不可少的部分。

4. 公司标志

也称为LOGO,也可以印上公司商标,是品牌形象的重要体现。

5. 联系方式

这是名片必要的部分,手机、电话、邮箱、传真、网址等可做选择。

6. 照片

为了让客户加深印象,有的名片会放自己的写真照片或艺术照片,常见的为演艺界人士或艺术家等。

7. 经营项目

最主要的产品信息等,可更加直观地表现自己的产品,加深客户印象。

8. 位置地图

把公司或店面位置绘成地图,或加上行车路线,这样就给客户一个直观的表现,让客户可以直接找到。

9. 企业宣传语

企业口号,宣传公司形象,提高公司的知名度。个人名片也可以印上个人对收名片者的祝福。

10. 图片

行业的宣传语,让客户可以一看就知道企业的性质,如电信企业名片设计上和网络有关的底纹、航空企业印刷上蓝天飞机等，不过底纹或图形不能抢了内容的风头，起到点缀作用即可。

（三）注意事项

(1) 名片的设计必须文字简明扼要，字体层次分明，强调设计意识。

(2) 名片正面的内容不要太多，要留点空间，显得比较美观大方；否则会给人浮夸的感觉。

(3) 名片的头衔以一个为宜，是在必要的也不要超过三个，印两个头衔时一定要相关。

(4) 名片要保持干净整洁，切不可出现错别字、褶皱、污损、涂改等情况。

BBS 课程讨论：同学们设计好自己的名片后放到BBS上，相互交流，看看谁的设计好或有什么问题

注意：要自己试着来做名片，着重名片格式与文字，不重设计意识和风格

实训活动

给自己设计一张名片。为名片加上自己设计的标志，题材、构思不限，要与名片性质内容相关。

知识岛

交换名片要注意的礼仪问题

在商务交往中，若想适时地发送名片，使对方接受并收到最好的效果，必须注意下列礼仪细节：

(1) 首先要把自己的名片准备好，整齐地放在名片夹、盒或口袋中，要放在易于掏出的口袋或皮包里。不要把自己的名片和他人的名片或其他杂物混在一起，以免用时手忙脚乱或掏错名片。

(2) 出席重大的社交活动，一定要记住带名片。参加会议时，应该在会前或会后交换名片，不要在会中擅自与别人交换名片。

(3) 处在一群彼此不认识的人当中，最好让别人先发送名片。名片的发送可在刚见面或告别时，但如果自己即将发表意见，则在说话之前发名片给周围的人，可帮助他们认识你。

(4) 不要在一群陌生人中到处传发自己的名片，这会让人误以为你想推销什么物品，反而不受重视。在商业社交活动中尤其要有选择地提供名片，才不致使人以为你在替公司搞宣传、拉业务。

(5) 对于陌生人或巧遇的人，不要在谈话中过早发送名片。因为这种热情一方面会打扰别人，另一方面有推销自己之嫌。

(6) 除非对方要求，否则不要在年长的主管面前主动出示名片。

(7) 无论参加私人或商业餐宴，名片皆不可于用餐时发送，因为此时只宜从事社交而非商业性的活动。

(8) 递交名片要用双手或右手，用双手拇指和食指执名片两角，让文字正面朝向对方，递交时要目光注视对方，微笑致意，可顺带一句“请多多关照。”

(9) 接名片时要用双手，并认真看一遍上面的内容。如果接下来与对方谈话，不要将名片收起来，应该放在桌子上，并保证不被其他东西压起来，使对方感觉到你对他的重视。

(10) 破旧名片应尽早丢弃，与其发送一张破损或脏污的名片，不如不送。

(11) 交换名片时如果名片用完，可用于净的纸代替，在上面写下个人资料。

第二节　感谢信　慰问信

一、感谢信

例文·点评

* 例文一

××市商业银行给学校的感谢信

尊敬的××政法大学师生：

我们××市商业银行是坐落在北国江城××市的一家地方性股份制银行。几年来，我们的经营规模迅速扩张，各项经营指标取得了突破性进展。为了建设一支高素质的干部队伍，进一步把企业做大做强，我们在全国一些重点大学招聘了一批应届毕业生。我们在××政法大学招聘期间得到了学校领导及就业指导中心的老师和同学的大力支持，使我们深受感动。在这里，我们向××政法大学领导及就业指导中心的老师和同学表示深深的谢意。向加盟我们的学生表示热烈的祝贺，同时也对广大同学的大力支持表示感谢！

最后，祝××政法大学领导、老师、同学身体健康！工作学习进步！

此致

敬礼!

××市商业银行
董事长、行长 ×××
2005年12月15日

【点评】感谢信除了对对方的具体帮助表示谢意,有的还把所取得的成绩归功于对方的帮助。本信先概述本单位的发展方向和经营理念,意在表明学校在招聘期间所给予的帮助有益于其自身的发展壮大。感谢之外,也有赞扬,这样更能表达写信者的由衷谢意。

知识归纳

(一) 感谢信概述

1. 概念

感谢信是机关、团体、单位或个人获得有关方面和人员的关心、支持、帮助、慰问、馈赠后,向对方表示感谢的书信。

2. 作用

感谢信广泛用于公务活动及日常生活,只要是答谢另一方(位)的好意,以表达感激之情并赞扬对方的高尚风格及奉献精神的均可使用。它可用于感谢援助、探访、悼唁等。

3. 特点

感谢信具有表彰性、感恩性和宣传性3个特点。

(二) 感谢信的格式

1. 标题

(1) 直接以文种"感谢信"为标题。

(2) 由受文单位和文种组成,如《致四川师范大学培训部的感谢信》。

(3) 由发文单位、受文单位及文种组成,如《中共中央致各民主党派中央、全国工商联的感谢信》。

2. 称谓

写被感谢的单位名称或个人姓名,后加冒号。

3. 正文

它是感谢信的主体部分,具体写法如下:

(1) 交代感谢的原因,简述值得感谢的事项(写清楚事件发生的时间、地点、经过及结果)。

(2) 赞扬对方的所作所为及由此产生的社会影响和效果;怀着感激的心情,对对方的好思想、好作风、好品德作出恰当的评价。

(3) 结尾写致敬语,表示诚挚的谢意和良好祝愿。

4. 落款

文末右下方署明写感谢信的单位名称或个人姓名、时间。

病例评析

感　谢　信

××公安派出所:

今年×月××日,我儿子与我母亲在倒车时失散,你们在离火车开车前几分钟终于找到了我的小儿子,并将他们祖孙二人送上火车。你们这种精神真值得我学习。在此,我代表我全家向贵所及全体同志表示衷心的感谢!

我是一名售货员,我一定要像你们那样兢兢业业,热情周到地做好我的服务工作。

此致

敬礼

××市××商店 售货员×××

××××年×月×日

【评析】本感谢信存在的错误是没有交代清楚感谢的原因。感谢信要简述值得感谢的事项(写清楚事件发生的时间、地点、经过及结果)。本感谢信只写了事件的结果,其儿子在具体什么时间地点走失的、派出所同志寻找的经过又是怎样的却没交代,导致感谢之情因缺乏依托而显得苍白。

实训活动

指出下则感谢信的错误之处,并修改正确

感　谢　信

××出租汽车公司:

5月3日下午,我公司经理张大山乘坐贵公司"××××××"号出租车时，不慎将皮包丢失。内有人民币8万余元、身份证一个、护照一本、空白支票3张及各种票据若干张。在我们焦急万分之时，贵公司司机×××先生主动将捡到的皮包送至我公司，使我公司避免了一次重大损失。为此，我们再三表示感谢并拿出1万元作为酬谢，×××先生却说“这是我应当做的”，表示不能接受。在此特致函贵公司，深表谢意。

×××公司

二〇〇九年五月六日

二、慰问信

春节慰问信

尊敬的家长：

在我国人民的传统节日春节即将来临之际，我们全连官兵向辛勤工作在各行各业的家长同志们表示亲切的慰问并致以崇高的敬意。

过去的一年，我们在以江泽民同志为核心的党中央领导下，我国社会主义事业蓬勃发展，经济建设成就辉煌。军队建设在邓小平同志新时期军队建设思想的指导下，按照江泽民同志“五句话”的要求得到全面加强，军队的革命化、现代化、正规化建设水平不断提高。我们连队，在上级机关和各级首长的领导帮助下，圆满完成了各项工作任务，连队建设又迈上了新的台阶。被军、师、团评为军事训练先进单位；连队党支部也被师、团评为先进党支部。这些成绩的取得与您的儿子和全连官兵的共同努力是分不开的，他们为连队建设跨入先进行列作出了积极的贡献。这些成绩中，也包含着每位家长同志的支持和贡献。为此，我们再一次向尊敬的家长同志们表示诚挚的感谢。同时，也希望家长同志们继续支持、关心我们连队的建设，为把您的儿子培养成“军地两用人才”共同努力。

最后，祝家长同志们身体健康，家庭和睦，春节愉快。

×××部队步兵第七连党支部

二〇〇六年一月十六日

【点评】本慰问信以“春节慰问信”为标题，主题鲜明。正文首先阐明慰问的原因与背景“春节即将来临之际”及使用表示慰问、致意、祝贺的话语。接着，提出本单位所取得的成绩与对方的努力和付出是“分不开”的。最后，提出希望和勉励，指出前途。结尾提行写祝颂语，表达良好的祝愿。最后是落款，在正文右下方署上发文单位名称和成文时间。

知识归纳

（一）慰问信概述

1. 概念

慰问信是机关、团体、单位向有关方面或有关个人表示安慰、问候、鼓励和致意的一种公务书信。它能体现组织的关怀、温暖，社会的爱心与支持，朋友、亲人的深厚友谊，给人以奋进的勇气、信心和力量。

2. 适用范围

慰问信使用范围很广，可以慰问在各条战线做出贡献的集体或个人，如在抗灾救灾、保家卫国、建设社会主义事业中作出巨大贡献的人民解放军、公安干警及有关人员可以慰问在灾害、事故中蒙受巨大损失、面临巨大困难的集体或个人，对其表示同情和安抚，鼓励他们战胜困难，迅速改变现状；也可以在节日来临之际慰问有关人员，如“三八”节，向全国女同胞表示节日的问候和祝贺。

3. 特点

慰问信具有发文的公开性和情感的沟通性。

（二）慰问信的格式

1. 标题

可直接以文种“慰问信”为标题，也可由发信单位或受文对象、文种组成标题，如《中共成都市委、成都市人民政府致全市职工的慰问信》。

2. 称谓

写被慰问的单位名称、群体称谓或个人姓名，后加冒号。

3. 正文

(1) 开头。写明慰问的原因、背景及表示慰问、致意、祝贺的话语。

(2) 主体。回顾过去，肯定成绩，赞扬品格，安慰对方，并提出希望和勉励，指出前途。

(3) 结尾。结尾提行写祝颂语，表达良好的祝愿。

4. 落款

在正文右下方署上发文单位(或个人姓名)和成文时间。

病例评析

公司中秋佳节慰问信

全体职工同志们:

时值中秋佳节来临之际,公司领导向坚守在生产第一线的广大干部职工致以节日的问候!

目前,总公司改制工作正在进行中,清产核资、资产评估工作将要完成。与此同时,总公司也努力想办法为职工多办实事,解决历史遗留问题。广大干部职工此时对班子工作给予了极大的支持,做到了队伍稳定,思想稳定,有什么问题都能按程序反映解决,充分体现出广大职工对改制工作的拥护和支持。总公司班子也决心不辜负广大干部职工的期望,做好改制工作,维护好职工的利益,抓好生产经营。

国庆节马上就要到了,我们又将迎来收获的黄金季节,我们衷心希望全公司广大干部职工和衷共济、同心同德,共同创造更美好的未来。

××××总公司

200×年×月×日

【评析】本慰问信存在的问题是正文在阐明了慰问的原因、背景及表示慰问、致意、祝贺的话语后,却没能针对慰问对象的工作成绩、高尚品德给予赞扬与肯定。实际上,只有具备以上内容,才是对慰问对象的最大慰问。

实训活动

某区在一次特大台风灾害中损失惨重,请代市政府写一封慰问信,对某区所遭受的困难表示慰问。

第三节　邀请函　聘书

一、邀请函

例文·点评

邀　请　函

×××同志：

定于2010年8月13日至18日在×××市举行×届马克思主义研究学术年会。敬请您届时光临，现将有关事项通知如下：

一、会议以《邓小平文选》第一、二、三卷为指导，研究如何将马克思列宁主义与中国实际相结合的问题。内容有：

1. 宣读学术论文。

2. 交流研究心得体会。

3. 研讨明年学术研究重点和规划。

二、出席会议的代表应向大会提交1篇学术论文（打印150份）。

三、会议的住宿费、伙食补助费由大会负责，往返交通费用由代表所在单位负担。

四、接通知后，请即向大会秘书组寄回代表登记表。如在五天之内不见寄回登记表，即视为不出席会议，不再安排食宿。

五、报到时间：2010年8月12日。

六、报到地点：××市友谊大街友谊宾馆一楼大厅。

七、代表登记表请寄××市中山三路15号××市马列学会××同志收。（邮政编码：510130）

××市马列学会（印章）

二〇一〇年七月十日

【点评】本邀请函正文的前言部分简明扼要地说明了在什么时间，什么地点召开什么会议，并邀请对方参加。事项部分则说明会议的主题、主办方、协办方以及将要出席的人员，同时分项列出本次会议的主要议题。其内容清晰明了，受邀请者可据此作出是否出席的决定。另外，本邀请函的言辞平实晓畅、礼节朴实周全。

知识归纳

（一）邀请函概述

1. 概念

邀请函也称邀请信，是为了请别人到自己的地方来或到约定的地方去而发出的礼节性书信。邀请函是比请柬更为复杂的请帖，它是党政军和各学术团体在召开重大会议时，经常使用的应用文样式。它除了有请帖的作用外，还向被邀请者交代有关需要做的事情。

2. 特点

(1) 礼仪性。邀请函包含表达尊重、联络感情的意味，具有很强的礼仪色彩，虽没有请柬庄重、严肃，但必须礼仪周到，以示郑重。

(2) 明达性。邀请函对活动的内容、时间、地点等基本要素要交代清楚，语言通顺明白，不能含糊不清。

(3) 书面性。邀请函采用书面形式，即使近在咫尺，也要发送邀请函，以示对被邀请者的尊重，也可保证被邀请者及时参加活动。

（二）邀请函的格式

邀请书的写作结构由标题、称呼、正文、署名和日期 4 部分组成。

1. 标题

在稿纸的第一行中间写“邀请书”三个字，必要时可加花边，以示喜庆。有的邀请书在“邀请书”三个字上面写单位名称。

2. 称呼

在标题下第二行，顶格写上被邀请人的姓名和称谓，如：“×××同志”、“×××先生”、“×××教授”、“×××经理”等，以示尊重。对一些不便直接指明请某某人参加的会议，称呼可写单位名称。

3. 正文

包括前言和事项两部分内容，前言部分要简明扼要，只说明会议时间、地点、内容等。事项部分应交代清楚被邀请者需做好哪些准备工作，及应注意事项。

4. 署名和日期

邀请单位的名称写在正文最后一行的右下方，单位名称下一行写上邀请的年、月、日，然后盖章。

病例评析

邀　请　函

××大学：

我厅将举办“五月的鲜花——纪念‘五·四’运动八十周年大型歌咏会”。因演出活动的需要，经编导与贵单位领导初步协商落实，今正式向贵单位发出参加活动邀请书。请将回执单填好传真给××教育电视台节目编导组。因本次演出纪念活动为全省电视直播，恳请贵单位认真抓好节目的整体质量。节目审查时间为4月20日左右。联系电话(传真)8077×××—33××。

另外，请贵单位领队及节目指导教师于本月23日(星期二)下午2:00到××教育电视台四楼会议室参加节目协调会。

此致

敬礼

××广播电视厅(印章)

××××年三月十九日

【点评】该邀请函存在的问题是：第一，没有详细交代这次大型活动的举办背景，节目审查的具体事宜及联系人也没有落实；第二，活动时间地点没有交代清楚。这些对于一个大型活动的组织筹备来说是很草率的，从邀请函写作的角度来说也不合乎要求。

实训活动

学校拟于12月30日举行元旦晚会，要邀请一批离退休老师参加，请草拟一份邀请函。

知识岛

邀请函与请柬的区别

相同点：请柬与邀请书相比，都具有“邀请”的作用，同样具有庄重性和礼仪性的特点。

不同点：

(1) 邀请书的使用范围比请柬广泛。邀请书涉及国家元首互访、大小会议、庆典、报告等社会生活的各个方面，而请柬多用于喜庆之事，而多为个人使用。

(2) 邀请书的内容比请柬复杂，信息容量更大。邀请书除了要像请柬一样写明活动时间、地点外，还包括介绍活动举行的背景、意义，活动的具体安排等，有更详细的邀约内容，因而一般采用书信体格式。

(3) 邀请书的措辞及制作比请柬更朴实。邀请书的语言较之请柬更为平实晓畅，较少使用文言词语；邀请书可以有艺术的装饰，也可以是一张礼仪信函，一般没有请柬制作得精美。

二、聘书

例文·点评

聘　　书

兹聘请赵××同志为××家电集团维修部总工程师、主任，聘期自×年×月×日至×年×月 ×日，聘任期间享受集团高级工程师全额工资待遇。

××家电集团(章)
×年×月×日

【点评】这则聘书正中“聘书”字样为标题，正文是聘书的核心内容，交代受聘者担任的职务，其次写明了聘任期限，最后写上聘任待遇，落款署上发文单位名称及加盖公章，落款日期。该例文短小精悍，语言简洁明了、准确流畅，同时体现出发文者郑重严肃、谦虚诚恳的态度。

知识归纳

(一) 聘书概述

1. 概念

聘书是聘请书的简称。它是用于聘请某些有专业特长或名望权威的人完成某项任务或担任某种职务时的书信文体书。

2. 适用范围

学校、工矿企业等在需要某方面有特长或有专业技能的人才时，发出聘

书。这种情况下，往往是用人单位承担了某项工作，靠自己本单位或现有的人才资源无法顺利完成任务；或者由于企业的发展，事业的扩大，需重新聘用一些有专长、在工作中起重大作用的人。总之，这是一种对专业人才所发的聘书。

社会团体或某些重要的活动为了提高自身的知名度、扩大影响力，常常聘请一些有名望的人加盟或参与，以期更好地开展活动。如聘请名人作顾问或指导，作为某项比赛的评委等，均属于这种情况。

3. 作用

聘书是加强协作的纽带，可以增强应聘者的责任感、荣誉感并促进人才交流，表示聘受双方郑重其事、信任和守约。

(二) 聘书的格式

聘书一般按照书信格式印制好，中心内容由发文者填写即可。完整的聘书的格式一般由以下几部分构成。

1. 标题

聘书往往在正中写上“聘书”或“聘请书”字样，有的聘书也可以不写标题。已印制好的聘书标题常由烫金或大写的“聘书”或“聘请书”字样组成。

2. 称谓

聘请书上被聘者的姓名称呼可以在开头顶格写，然后再加冒号；也可以在正文中写明受聘人的姓名称呼。常见的印制好的聘书则大都在第一行空两格写“兹聘请××……”。

3. 正文

聘书的正文一般要求包括以下一些内容：

首先，交代聘请的原因和请去所做的工作，或所要去担任的职务。

其次，写明聘任期限。如“聘期两年”、“聘期自20××年2月20日至20××年2月20日”。

再次，聘任待遇。聘任待遇可直接写在聘书之上，也可另附详尽的聘约或公函写明具体的待遇，这要视情况而定。

另外，正文还要写上对被聘者的希望。这一点一般可以写在聘书上，但也可以不写，而通过其他的途径使受聘人切实明白自己的职责。

4. 结尾

聘书的结尾一般写上表示敬意和祝颂的结束用语。如“此致——敬礼”、“此聘”等。

5. 落款

落款要署上发文单位名称或单位领导的姓名、职务，并署上发文日期，同时要加盖公章。

病例评析

聘　书

兹聘请陈××先生任洪州卫生制品厂办公室秘书，月薪2500元。

××地区洪州卫生制品厂
2010年××月××日

【评析】该聘书存在的问题是：聘书正文应清楚聘任的职位、待遇及期限等，但本聘书缺失聘任期限。

实训活动

上海××大学城市文化研究所拟聘请王××(研究员)为该所特约研究员，从事相关课题研究，请你代为拟写一份聘书。

趣味阅读

古代婚俗中“三书六礼”与“聘书”

聘书：订亲之书，男女双方正式缔结婚约。纳吉(过文定)时用。

礼书：过礼之书，即礼物清单，详尽列明礼物种类及数量。纳征(过大礼)时用。

迎亲书：迎娶新娘之书。结婚当日(亲迎)接新娘过门时用。

纳采：古时婚礼之首，属意女方时，延请媒人作媒，谓之纳采，今称“提亲”。

问名：男方探问女方之姓名及生日时辰，以卜吉兆，谓之问名，今称“合八字”。

纳吉：问名若属吉兆，遣媒人致赠薄礼，谓之纳吉，今称“过文定”或“小定”。

纳征：奉送礼金、礼饼、礼物及祭品等，即正式送聘礼，谓纳征，今称“过大礼”。

请期：由男家请算命先生择日，谓之请期，又称“乞日”、今称“择日”。

亲迎：新郎乘礼车，赴女家迎接新娘，谓之亲迎。

第四节 欢迎词 欢送词 答谢词(自学)

一、欢迎词

例文·点评

欢 迎 词

尊敬的各位来宾、女士们、先生们:

晚上好!

首先,让我代表今天出现晚会的各界人士,向来自远方的美国朋友——比尔先生表示热烈的欢迎。

比尔先生是中国人民的老朋友了,多年来,一直致力于中美两国之间的理解和友谊,为了中国信息产业的发展,不辞辛苦,多次访问中国,并与中国的IT产业建立了良好的关系。

我们深信,比尔先生的这次来华,必将进一步促进中国信息产业的发展。我们衷心希望我们之间的友谊在未来的岁月中继续下去。

最后,预祝比尔先生的此次访华取得圆满成功。

谢谢各位!

【点评】这篇欢迎词简短但充满了热情。在正文的开头先向来宾表示欢迎之情,之后简单地回顾了双方交往的历史,然后真诚地提出期待,最后表达良好的祝愿。该例文格式规范,内容完整,篇幅短小,言简意赅。

知识归纳

(一) 欢迎词概述

1. 概念

欢迎词,是发言者在欢迎仪式上或宴会上向来宾发表的表示欢迎的演讲稿。它包括欢迎对象、欢迎事由、欢迎单位等内容。

2. 特点

欢迎词具有短小精练、亲切平易、轻松活泼的特点。

（二）结构和写法

1. 标题

可由致词人＋致词场合＋文种构成，如《××在××会上的欢迎词》、《在××招待会上的讲话》；也可由单独文种命名，如《欢迎词》。

2. 称谓

欢迎词的称谓要有敬辞并写全称，如“尊敬的××先生”。如果来宾来自不同的方面，称谓则要照顾周全。这样会使所有来宾都感受到欢迎仪式的庄重、亲切和热烈。

3. 正文

欢迎辞的写法因具体场合而不同，但总体来说由开头、主体和结尾几部分构成。

(1) 开头，包括“欢迎”和“问候”。一般先概括说明来宾或来访的背景，以及欢迎的意愿。

(2) 主体，包括“回顾”和“介绍”。一般要阐述和回顾宾主双方在共同的领域所持的共同立场、观点、目标、原则等，较具体地介绍来宾在各方面的成就或在某方面做出的突出贡献，同时要指出来宾此次到访对增加宾主友谊及合作交流所具有的现实意义和历史意义。

(3) 结尾，包括“展望”和“期待”。通常在结尾处再次向来宾表示欢迎，并表达对今后合作的良好祝愿。如“衷心希望我们之间的友谊（合作）在未来的岁月中继续下去”。

4. 祝语

表达良好的祝愿，如“祝各位精神愉快、身体健康”、“为我们友好合作干杯!”，等等。

5. 落款

要署上致词单位名称，致词者身份、姓名，并署上成文日期。此部分也可省略。

病例评析

欢　迎　词

在牛年即将过去，虎年就要到来之际，全国普通高考招生改革研讨会在我市隆重举行。我向大家表示热烈的欢迎。

各位领导，各位同志：这次全国普通高考招生改革研讨会在我市召开，

是对我市教育和改革发展的一个很大的鞭策。我们要借这次会议的东风，认真学习兄弟单位的先进经验。我们也热忱地希望各位领导和同志们，对我市教育工作多加指导和帮助。

最后，预祝会议圆满成功。

【评析】这篇欢迎词语言简明扼要，但在表述上还存在许多不足：一是没有称呼，应在开头加敬称"尊敬的教育部领导，各与会代表"；二是发言者代表什么人，向哪些来宾表示欢迎没有说明，应改为"我谨代表中共××市委和××人民政府，向教育部领导和与会代表表示热烈的欢迎。"三是在措辞上较随意，不够庄重、热诚。四是内容不完整，正文中没有介绍该市的高考招生改革情况，应有一个简单的介绍，突出该次会议的主题。

实训活动

将"病例评析"中的欢迎词再仔细看一遍，结合"评析"内容，自己把它修改完整。

趣味阅读

三峡户外旅游欢迎词

当你乘着因特快车不期而至时，热情好客、手忙脚乱的巫山妹子将献上一段三峡情，走出夔门迎贵宾；扯一片巫山云，素手为君泡香茗；送一缕西陵风，神游三峡话巴东；剪一截长江水，唱首山歌来助兴：

"远方的大姐哟，同志哥哟喂，过三峡你该下船歇歇脚，哟歇歇哟脚……"

请你接受巫山妹子的祝福，好人一生平安！！

欢迎常来看看，不要让寂寞的神女再等上一千年！三峡民俗旅游网欢迎你的到来！

二、欢送词

例文·点评

欢　送　词

皮特先生：

当您即将启程回国的前夕，我代表××公司全体工作人员，向您表示热烈的欢送。

一年来，您与我们朝夕相处，在技术指导方面给予我们很大的帮助，使我们的产品质量有了很大的提高。我代表全体人员，向您表示诚挚的感谢！

在向皮特先生告别之时，借此机会，我请您转达我们对您一家的问候与敬意，并请他们在适当的时候来××参观、游览。

祝皮特先生回国途中，一路平安，身体健康！

【点评】这篇欢送词内容简短，格式规范，语言流畅，表达了惜别的感情。这是一篇极为规范的欢送词。

知识归纳

(一) 欢送词概述

1. 概念

欢送词，是在送别来宾的仪式上或在会议结束时，主人对客人或会议代表的离去表示欢送的讲话文稿。

2. 特点

欢送词具有惜别性、口语性和简短性的特点。

(二) 欢送词的结构和写法

欢送词一般包括标题、称谓和正文3个部分。

1. 标题

(1) 全项式标题。由“致辞人＋事由＋文种”构成，如《×××在新兵入伍仪式上的欢送词》。

(2) 省略式标题。由“事由＋文种”构成，如《在新兵入伍仪式上的欢送词》。

(3) 单项式标题。只写文种，如《欢送词》。

2. 称谓

写对欢送对象的称呼。国内一般用“朋友们”、“代表们”、“各位来宾”，国外一般用“女士们”、“先生们”，有时前面还要加“尊敬的”、“敬爱的”等敬称。称谓注意要把所有来宾都包括进去。

3. 正文

(1) 开头。交代致辞人以什么身份、代表谁向来宾表示欢送，同时表达依依惜别之情。

(2) 主体。叙述在来宾访问或召开会议期间双方之间的友谊、友好关系的新进展，并且满怀信心地预见今后的发展，表示真诚合作的态度等。

(3) 结尾。对来宾表示惜别之情，发出再次来访的邀请，并祝愿来宾一路平安。

病例评析

欢　送　词

首先，我代表×××，对你们访问的圆满成功表示热烈的祝贺！

明天，你们就要离开××了，在即将分别的时刻，我们的心情依依不舍。大家相处的时间是短暂的，但我们之间的友好情谊是长久的。我国有句古语“来日方长，后会有期”，我们欢迎各位女士、先生在方便的时候再次来××做客，相信我们的友好合作会日益加强。

【评析】这则欢送词主题明确，语言简练，行文紧紧抓住一个“送”字，表情达意，使人感受到了依依惜别的真情实意。但本则欢送词开头缺少称呼，应加“尊敬的女士们、先生们：”；结尾缺少祝语，可加“祝大家一路顺风，万事如意！”等。

实训活动

将上述病例修改为一篇完整的欢送词。

三、答谢词

例文·点评

* 例文一

答　谢　词

佩里先生：

女士们，先生们：

我们对美国的访问即将结束，并将很快返回中国，在临别前夕，我仅代表我的同事并以我个人的名义，对您在我们访问期间给予的热情款待表示感谢!

在美国,我们访问了微软、康柏等世界一流的计算机公司,我相信我们这次访问将有利于加强我们在信息产业领域的合作。

我和我的同事盼望在不久的将来能有幸在中国欢迎您,从而使我们之间的关系继续向前推进。

最后,祝佩里先生和美国朋友们身体健康!

祝我们的友谊万岁!

【点评】这则范文是来访者对主人的热情款待表示衷心感谢的答谢词。从称谓上看,致辞人突出了答谢的主要对象;从内容上看,主体部分具体而概括,感情深沉而真挚;从表达上看,语言精练、明快,语气热情、友好,篇幅简短适当。总之,这是一份值得模拟学习的范文。

知识归纳

(一) 答谢词概述

答谢词,是指在特定的公关礼仪场合,主人致欢迎词或欢送词后,客人所发表的对主人的热情接待和多方关照表示谢意的讲话。答谢词也指客人在举行必要的答谢活动中所发表的感谢主人的盛情款待的讲话。

由于答谢词是在主人致词后的应答,其内容和格调要与欢迎词相照应。

(二) 结构和写法

答谢词一般包括标题、称谓和正文3个部分。

1. 标题

(1) 全项式标题。由“致辞人+事由+文种”构成,如《×××在××研讨会上的答谢词》。

(2) 省略式标题。由“事由+文种”构成。如《在××研讨会上的答谢词》。

(3) 文种式标题。只写文种,《答谢词》。

2. 称谓

与欢迎词、欢送词的称谓类似。

3. 正文

(1) 开头。表示对对方的感谢,同时倾吐自己的心声。

(2) 主体。叙述双方之间的交往和友谊,主要强调对方所给予的支持和帮助,并且表明自己对巩固和发展友谊的打算和愿望等。

(3) 结尾。再次表示感谢，并且表示良好的祝愿。

病例评析

新郎致答谢词

各位亲朋好友、各位领导、各位女士、各位先生：

人生能有几次最难忘、最幸福的时刻？今天我才真正从内心里感到无比激动，无比幸福，更无比难忘！今天我和心上人×××小姐结婚，有我们的父母、长辈、亲戚、知心朋友和领导在百忙当中远道而来参加我俩婚礼庆典，给今天的婚礼带来了欢乐，带来了喜悦，带来了真诚的祝福。

请相信我，我会永远深深爱着我的妻子，并通过我们勤劳智慧的双手，一定会创造美满的幸福家庭。

最后，请大家与我们一起分享这个幸福快乐的夜晚。

【评析】这是一篇婚宴答谢词言简意赅，诚挚热情。应在第二段加上答谢语“借此机会，让我俩再一次真诚地感谢父母把我们养育成人，感谢领导的关心，感谢朋友们的祝福。”最后应加上祝语“祝大家万事如意、心想事成！”。

实训活动

将上述婚宴答谢词修改完整规范。

知识岛

礼仪文书的行文要求

礼仪文书因目的、用途不同，行文中有特定要求，要注意做好以下几点：

一、礼仪文书发送对象不同，说话的语气也应有区别

对上级、长辈要尊重、严谨；对平级、平辈要诚恳、谦和；对下级、晚辈要和气、亲切。总之，用词不能混淆，要掌握分寸。如在称谓方面，对自己的亲属及老师不宜使用职务、职业称谓或一般尊称，如称舅父为“××主任”，称表姐为“××女士”，称老师“××同志”，给人感情疏远的感觉，也容易引起对方的不快。对同事或一般社交关系的人，才用职务、职业称谓或一般尊称。相反，如用昵称或戏称，就可能引起对方反感。

二、语言准确、得体

礼仪文书篇幅简短，语言要准确、简明，尤其像请柬、贺电、鸣谢启事、自荐书等，更要求措词准确，言简意明。除此以外，还要求语言得体，使人愿意听，乐于接受。欢迎词、欢送词、答谢词、贺信等，尤其要求语言要恰到好处，有较强的分寸感。

三、感情真挚

礼仪文书的对象是“人”。而“人”的交往，没有感情是不成功的。欢迎词、欢送词、答谢词、贺词以及慰问信、慰问电等，要求深怀感情，以情动人，让人体会到致词人的真情实意，才能收到较好的效果，如果态度冷漠、平淡，甚至像写命令、指示、决定、通知那样写礼仪文书，就会事与愿违。至于“悼词”、“碑文”等文书，就更要求语言具有浓郁的感情色彩了。

四、使用有生命力的习惯语体

礼仪文书中有些词语已经淘汰，如对长辈用的“尊前”、“尊右”，对老师用“函文”、“坛席”，对平辈用“台启”、“台右”等，现在除某些特殊场合外，这些词语一般不用了。但是，另外一些词语还有生命力，如称男士为“阁下”、“先生”；称女性为“女士”、“小姐”、“夫人”等。一些祝颂语，如“祝——俪安”（对夫妇俩），“此颂——教祺”（对教师），“敬祝——春僖”（春节），“并祝——暑安”等。这些词语，在礼仪文书中还常常用到。

五、及时、迅速

绝大多数的礼仪文书，都要求写作及时、迅速，如果误了时限，辛辛苦苦写出来的东西，就会变成一张废纸。如婚贺、祝寿、欢送、讣告等文书，过了时，作用不但会大打折扣，有时还会成为笑话。

第五节 贺电 贺词（自学）

一、贺电

例文·点评

国务院给中国女排的贺电

中国女子排球队：

你们在第九届世界女子排球锦标赛中夺得了冠军，为祖国、为人民争得

了荣誉，谨向你们表示热烈的祝贺！

去年你们夺得世界杯冠军：鼓舞了全国人民奋发图强、振兴中华的爱国热忱。这次比赛，你们在党的十二大精神鼓舞下，表现了遇强不惧、百折不挠、团结一致、顽强拼搏的精神，对全国人民又是一个很大的鼓舞。希望全国人民向你们学习，都能以这种精神来为全面开创社会主义现代化建设新局面而努力奋斗。

中华人民共和国国务院
××××年×月×日

【点评】本文是在中国女排获得第九届世界女子排球锦标赛冠军后，国务院拍发的贺电，它表示了中央对中国女排取得世界冠军这一辉煌成绩的无比欣慰和热烈祝贺，对中国女排之顽强拼搏精神给予充分肯定和高度评价，并表达了全国人民应学习和发扬女排精神这一热切期望。

知识归纳

(一) 贺电概述

1. 概念

贺电是致贺的电报，是表示祝贺、赞颂的专用电报。

2. 特点

语言明快流畅，感情热烈真挚；与贺信相比，篇幅更为短小，文字更为精练，传递更为快捷、更具时效、更具力度。

(二) 结构和写法

贺电的结构一般由标题、称谓、正文、结尾和落款组成。

1. 标题

正中写“贺电”两个字或“×××致×××贺电”。

2. 称谓

写明收电单位或个人的称呼。如果收电者是个人，应在姓名之后加“先生”、“同志”或职务等相应的称呼。顶格，称呼后加冒号。

3. 正文

直接叙述祝贺内容、成就、意义。

4. 结尾

一般用表示热烈的祝贺和希望的祝语作结。

5. 落款

发电单位或个人姓名，写在右下方；署名下边写年、月、日。

病例评析

××市委、市政府对某校的贺电

××大学：

欣悉贵校举办第十一届“挑战杯”大学生科技节，我谨代表××市委、××市政府并以我个人的名义，向科技节表示诚挚的祝贺！

多年来，××大学是世界一流大学，坚持党的教育方针，大力推进教育改革，发挥自身优势，教、科、研并举，培养输送了无数符合现代化建设要求的合格人才，为全省特别是××市的经济社会发展做出了重要的贡献，赢得了社会各界的广泛赞誉。

世纪之交，继往开来。当今世界竞争日趋激烈。科技和人才的竞争已成为经济腾飞的关键因素。大学是培养和造就高素质、创造性人才的摇篮。举办大学生科技节活动，对于引导大学生树立崇尚科学、锐意创新的精神，促进教科研结合具有积极的推动作用。相信贵校一定能够在跨世纪发展的历史进程中，坚持教育改革发展的正确方向，继续发挥科技兴豫、科技兴郑的生力军作用，不断开创人才培养、知识创新的新局面，为我省、我市改革开放和现代化建设提供更多的人才支持和知识贡献。

中共××省委常委、××市委书记×××
二○××年九月十日

【评析】本贺电语言精当，但在表述上还有不足。如“第十一届”“二○××年九月十日”等数字用阿拉伯数字。贺电在用语上还要细细斟酌，贺颂要恰如其分，如“××大学是世界一流大学”有夸大之嫌。最后应加“预祝科技节圆满成功！”等祝语。

实训活动

网上寻找一篇贺电，对照所学知识内容，分析贺电的每个组成部分，并模仿写作。

二、贺词

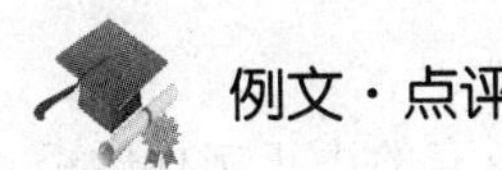

例文·点评

贺　词

××纺织厂：

首先，请允许我代表××进出口公司全体员工，并以我个人的名义，向贵厂成立10周年表示热烈的祝贺！

贵厂技术力量雄厚，已建成年产×万米的×××生产线，现生产30个品种的适销对路产品，××年被晋升为国家二级企业。贵厂成绩卓越，经济效益迅速提高，与建厂初期相比，××年工业总产值增长3倍，销售收入增长4.2倍；××牌砂洗真丝获××年全国消费者信得过产品金奖，×牌麦尔登呢获××年国家银质奖，××牌精纺华达呢获××年国家金质奖。贵厂建厂10年，取得了巨大的成就，为繁荣我国经济作出了贡献，可喜可贺。

最后祝愿贵厂更加兴旺发达！

××进出口公司总经理××
率全体员工同贺
×××年×月×日

【点评】本贺词正文首段为第一层，表达了作者向对方致以热烈的祝贺，开门见山，行文简洁；第二段为第二层，行文中用精确的数据进行对比，突出对方建厂十年来所取得的成绩，文风朴实，又以“可喜可贺”将其致贺的诚挚表达得十分精当；贺词最后致以良好祝愿，朴实感人。

知识归纳

(一) 贺词概述

1. 概念

在现代化建设中，某一单位、团体，要举行重大的会议，发请柬邀请兄弟单位前来参加会议。应邀单位派出的代表，在这喜庆的重大的会议上所说的表示祝贺的话，就称为贺词。

2. 特点

贺词具有直陈性和鼓舞性两个特点。

（二）贺词的结构和写法

贺词一般包括标题、署名、称呼、正文和落款等。

1. 标题

在正中写上“贺词”或“×××致×××贺词”。也有的由正副标题组成，正标题是揭示主题内容，副标题说明在某场合的贺词，这种形式较少使用。

2. 署名

在标题下署上致贺词者的单位名称、职务和姓名，或将致贺单位名称列在祝语之后，也可在落款处署名。

3. 称呼

一般写“各位代表、各位同志：”，有的写“同志们：”，也有的只写“各位代表：”，这是祝贺人对到会者的称呼。

4. 正文

这是贺词的主要部分。一般在1000字以内把话写完，表示几层意思，每层意思为一个段落。

第一层，写在什么形势下，什么会议胜利召开了，致贺词者代表什么单位向大会表示热烈祝贺。

第二层，结合当时与会议有关的政治、经济形势，概括地分析会议召开的重大意义。

第三层，联系本系统的实际需要，对会议提出殷切的希望。

第四层，预祝大会圆满成功，祝代表身体健康，祝愿贵厂更加兴旺发达等等。

5. 落款

在正文右下方写上成文日期。若题注中没有署名，还应署上致词者姓名。

病例评析

在创新电脑公司开业庆典上的贺词

改革开放带来累累硕果，十五大春风又吹开朵朵新花。在这万象更新的金秋季节，××创新电脑公司隆重开业了。在此，我代表各位来宾和广大用户，向你们表示衷心祝贺。

你们公司的名字是“创新”，今天我的贺词也要来一个创新。在这里，我

不想谈“门盈喜气，店满春风”的老话，也不想说“生意兴隆通四海，财源茂盛达三江”的俗愿，我只想从“创新”的“新”字谈起，那就是——新事、新风、新辉煌。

众所周知，科学技术是第一生产力，正当电脑这一崭新的生产力以惊人的速度进入人类一切领域的时候，你们站在时代的前列，以股份制的新形式成立了公司，并打出了“为时代文明铺路，让电脑走进千家万户”的旗帜，正所谓“胸怀四化业，志在绘宏图”。你们公司开业可喜可贺，而你们所从事的新事业更可喜可贺。

自古以来，没有哪个商家不贪利，没有哪个商家不爱财。不过我在这里奉劝商家不要唯利是图，多给顾客让利。

创新，创新，只有创新才会出新；创新，创新，只有开拓才能前进。如今，党的政策已经为你们铺平了道路，朋友们，扬鞭起程吧，此时风光正好，天下太阳正红。

各位来宾，让我们举杯祝愿，祝创新公司的事业蓬勃发展，一步一层天！

【评析】这篇贺词首先向对象致意，祝贺对象并展望未来美好的前景。本文的语言热情洋溢，充满喜庆，满怀诚意地表达自己的良好祝愿。存在的问题是：首先，在标题下没有称呼，从格式上来说不完整；其次，措辞不当，不应使用辩论、谴责批评等词句和语气，如“不过我在这里奉劝商家不要唯利是图，多给顾客让利”很显然不合时宜。

第六节　开幕词　闭幕词（自学）

一、开幕词

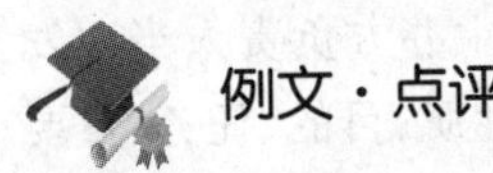

中国共产党第十二次代表大会开幕辞

（一九八二年九月一日）

邓小平

同志们：

中国共产党第十二次代表大会现在开幕。

我们这次代表大会的主要议程有三项:(一)审议第十一届中央委员会的报告,确定党为全面开创社会主义现代化建设新局面而奋斗的纲领;(二)审议和通过新的《中国共产党章程》;(三)按照新的党章的规定选举新的中央委员会、中央顾问委员会和中央纪律检查委员会。

完成这次代表大会的任务,我们党对于社会主义现代化建设的指导思想就会更加明确,党的建设就能够更加适合新的历史时期的需要,党的最高领导层就能够实现新老合作和交替,成为更加朝气蓬勃的战斗指挥部。

回顾党的历史,这次代表大会将是党的第七次全国代表大会以来的一次最重要的会议。

…………

我们一定要兢兢业业地做好自己的工作,加强同全国各族人民的团结,加强同全世界人民的团结,为把我国建设成为现代化的,高度文明、高度民主的社会主义国家,为反对霸权主义,维护世界和平,推进人类进步事业,而努力奋斗。

【点评】上面是邓小平同志在中共十二大上的开幕词,整篇行文简洁有力。一开始就宣布会议开幕,然后用简洁明了的文字指出会议议程,毫不含糊,使与会者明白,会议就照此进行。后面又从党的历史发展角度说明了该次会议的意义、目的,使与会者明了该次会议的重要,以引起高度重视。实际上这是对与会者提出了期望和要求。

知识归纳

(一) 开幕词概述

1. 概念

开幕词是重要会议、重大庆典或有关文体、公益、商业等各类大型社会活动召开时由有关党政部门首脑(代表)、社会名流或主办方负责人当即发表的“致辞”。其中心内容是有关会议或活动的背景、性质、目的、任务、重要意义以及必要的会议议程安排说明等。故开幕词被视为会议或活动的序曲。

2. 特点

开幕词具有宣告性和指导性的特点。

3. 作用

开幕词是“开场白”,在会议或活动进程中居首要位置,它对会议或活动

背景、性质和具体安排的介绍让与会者对会议或活动有了感性认识。

（二）结构和写法

开幕词一般由标题、署名、日期、称呼语、正文等几部分组成。

1. 标题

开幕词的标题有几种形式：会议名称＋文种，如《中国共产党第十五次全国代表大会开幕词》；致词人＋会议名称＋文种，如《××同志在××大会上的开幕词》；由正副标题构成，如《我们的文学应该站在世界的前列——中国作家协会第四次代表大会开幕词》（巴金）。也有的只写文种"开幕词"。

2. 署名

署上致开幕词的领导人的姓名，放在标题下面居中位置。

3. 日期

在标题下面的正中位置，加括号。

4. 称呼语

根据会议性质的不同，采用不同称呼语。常见的有"同志们""各位代表""各位嘉宾""女士们、先生们"等。称呼语后要加冒号。

5. 正文

开幕词的正文一般包括以下内容：

(1) 宣布大会的开幕，交代会议的名称和内容，介绍出席会议的有关单位和领导人员等。

(2) 指出召开会议的背景和意义。

(3) 说明会议的中心任务、主要议题、会议的目的以及会议的议程安排。

(4) 向与会者提出希望和要求。

(5) 表达对会议的期望和良好祝愿。

病例评析

团代会开幕词

尊敬的各位领导、各位代表、同志们：

大家好！

在全县上下高举邓小平理论和"三个代表"重要思想伟大旗帜，深入贯彻落实党的十六大和十六届三中、四中全会以及县委十四届四次全会精神，紧紧围绕"工业强县、旅游兴县、文化名县、生态立县"的发展思路，满怀豪情地投身到全面建设小康社会伟大实践的重要时刻，全县团员青年热切期盼的共青团××县第二十次代表大会，今天隆重开幕了！

这次大会得到了县委、团市委的高度重视和亲切关怀。今天，县委、县人大、县政府、县政协和团市委领导以及有关方面的负责同志亲临大会，充分体现了党和政府及社会各界对青年一代的亲切关怀和对共青团工作的高度重视。在此，请允许我以大会的名义，向长期以来重视和关心共青团工作的各位领导，向关心和支持共青团工作的各界人士表示衷心的感谢！向在全县各条战线奋勇拼搏、无私奉献的广大团员青年、各级团干部和青少年工作者表示亲切的问候！这次大会对于全县各级团组织高举邓小平理论和“三个代表”重要思想伟大旗帜，全面贯彻党的十六届三中、四中全会及县委十四届四中全会精神，与时俱进、求真务实、开拓进取，团结带领团员青年为全面建设小康社会，推动我县县域经济发展和构建“和谐××”宏伟目标而努力奋斗，具有深远的历史意义。

出席本次大会的代表共161名。他们来自全县各条战线，有在ii县域经济社会发展中做出突出贡献的先进青年代表，有在共青团岗位上辛勤工作、取得优异成绩的团干部和团员代表，有刻苦学习、勇攀高峰的青年知识分子和学生代表，有维护社会稳定的公安干警代表，有优秀的少先队工作者代表。本次团代会代表都是在广泛征求团内外意见，经过严格的民主程序选举产生的，具有广泛的先进性和代表性。

各位代表、同志们，全面建设小康社会、构建“和谐××”的宏伟目标，为我们绘出了新时期的宏伟蓝图，呼唤着全县各级共青团组织和广大团员青年勇于创新、不懈奋斗。我们要以这次大会为新的起点，在县委和团市委的正确领导下，与时俱进，求真务实，开拓创新，团结带领广大团员青年在我县改革开放和现代化建设的伟大实践中创造出辉煌的青春业绩。

谢谢大家。

【点评】本开幕词是团代会开幕词，首先指出了召开会议的背景和意义，但没有说明会议的中心任务、主要议题。其次应在倒数第二段后面加上向与会者提出的希望和要求。再次应用祝颂语结束全文，如“最后，预祝大会圆满成功!”。最后还要署上发言人姓名及发言日期。

实训活动

寻找两份开幕词，对照所学内容，琢磨其各组成部分，并模拟相关场景进行模仿写作。

二、闭幕词

例文·点评

＊ 例文一

××县第25届中小学生田径运动会闭幕词

各位裁判员、教练员、运动员，各位来宾，老师们，同学们：

××县第25届中小学生田径运动会经过3天紧张激烈的角逐，马上就要胜利闭幕了。借此机会，我谨代表大会组委会及县教育局党委、行政，对本届运动会的圆满成功和运动员取得的优异成绩表示热烈的祝贺！对为运动会辛勤劳动的裁判员、教练员、运动员及全体工作人员表示崇高的敬意！对出席运动会的各位来宾表示诚挚的谢意！

在县委、县政府的重视和关心下，在组委会的精心组织下，在全体裁判员、教练员、运动员和全体工作人员的共同努力下，在××大学的大力支持下，本届运动会开得很成功、很圆满。整个运动会准备充分，组织周密，纪律严明，秩序井然，主题鲜明，充分体现了“团结、拼搏、创新、图强”的主题，赛出了风格，赛出了友谊，赛出了水平。这是一次团结的盛会，友谊的盛会，创新的盛会。

运动会期间，裁判员坚持原则，公正裁判；工作人员恪尽职守，认真负责；教练员精心策划，科学指导；运动员顽强拼搏，奋勇争先，取得了辉煌的战果。在比赛中，有×××人次打破了××项市田径记录，有××人次达二级运动员标准。这些成绩的取得，是我县全面贯彻党的方针，落实《学校体育工作条例》，认真实施“科教兴县”战略的结果，是我县发扬优良传统，弘扬团结拼搏精神，加强社会主义精神文明建设的体现，是全体教练员、运动员辛勤汗水的结晶。这次运动会的圆满成功，为我县体育事业的发展谱写了新的篇章。

老师们，同学们，“雄关漫道真如铁，而今迈步从头越”，在今后的征途上，我们肩负的历史使命更光荣神圣，面临的任务更艰巨，让我们以这次运动会为新的起点，进一步发扬团结拼搏、奋力争先的精神，全面贯彻落实党的教育方针，培养更多德、智、体、美等方面全面发展的新型人才，昂首阔步迈向更加辉煌的明天！

最后，祝教练员、裁判员、运动员，回家一路顺风！

【点评】这是一则热情洋溢的闭幕词。文中总结了此次运动会上取得的成绩，并对此进行了高度的评价，最后对与会人员提出了要求。全文语言热情，内容简洁，既有高度的概括性，又富于感染力，是一篇值得学习的佳作。

知识归纳

（一）闭幕词概述

1. 概念

闭幕词对应于开幕词，是在重大会议或大型活动即将结束时，由主办方的领导人对会议或活动所作的评价和总结性讲话。它具有总结性、评估性和号召性的特点，是该次会议或活动圆满结束的标志。

2. 特点

闭幕词具有总结性和评价性的特点。

3. 作用

（1）宣布会议或活动闭幕，与开幕词首尾相照，显示出会议或活动组织的严密和有序性。

（2）对会议或活动进行评价和总结，使参与者更深刻地了解主题。

（3）提出今后的工作任务，激励参加者认真贯彻执行会议精神。

（4）表达主办方良好的祝愿与谢意，含欢送之意。

（二）闭幕词的结构和写法

闭幕词一般由标题、署名、日期、称呼语、正文几部分内容组成。

1. 标题

多数由会议名称＋文种构成，如《××大会闭幕词》；全项式标题则由致词人姓名、会议名称加文种构成，如《××同志在××大会上的闭幕词》。

2. 署名

闭幕词应署上致闭幕词的领导人的姓名，置于正文之下居中位置。也可省略。

3. 日期

写明致闭幕词的时间，放在标题之下居中位置。需要说明的是，日期有时放在署名之上，有时放在署名之下，两种都可以。

4. 称呼语

与开幕词的写法基本相同。

5. 正文

闭幕词的正文一般包括以下几个方面内容：

(1) 用简洁的语言说明大会在什么情况下圆满完成了各项预定任务。

(2) 要回顾会议议程进行的情况，对会议取得的成果、作用、意义等进行简要评价，对与会者的努力给予充分的肯定。

(3) 对会议通过的重要决议、完成的主要任务和会议的基本精神进行概括和总结。

(4) 向与会者提出贯彻落实会议精神、做好会后工作的要求和希望。

(5) 郑重宣布，大会胜利闭幕。

病例评析

职工代表大会闭幕词

各位代表、同志们：

××市儿童医院·妇幼保健院第七次职工代表大会经过全体代表的共同努力，已经顺利完成各项议程，今天就要闭幕了。

在这次代表大会上，代表们以高度的使命感和主人翁精神，认真审议并通过了×××院长所作的《医院工作报告》和《××××年医院工作计划》。代表们认为，×××院长所作的报告，客观全面地总结了××××年医院所取得的成绩，也实事求是地指出存在的问题。对××××年的工作计划，提出了五大工作任务，明确了医院效益再上新台阶的目标，适应形势，简明扼要，突出重点，富有远见和开始性，催人奋进。

本次大会收到并立案受理了16份代表提案，这些提案内容涉及医疗护理业务、医院管理、医院建设、生活福利、工会建设等范围。反映了职工代表关心科室、关心医院、关心职工的热情和责任感。各职能科室在收到这些提案后，都尽快地提出受理意见，这些提案的受理和实施将对我院今后的工作和业务建设起到积极的推动作用。各种提案的提出与实施再一次实践了我们职工参与医院的民主决策、民主管理和民主监督的权力。

经过大会主席团和全体代表的努力工作，本次大会充分酝酿和民主选举产生了新一届工会委员会和经费审查委员会，为我院工会工作的顺利开展提供了新的组织保证。借此机会，我提议让我们以热烈的掌声，对当选的新一届工会委员会的各位委员表示热烈的祝贺！对各位代表和为本次大会的胜利召开筹备而做了大量工作的同志表示衷心的谢意！尤其是对上届，以及历届工会委员会所付出的辛勤劳动表示崇高的敬意和诚挚的感谢！

各位代表，我们这次会议和前六次职代会一样，是一次民主团结、统一思想、继往开来的大会，希望各位代表会后要以这次大会为契机，认真学习贯彻中共十六大精神，弘扬抗非斗争中“万众一心、众志成城，万结互助、和衷共济，迎难而上、敢于胜利”的精神，团结全院职工，凝聚集体的力量，勇于面对新的挑战和竞争，脚踏实地地做好本职工作，为实现医院提出的××××年工作计划和目标而奋斗。

【评析】这是一篇职工代表大会闭幕词，结构清晰明了，内容具有总结性和评价性，语言通俗易懂。首先用简明的语言说明大会在什么情况下圆满完成了各项预定任务，并回顾了会议的基本情况以及会议取得的成果和作用；然后对会议进行概括和总结，并向与会者提出贯彻落实会议精神、做好会后工作的要求和希望。但是最后缺少郑重宣布，大会胜利闭幕，致使闭幕词在结构上不完整。应加上“现在我宣布：××市妇幼保健院·儿童医院第七次职工代表大会胜利闭幕”。

实训活动

模拟真实场景，模仿写作一篇闭幕词。

第七节　讣告　唁电(自学)

一、讣告

例文·点评

* **例文一**

鲁迅先生讣告

鲁迅(周树人)先生于1936年10月19日上午5时25分病卒于上海寓所，享年56岁。即日移置万国殡仪馆，由20日上午5时为各界瞻仰遗容的时间。依先生的遗言：“不得因为丧事收受任何人一文钱。”除祭奠和表示哀悼的挽词、花圈等以外，谢绝一切金钱上的赠送。谨此讣闻。

鲁迅先生治丧委员会

(因刊载于当日报纸，而未署名日期)

【点评】这属于一般式讣告。由标题、正文和落款组成。内容包括死者的姓名、死亡的原因、地点、时间和终年岁数，丧礼的地点、时间、方式以及死者的意愿、意向等。结构简单明了，语言准确、精炼、严肃、庄重。

* 例文二

公　告

中国共产党中央委员会、中华人民共和国全国人民代表大会常务委员会、中华人民共和国国务院以极其沉痛的心情宣告：我国爱国主义、民主主义、国际主义和共产主义的伟大战士，杰出的国际政治活动家、卓越的国家领导人、中华人民共和国名誉主席、中华人民共和国全国人民代表大会常务委员会副委员长宋庆龄同志因患慢性淋巴细胞白血病，于1981年5月29日20时18分在北京逝世，终年90岁。

宋庆龄同志的逝世，是我们国家和全国人民的巨大损失。决定为宋庆龄同志举行国葬，以表达我国各族人民的沉痛悼念。

宋庆龄同志治丧委员会已经成立。

我国爱国主义、民主主义、国际主义和共产主义的伟大战士，卓越的国家领导人宋庆龄同志永垂不朽！

一九八一年五月二十九日
载于1981年5月29日《人民日报》

【点评】本文属公告式讣告。它包括逝世公告、治丧委员会公告、治丧委员会名单等三部分。在《公告》中，主要说明宋庆龄同志的职务、逝世时间、原因、地点及终年岁数，并作简要的评价和表示哀悼。在《治丧委员会公告》中，主要说明丧事的具体安排和要求。《治丧委员会名单》主要是公布参加治丧委员会成员的姓名。

知识归纳

（一）讣告概述

1. 概念

讣，指报丧；讣告或讣文，就是指报丧的通报。讣告大多是机关、单位或亲属，把某人去世的消息告知于众(包括死者生前好友)的一种通告。

2. 种类

常见的有一般式讣告、公告式讣告和消息式讣告。

(二) 讣告的格式与写法

1. 标题

第一行居中，用较大黑体字写“讣告”。有的还写出发讣告的单位，如《中共中央、全国人大常委会、国务院、全国政协、中央军委讣告》，还有的写出逝者的姓名，如《鲁迅先生讣告》。

2. 正文

写明逝者的姓名、职务、职称、逝世的时间(年、月、日、时、分)、地点、逝世的原因及终年年龄。有的还概括介绍死者的主要经历及事迹，最后写明召开追悼会或举行遗体告别仪式的时间、地点。如果死者有丧事从简的遗言，也应写在讣告上，一方面体现出死者的思想境界，另一方面也是出于对死者意愿的尊重，告诉大家不再举行追悼会或遗体告别仪式。

3. 落款

写明发出讣告的单位及日期。

病例评析

讣　告

夫张××(原××市××厂党委书记，离休)于20××年4月18日上午因病逝世，终年74岁。在此沉痛告知社会各界。

张××遗体告别仪式定于4月24日在××殡仪馆举行，欢迎各位届时光临。

妻：王××率

子：××　媳：×××　孙；×××

女：××　婿：×××　外孙：×××　　泣告

【评析】这则讣告，在内容、语言、格式上都有错误，“夫张××(原××市××厂党委书记，离休)”应改为“张××先生(原××市××厂党委书记，离休)”。“于20××年4月18日上午因病逝世”改为“因患××，于20××年4月18日×时×分在××逝世，终年××岁。”“张××遗体告别仪式定于4月24日在××殡仪馆举行，欢迎各位届时光临”两句可改为“张××遗体告

别仪式定于4月24日××时××分在××殡仪馆举行，欢迎张××先生生前各位亲朋好友届时瞻仰遗容。”正文的末尾下一行左起两格应加上“特此讣告”或“谨此讣告”。落款可以是个人名称也可以是“张××先生治丧委员会”名称，并应写明发出讣告的具体时间。

实训活动

根据“评析”内容，将上述“病文”修改为正确的形式。

知识岛

讣告的含义和源流

讣告，有人也写作“讣文”，“讣闻”，它是去世者的子女、工作单位或专门成立的治丧委员会向去世者的亲友报丧时所用的一种应用文样式。重要讣告登报，一般讣告贴在去世者所在的单位大门口，有的印成单张，作为报丧的通知寄给有关同志。

“讣”原意为报丧，将人死了的消息报告给大家。古代新闻不发达，派人送去或靠张贴。最早讣告，现无法查实，但《左传·隐公七年》已有这方面的记载：“凡诸侯同盟，于是称名，故薨则赴其名。”（“赴”即“讣”，“急疾”之意）《礼记·杂记上》说：“诸侯，使臣临瑞圭于天子。”从中看到，古代报丧必须做一两点：①要拿“圭”作凭信，报丧时必须拿这东西；②要使用不同等级的报丧用语。如：

A. 诸侯死了，向国君报丧，要说：“君之臣×××死”。

B. 国君夫人死了，向国君报丧，要说：“寡小君不禄”。

C. 大夫死了，向同一国家内的大夫或士报丧：“×××不禄”。

D. 士死，向同国的大夫或士大夫或士报丧：“×××死”。

《礼记》所记载的讣告形式是周朝的，只用于上层社会，平民死了，不用讣告。发展到后来，平民死也用讣告。明代沈榜《宛署杂记》中记载当时丧礼时说就说：“初丧三日，出丧牌挂前门外，计死者之寿，岁一张，日挑战”。丧牌起“讣告”作用，流传至现在，一般百姓家里死了人就在门上贴上一张白纸，上写“恕报不周”四字，有的人同时摆上花圈，这便成为了简单的“讣告”。

二、唁电

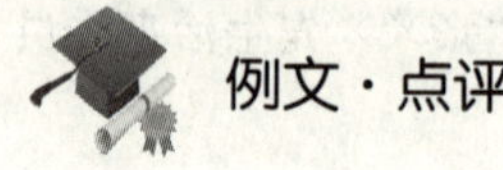

例文·点评

江泽民致张学良家属的唁电

张学良先生亲属：

惊悉张学良先生逝世，十分悲痛。我谨代表中国共产党和中国人民表示深切哀悼！

张学良先生是伟大的爱国者。六十五年前，在民族危亡的紧急关头，张学良将军和杨虎城将军以爱国的赤诚之心，秉持抗日救亡的民族大义，毅然发动西安事变，联共抗日，为结束十年内战、促成第二次国共合作、实行全民族抗战作出了历史性的贡献，堪称中华民族的千古功臣。此后，张学良先生的卓越功勋和爱国风范，彪炳青史，为世人景仰。中国共产党和中国人民永远怀念张学良先生。

张学良先生千古！

中国共产党中央委员会总书记
中华人民共和国主席　江泽民
二〇〇一年十月十五日

【点评】这是一则标准完整的唁电。全文分为标题、称呼语、正文、落款和日期。正文又分为3个部分，起始语、评价和结语。在起始语中表达了悲痛之情和安慰之意；评价中回顾了逝者生前最值得纪念的成就，并对之做出高度的历史评价；结语再次表达了对逝者的深切缅怀。唁电简短朴实，措词贴切，感情真挚，结构严谨。

知识归纳

（一）唁电概述

1. 概念

唁电是对在外地遭遇丧事者的亲属或组织表示慰问而发去的电报。

2. 特点

主要具有慰问性的特点。

(二) 唁电的结构和写法

唁电的结构一般以下内容：

1. 标题

首行居中写“唁电”或“致×××唁电”等，字体稍大。

2. 称呼

另起一行，顶格写接收唁电单位的名称或死者家属姓名、称谓，死者家属姓名后的称谓一般为“同志”、“先生”、“夫人”、“女士”等，后加冒号。

3. 正文

另起一行，空两格。直言得悉噩耗后的悲痛心情，简述死者生前的品德、功绩；表示发电人对死者的缅怀、思念，表达继续死者遗志的决心和行动；最后向死者的家属致以亲切的慰问。

4. 落款

注明发唁电的单位或个人姓名和日期。

病例评析

唁　电

广西××同志：

十多年前，××同志从北京大学考入中国新闻学院攻读新闻学第二学士学位，当时作为中国新闻学院的一名教师，我有幸和××同志共同度过了两年时光。××聪明能干、勤奋好学、热情助人，是老师们公认的好学生，是同学们公认的好学友。他是北京人，毕业时完全可以留京，可他主动要求去广西分社。到分社后，经常要求到艰苦的地方去采访，时刻对自己高标准、严要求。已经做了近十年记者的他，一次到总社时还对我说，他还差得很远，还要好好学习，还要严格要求自己。可是今天，他已离开了我们。

××同志的不幸，使我失去了一位好学生、好同志，对此我表示深切的哀悼。我希望××能替我向××同志送一个花篮，以寄托我的哀思，并请转达××同志的家人节哀保重。

××同志永垂不朽！

新华社××

××××年×月×日

【评析】唁电简短朴实，感情真挚，但在表述格式上还有不足。在称呼语上，唁电应直接发送给逝者的单位或亲属，而不应由别人代为转达。正文第一段应有起始语，如“惊悉××同志不幸因公殉职，我深感万分悲痛。”再次表达缅怀之情后不宜委托别人代为转达和代送花篮。最后对死者的功绩、情操要给予恰当的评价“××同志永垂不朽！”应改为“××同志永远活在我们心中！”。

个人唁电电文常用词语

(1) 顷接讣告，不胜伤悼。

(2) 闻悉令堂逝世，大出意外，望节哀释念。

(3) 尊翁逝世，深致哀悼，尚望节哀顺变。

(4) 良友之逝，伤感自多，尚望珍重。

(5) 惊悉尊夫人不幸逝世，不胜哀悼。

(6) 惊承讣告，悲悼不已，专电致唁，并慰哀衷。

(7) ××仙逝，实是哀份，有志者入泉，思之黯然。

(8) 接××长逝之耗，凡在相好，无不同深惋惜。

(9) 死者已矣，生者恳请多保重。

(10) 近闻××逝去，甚哀悼，足下通此大极伤感必甚，恳请宽避哀情，善自珍重。

阶段练习与自测

一、名词解释

1. 请柬　2. 名片　3. 慰问信　4. 邀请函
5. 聘书　6. 欢迎词　7. 欢送词　8. 答谢词
9. 开幕词　10. 闭幕词　11. 讣告　12. 唁电

二、选择题

1. 请柬表示对被邀请者的敬重，具有(　　)。
A. 公关性　B. 礼节性　C. 相关性　D. 严肃性

2. 欢送词的开头应(　　)。

A. 开门见山　　B. 含蓄　　C. 曲折　　D. 严谨

3. 即使被邀请者近在咫尺，也要郑重其事地发出请柬，以表示对被邀请者表示敬重，礼貌和热情，以及对有关活动的郑重态度，因此请柬具有特点(　　)。

A. 重要性　　B. 礼节性　　C. 繁琐性　　D. 夸张性

4. 主办隆重会议的单位邀请的人员或主要领导人在开会之初对与会者发表的讲话是(　　)。

A. 开幕词　　B. 欢迎词　　C. 解说词　　D. 计划

5. 慰问信的受文对象非常明确，他们是作出突出贡献的，或遭受重大损失的或节假日坚持工作的单位、集体或个人，因此慰问信具有(　　)。

A. 指向性　　B. 具体性　　C. 引导性　　D. 临时性

6. 开幕词确定会议的基调，要求与会者围绕开幕词所确定的中心议题开展活动，因此，开幕词具有(　　)特点。

A. 宣告性　　B. 强迫性　　C. 号召性　　D. 导向性

7. 一般情况下，欢迎词和欢送词都是一种礼节性的外交公关辞令，因此，写作时要求(　　)。

A. 短小精悍　　B. 长篇大论　　C. 条款明确　　D. 有理有据

8. 慰问信要向被慰问者表示无限亲切、关怀的真挚感情，使对方感到慰问者的深厚情感，从中得到抚慰，因此慰问信写作时要求(　　)。

A. 感情真挚　　B. 具有说服力　　C. 号召力强　　D. 论证充分

9. 慰问信是向慰问对象表示鼓励、慰劳和问候的书信，信中要表达亲切、热烈的关怀之情，因此慰问信具有(　　)。

A. 说服力　　B. 艺术性　　C. 针对性　　D. 情感性

10. 为欢送团体、个人而写作的书面文字或发表的口头讲话，称为(　　)。

A. 闭幕词　　B. 解说词　　C. 欢送词　　D. 意向书

11. 请柬的正文内容如时间、地点、活动的具体事项必须写清楚、完整，不可疏忽遗漏，因此，请柬写作时要求(　　)。

A. 语气谦恭　　B. 有说服力　　C. 事理结合　　D. 表达准确

12. 感谢信抒发感谢之情，具有鲜明而强烈的感情色彩，使知晓者能够受到感染和教育，因此，感谢信具有(　　)。

A. 说服性　　B. 艺术性　　C. 具体性　　D. 感情性

13. 欢迎词和欢送词的开头，在写作时应 (　　)。

A. 热情洋溢　　B. 具有吸引力　　C. 设置悬念　　D. 开门见山

14. 请柬的语言要热情、友好，讲究文明礼貌，但不可热情过分、带有媚态，而要求（　　）。

A. 表达准确　B. 事理结合　C. 语气谦恭　D. 有说服力

15. 对集体或个人的支持、帮助、关心表示感谢的一种专用书信是（　　）。

A. 申请书　B. 慰问信　C. 感谢信　D. 请柬

16. 为欢送团体、个人而写作的书面文字或发表的口头讲话，称为（　　）。

A. 闭幕词　B. 解说词　C. 欢送词　D. 意向书

17. 感谢信的对象确定，具有（　　）。

A. 个体性　B. 针对性　C. 抒情性　D. 全体性

18. 请柬作为公关礼仪的媒介，一般不保密，具有（　　）。

A. 普遍性　B. 公开性　C. 通用性　D. 传播性

19. 感谢信的称呼后面标点是（　　）。

A. 无　B. 逗号　C. 句号　D. 冒号

20. 请柬的语言要文明礼貌，语气（　　）。

A. 谦恭　B. 温婉　C. 肯定　D. 有力

21. 欢迎词和欢送词大多是在欢迎和欢送现场当面向来宾口头表达的，所以遣词造句具有（　　）的特点。

A. 振振有词　B. 多用口语　C. 号召力强　D. 说服力强

22. 一般都因慰问对象成绩卓著、贡献突出，或遭受挫折、损失，或节假日坚持工作等原因才写慰问信以示慰问，因此慰问信具有（　　）。

A. 说服力　B. 具体性　C. 艺术性　D. 尝试性

23. 慰问信的受文对象非常明确，因此慰问信的主要特点是（　　）。

A. 情感性　B. 礼节性　C. 指向性　D. 精美性

24. 开幕词行文要求（　　）。

A. 富有激情　B. 沉着　C. 控制感情　D. 婉转

25. 不管是欢迎词表达“有朋自远方来，不亦乐乎”的愉悦心情，还是欢送词表达亲朋远行的依依惜别之情，都具有的特点是（　　）。

A. 说服力强　B. 号召力强　C. 情理结合　D. 感情真挚

三、简答题

1. 感谢信的正文应怎么写？
2. 名片的必备部分有哪些？
3. 邀请函的特点有哪些？

4. 邀请函与请柬的区别在哪里?
5. 欢迎词的正文包括哪些内容?
6. 欢送词的正文包括哪些内容?
7. 开幕词的作用是什么?
8. 闭幕词的正文包括哪几部分?

四、指出下列文书的错误并改正

1.

请　柬

××公司:

我公司十分高兴地通知你们,我们十分乐意接受您与我合资经营丝绸服装厂的建议,我们相信会谈一定会获得成功。今特致柬,正式邀请您来我公司洽谈合资业务。

敬请

光临

××进出口公司

×年×月×日

2.

聘　书

为了提高数学质量,本校总部成立了刊授教学研究会。故聘请刘××老师为指导教师。

××刊授大学

×年×月×日

3.

欢　迎　词

尊敬的各位教师、各位同学们:

在此谨代表本宾馆的全体员工欢迎阁下同志们光临花园酒店。

花园酒店坐落在风景秀丽的东湖岸边,三面环水,环境幽雅。具有岛国风情,是××市委、市政府接待和开放的窗口。希望我们的服务能够让阁下有宾至如归的感觉,在此将宾馆内设备及服务向你们做一介绍。

我们将忠诚地为阁下服务效劳，并希望你们能够提出宝贵意见。

花园酒店
总经理谨致

4.

欢　送　词

尊敬的女士们、先生们：

首先，我代表×××，对你们访问的圆满成功表示热烈的祝贺。

明天，你们就要离开××了。大家相处的时间是短暂的，虽然也有过一些不愉快的事情发生，但我们之间的友好情谊是长久的。借此机会，我为我们工作中的不足之处表示歉意。我国有句古话："来日方长，后会有期。"我们欢迎各位女士、先生在方便的时候再次来××做客，相信我们的友好合作会日益加强。

祝大家一路顺风，万事如意！

答案

二、选择题

1. B	2. A	3. B	4. A	5. A
6. D	7. A	8. A	9. D	10. C
11. D	12. D	13. A	14. C	15. C
16. C	17. B	18. B	19. D	20. A
21. B	22. A	23. C	24. A	25. D

第九章　日常文书

日常文书与我们的工作、学习、生活有着密切的关系，并有其自身的特点、适用范围。这类文书应用广泛，虽有一定的格式，但并不十分严格，写起来比较灵活，自然创造性也极强。日常文书即广泛应用在人们日常生活中，用于交流思想、联络感情、增进友谊、传达信息等的应用文书。书信、启事、声明、海报、倡议书、申请书、求职信、毕业论文等都可纳入日常文书的范畴。它们有的专业性较强，但由于平常不经常使用，往往注意不够，所以在写作格式的规范上需格外注意，如求职信、毕业论文等。

通过本章的学习，拟达到的学习目标有：

◇ 掌握日常文书的概念、特点

◇ 掌握书信、求职信、毕业论文的特点及写法

◇ 了解启事、声明、海报、倡议书、申请书的特点及其格式

第一节　一般书信

例文·点评

＊ 例文一

陶行知写给母亲的信

母亲：

家中从前寄来的信，如今都收到了，并未遗失，只是来得慢些。

儿从母亲寿辰立志，决定要在这一年当中，于中国教育上做一件不可磨灭的事业，为吾母庆祝并慰父亲在天之灵。儿起初只想创办一个乡村幼稚园，现在越想越多，把中国全国乡村教育运动一齐都要立它一个基础。儿现在全副的心力都用在乡村教育上，要叫祖宗及母亲传给儿的精神都在这件事上放出伟大的光来。儿自立此志以后，一年之中务求不虚度一日；一日之中务求不虚度一时：要叫这一年的生活，完全的献给国家，作为我父母送给国家的寿面，使国家与我父母都是一样的长生不老。

实验乡村师范开办费要一万五千元，经常费要一万二千元，朋友们都已答应捐助，只要款项领到，就可开办。阴历原想回家过年，无奈一切筹备事宜必须儿亲自支配，不能抽身。倘使款项早日领到，或可来京两星期。如果到了腊月廿七还没有领得完全，那年内就不能来了。好在家中大小平安，儿亦平安康健，彼此都可放心。

昨日会见冬弟，知道金弟在西安尚好，可以告慰。冬弟亦较前强壮。

桃红小桃三桃蜜桃给我的拜年片子都是很有意思很有价值，儿已经好好的保存了。

敬祝健乐。

行知

一月廿日

引自《行知书信集》

【点评】陶行知(1891～1946)是我国现代著名教育家，一生致力于平民教育。这是他写给自己母亲的家信，其中充满了为理想而生的热情及对母亲的感恩眷恋。“一年之中务求不虚度一日，一日之中务求不虚度一时”的

话语淋漓尽致地展示了一个有追求和抱负的志士的人生观念。此句堪为人生座右铭。该文格式规范，语言诚挚。

* **例文二**

李敖家书

亲爱的小文：

你在美国看到了多少狗和猫？有一些很有意思的英文，都和狗、猫有关。

下大雨是 rain cats and dogs，正是中文"大雨倾盆"的意思。中文描写雨大，说一盆水翻下来；英文则是猫狗都下下来。夫妻两人整天吵架，英文是 He and his wife led a cat-and-dog life.（过猫狗一样的生活）。

每个人都有得意的日子，瓦片也有翻身时候，英文是 The cat will mew and dog will have his day.（猫会咪咪叫，狗有它的好日子），也可以说 Every dog has his day。

This is the dog that worried the cat that killed the rat that ate the malt that lay in the house that Jack built. 是一句好玩的英文，但翻成中文，却倒过来才行："杰克盖的房子里有麦芽，麦芽给耗子吃了，耗子给猫咬死了，猫又给狗叼住了，这就是叼住猫的那条狗。"

英文中对猫的亲热称呼是 puss、pussy、pussycat，小孩子玩的抢位子游戏叫 puss-in-the-corner。小猫是 kitten、kitty，小猫刚生下来，眼睛是闭着的，要八天到十天才睁开。sex-kitten 可译做"天生尤物"。

猫很灵巧，很多困难都可以闪过，所以有句话说"一条猫有九条命"（A cat has nine lives.），其实猫只能活十四年，最高活到三十年（狗只活十二、三年）。猫虽有九条命，但心也会死，何况人只有一条命，英文有一句 Care killed the cat. 就是"忧能伤身"的意思。还有一句 Curiosity killed a cat.（好奇会要了猫的命），是劝人不要太好打听。

猫碰到吃的，总是不可靠的，中文说"猫枕着大鱼头睡，不吃也要摸几下"；英文也有类似的话——Honest as a cat when the cream is out of reach. 也是描写一个人不可靠。

这张图是暹罗猫（Siamese cat），暹罗就是现在的泰国（Thailand），这种猫生下的时候是白的，一年以内才变颜色。

爸　爸

一九七三年一月二一四日

【点评】李敖是台湾著名作家、时事评论家，其文笔犀利、批判色彩浓厚，以《丑陋的中国的人》为代表性批判作品。但是这封写给远在美国的女儿的家书，却充满了趣味性和关爱之情。这封书信格式规范，寓教于乐。

知识归纳

（一）一般书信概述

1. 概念

书信是人们在学习、工作、生活以及社会交往中广泛使用的应用文书。它有具体的实用目的，明确而特定的使用和接受对象，以及固定或惯用的格式。

现在普遍使用的电子邮件，在内容与写法上与一般书信相同，只是更为便捷、高效。

2. 种类

书信按使用目的和范围分为一般书信和专用书信两种。一般书信是亲友、师长、同事之间为交流思想、联络感情等而写的，如私人信件。专用书信是在特定场合使用具有特定用途的，如公函、商函、感谢信等。

3. 特点

(1) 使用的普遍性。书信是人们日常生活中不可或缺的交际工具。

(2) 内容的广泛性。书信的内容无所不包，政治、经济、军事、文化，国际大事，天文地理、风土人情、学术讨论乃至点滴感受，都可作为写作对象。

（二）一般书信的格式

一般包括称呼、正文、署名和日期。

1. 称呼

顶格写在第一行，后加冒号。完整的称呼由三部分组成：修饰语、姓名、称呼，如“尊敬的刘×客户”。也可根据双方的亲疏关系选择不同的形式，一般而言，双方的关系越亲密，称呼的用字越少。

2. 正文

习惯上包括问候语、缘起语、主体文、结束语几部分。

问候语写在称呼下一行，用极简要的文字表示对对方的问候，如“你好”、“您好”等，一般自成一段，以示突出。

缘起语说明写信的原因或目的，不是非有不可，但可起到承上启下、顺理成章的作用。

主体文是主要内容，如是回信，一般先应答来信中提到的问题，或对方

托办事情的结果，再谈自己想说的事情。

结束语也称祝颂语，向收信人表示祝愿、希望或勉励。一般分两截写，前半截紧接正文之后或另起一行空两格写“敬祝”、“祝”等，后半截换行顶格写“健康”、“进步”等。

3. 署名和日期

写在信的右下方，如信纸的空白较多，以离开二三行为宜。

(三) 写信的注意事项

(1) 内容要直截了当，明白具体，字迹也要工整清楚。

(2) 语言要得体。

(四) 信封的格式和要求

1. 信封的写法

现在邮寄的标准信封都要横写，托人带或专送的可以竖写。一般都包括五部分内容：收信人邮政编码、收信人地址、收信人姓名和称呼、写信人地址、写信人邮编。如：

2002××　　　　　　　　　　　　　　　　　　（贴邮票处） 寄：上海市梅陇路××号××大学 242# 信箱 赵 × × 先生(收) 北京市万寿路××号 1000××

2. 信封的书写要求

(1) 要按照邮政部门的要求正确填写收信人和寄信人的邮编。

(2) 收信人地址要写全，包括省、市、区(县)、路(乡)、小区(村)、楼号(门牌号码)、室户号码。

(3) 收信人的称呼要写一般称呼，如“先生”、“同志”等，不能写亲属称谓，如“母亲大人”或“伯伯”等，因为信封是写给邮递员看的，用亲属称谓不妥。

(4) 寄信人的地址也要写全，以防信件无法投递时不能返还。

(5) 信封要干净、整洁，字迹要工整、清楚，不要丢字落字。

寄往国外的信要按收信人所在国家的习惯要求写。

病例评析

亲爱的外婆：雨后天晴晚风轻，夜阑人静，万籁俱寂，那羞答答的月姑娘把她那皎洁的月光撒满大地，土地母亲呈现出一片美丽的景色。潺潺的溪水，就像一条银白彩带，在明月下静静地流着——那么美丽的风景，就是您创造的，我的外婆。

您是一位退休老教师，您教过的学生算得上是"桃李满天下"。如今，您成了我的知心老师。每天晚上，您都为我补习功课，语文、数学、英语……您都教我好多小窍门，让我学得轻松，记得准确。

……

现在，我坐下来，静静的，细细地回忆起来。您为了我，不知花了多少心血，在学习上，精心地培育我，在生活中，无微不至地关心我。您为了我成为品学兼优的好孩子、棒学生，不辞劳苦，从无怨言。为了我，您操白了头发，操深了皱纹，您就犹如冬天暖阳照射着我，像是春雨滋润着我。因为有了您，我下降了的成绩才会进步，因为有了您，我才会改正缺点，因为有了您，我才学会了诚实，因为有了您，我才懂得了做人。

祝您

天天开心！

您的外孙女　程×

【评析】该信存在的错误有：第一，没有问候语。第二，正文的写作格式有误。应该在问候语下一行空两格写，一来可以使行文清晰，再来也表示对收信人(尤其是尊长辈)表示尊敬。第三，问候祝颂语"祝您"前面应空两格，并且因为是给长辈的信，问候祝颂语应该加上"身体健康"之语。第四，落款处没有时间。

实训活动

黄××想要他在北京的同学帮他买一套《鲁迅全集》，请你以黄××的名义，于6月10日给他的同学写封信。

要求：

(一) 符合书信的基本格式，用语要贴切符合身份。

(二) 写信的原因要表达清楚。

(三) 正文不超过100字。

第二节　建议书　倡议书(自学)

一、建议书

例文·点评

建　议　书

×××委员会:

近年来我国从国外进口设备,对促进生产和提高技术起了一定作用,但也出现了不少问题:有些部门盲目进口设备,造成长期闲置不用;有些单位引进的设备计划不周,安装后不能使用,有些企业各自为政,致使设备进口重复……凡此种种,不但浪费了大量外汇,而且冲击了我国自身的工业发展。为此,我们建议:

一、建立一个全国性的审批进口设备机构,对各地的进口设备进行综合平衡和最后审批。

二、申请进口设备的单位,应对将进口的设备进行可行性测试,然后才上报审批。

三、对已进口的设备进行一次普查,并将结果送计算机中心储存,供有关部门查调或审批时参考。

四、尽快制订、颁布"进口法",不负责地盲目引进设备者要承担经济和法律责任。

以上意见,请考虑。

×××

××××年×月×日

【点评】该建议书开门见山地提出近年来我国进口设备存在的各种问题,紧接着有针对性地提出解决问题的各项措施。全信言简意赅,没有空话套话,所用言辞也很谦恭。

知识归纳

(一) 建议书概述

1. 概念

建议书是个人或团体向领导或有关部门提出开展某项工作或活动建议的一种专用文书。它有时也称意见书。按法律章程规定的机构或个人提请国家代表机关或有关会议讨论的意见,称提案。

2. 特点

(1) 建议性。建议书是对有关部门或上级领导提建议时使用的一种书信,它只是作为一种想法被提出来,具有较强的文本性特点。

(2) 可塑性。建议书必须被有关部门、领导批准后才能被实施,而且它不是最终的文本,可以被修改、增删,甚至不具可行性,因此具有很强的可塑性。

3. 作用

建议书在政治生活和社会生活中有重要的作用。它是古代的奏、议、书、疏的发展。在古代,臣民对君主有所建议时,常用奏、议、书、疏等文体。如李斯的《谏逐客书》、魏征的《谏太宗十思疏》、归有光的《御倭议》等。在当代,建议书成为公众发表意见、提出建议的重要文字形式,是发扬民主、贯彻群众路线,加强政府、政党、团体与公众的联系的一种重要手段。

(二) 建议书的格式与写法

建议书写作结构一般由以下5个部分组成:

1. 标题

在书页正中上首写“建议”或“建议书”。

2. 称谓

顶格书写建议的主送单位或个人。

3. 正文

(1)建议缘由。即提出建议的原因和出发点,说明建议的必要性和合理性。

(2)建议事项。即建议的内容和要求,分析建议的可行性。

(3)要求期望。即实现建议的愿望、方法和对被建议者的期望。

4. 结语

一般采用表示敬意或祝颂的语言作结。

5. 落款

署上建议机关或个人的名称和日期。

病例评析

对某市场管理处的建议书

某市场管理处：

本市开放农副产品贸易市场以来，既方便了群众生活，又增加了农民收入，而且改变了某些国营商店的官商作风，深受广大群众欢迎。市场管理部门在稳定市场物价，打击投机倒把工作中取得了显著成效，保证了农村贸易市场的健康发展。市场繁荣、工农两利，这是一件大好事。然后随之带来了一些亟待解决的问题，这便是“挤”“脏”“乱”现象日益严重。夏季临近，为了进一步活跃市场，改善管理，做到既方便生活，又保证卫生，希望市场管理部门能尽快采取措施，切实解决“挤”“脏”“乱”的现象。

以上建议仅是个人一孔之见，难免偏颇、疏漏，现冒昧提出，仅供参考。

此致

敬礼

××市××中学王××

××××年×月×日

【评析】该建议书存在的错误是，没有提出解决问题的措施。建议者应该针对市场存在“挤”“脏”“乱”的现象，分别列出具体可行的解决办法若干条。

实训活动

请给你“文书写作”老师写一封建议书，对老师在教学中存在的问题提出切实可行的意见。注意建议书的格式与写法。

趣味阅读

谏太宗十思疏

［唐］魏征

臣闻求木之长者，必固其根本；欲流之远者，必浚其泉源；思国之安者，必积其德义。源不深而望流之远，根不固而求木之长，德不厚而望国之治，虽在下愚，知其不可，而况于明哲乎！人君当神器之重，居域中之大，将崇极天之峻，永保无疆之休，不念居安思危，戒奢以俭，德不处其厚，情不胜其欲，斯亦伐根以求木茂，塞源而欲流长者也。

凡百元首，承天景命，莫不殷忧而道著，功成而德衰，有善始者实繁，能克终者盖寡。岂其取之易而守之难乎？昔取之而有余，今取之而不足，何也？夫在殷忧，必竭诚以待下；既得志，则纵情以傲物。竭诚则吴越为一体，傲物则骨肉为行路。虽董之以严刑，震之以威怒，终苟免而不怀仁，貌恭而不心服。怨不在大，可畏惟人；载舟覆舟，所宜深慎。

奔车朽索，其可忽乎？君人者，诚能见可欲，则思知足以自戒，将有作，则思知止以安人，念高危，则思谦冲以自牧，惧满溢，则思江海下百川，乐盘游，则思三驱以为度，忧懈怠，则思慎始而敬终，虑壅蔽，则思虚心以纳下，想谗邪，则思正身以黜恶；恩所加，则思无因喜以谬赏，罚所及，则思无因怒而滥刑。总此十思，宏兹九德，简能而任之，择善而从之，则智者尽其谋，勇者竭其力，仁者播其惠，信者效其忠；文武争驰，君臣无事，可以尽豫游之乐，可以养松乔之寿，鸣琴垂拱，不言而化。何必劳神苦思，代下司职，役聪明之耳目，亏无为之大道哉？

二、倡议书

例文·点评

倡　议　书

今年5月31日是第七个“世界无烟日”，世界卫生组织确定的主题是“大众传播媒介宣传反对吸烟”，希望各传播媒介将今年世界无烟日作为一个新开端，为我国早日控制烟害作出贡献。我们谨向全国各报社、杂志社、电台、电视台和大众传播媒介倡议：

一、根据各自的特点，坚持做好反对吸烟的宣传，以各种形式向大众传播吸烟有害的知识，介绍戒烟方法，报道国内外控烟信息及相关科学文章。

二、不与国内外烟草公司或其广告代理人签订任何为烟草做广告的刊播合同。

三、在制作、刊播的影视作品中，努力杜绝和减少吸烟的镜头，尤其是特写镜头，以及对青少年产生诱导的形象。

四、应采取积极控烟措施。新闻出版工作者、大众传播工作者应率先在工作场所和公共场合做到不吸烟，争取成为无吸烟先进单位。

让我们共同努力，为把我国建设成为文明的社会主义现代化强国，为实现21世纪全世界由控制吸烟到“无烟生活环境”的目标而奋斗！

发起单位：中央电视台
中央人民广播电台
《光明日报》
《健康报》
《中国环境报》
××××年5月18日

【点评】这封倡议书正文开头首先写明形势、背景以及发倡议的目的、原因；然后分条列出倡议的具体措施，写清楚希望大家做什么、怎么做，使响应者做到心中有数，以便采取行动；结语用鼓动性的语言，表示倡议者的决心和愿望。所倡议的行动深得民心，富有的浓厚的时代感；提出的措施切实可行，具有很强的启示性、鼓动性和号召力。

知识归纳

（一）倡议书概述

1. 概念

倡议书是国家行政机关、企事业单位、社会团体或会议及个人就人们共同关心的问题，向社会或有关方面提出具有号召性建议的书面文体。

2. 特点

(1) 对象的广泛性。倡议书不是对一个人或一个单位发出的，而是对整个部门、行业、地区，甚至全国发出的，能调动较大范围内群众的积极性。

(2) 内容的号召性。倡议书发动公众响应，把领导的意图变为群众的自觉行动，具有很强的感召力。

3. 作用

倡议书在社会生活中有重要的作用，它提倡公益事业，宣传新事物、新思想，开展友好竞争，有利于调动各方群众的积极性。

（二）倡议书的格式与写法

一般包括标题、称谓、正文、结尾、署名和日期几部分。

1. 标题

在页首居中写"倡议书"即可。

2. 称谓

在标题下另起一行,顶格写要号召的对象。

3. 正文

正文分两层写:先说明倡议的背景、理由或条件,指出完成倡议内容的意义等,后分条分项写倡议的具体内容。两部分之间,常用"为此,我们倡议如下"、"我们提出以下倡议"等作为过渡语。

4. 结尾

表示倡议者的决心和期望。

5. 署名和日期

病例评析

倡 议 书

致全校师生员工:

水是人类赖以生存和社会向前发展不可缺少、不可替代的特殊资源。我国是一个水资源短缺的国家,水危机正向我们步步逼近. 我们特向全体师生员工发出如下倡议:

1. 宣传节约用水的重要性,树立全民节约用水的牢固意识,从我做起,惜水、爱水、节水。

2. 在日常用水时注意调节水龙头水量,并及时关水;尽量将水进行多次利用,如利用洗脸水冲厕所,洗菜水浇花等。

3. 发现供水设施发生损坏或跑漏时,及时告知有关部门;遇到浪费水资源的行为,及时制止并向有关部门反映。

4. 积极响应国家号召,使用节水型器具。

5. 不向江河、湖泊等水域中扔垃圾或其他污染物,防止水污染,保持水体清洁。

希望全体师生员工迅速行动起来,以保护水资源为己任,宣传节约用水,做到节约用水,努力为建设节水型校园、节水型城市、节水型社会做出自己应有的贡献。

××系团总支

2010 年 11 月 1 日

【评析】这份倡议书主要有以下不足：第一，称谓处加“致”是画蛇添足；第二，该倡议书的开头部分没有阐述清楚倡议的根据。应该把我国水资源短缺的状况以及相关数据和资料摆出来，如缺水的范围、因缺水所造的成损失与危害等，才会使倡议的内容更有意义、更有鼓动性和号召力。

实训活动

请给广大沉迷于电子游戏的青少年朋友写一封倡议书，号召大家远离电子游戏。

知识岛

倡议书与建议书的区别

两者的共同点是提出建议倡议，它们都是在日常工作和社会活动中有所建议，有所提倡，期望实现推广某种意见的专用文书。

两者的不同之处在于：

(1) 主要对象不同。建议书主要面对领导和主管部门，倡议书虽对上有所建议，但主要面向群众。

(2) 内容有区别。建议书仅向上提建议，而倡议书除提建议外，还有向群众号召之意。

第三节　申请书　求职信

一、申请书

例文·点评

开业申请书

市工商局：

我是待业青年，1999年高中毕业后一直在家自学无线电维修知识。去年自费到夜校就读无线电修理技术，以优异成绩结业。现在，我已掌握了修理国产和进口电视机、收录机、录音机技术。为了减轻国家负担，给社会作点贡献，改变依靠父母养活的状况，我申请开办个体户无线电维修部。请考核我的技术,批准我的要求,发给营业执照。

开业后,我保证遵守国家的政策、法令,维护市场秩序;按章交纳税金,如实反映修理情况;服务热情周到,让顾客满意;价格公平合理,提供优质服务。

此致

敬礼!

申请人:×××

二〇〇二年×月×日

【点评】这个申请书在格式上很完备,最值得称道的是其内容把握的准确。工商局是否发给营业执照,主要是看申请人是否具备开业的能力与资格。申请人写到"现在,我已掌握了……技术"、"请考核我的技术",这是非常重要和关键的。写申请书要考虑是送给组织或领导看的,他们最看重什么,写作时必须从这一特定对象出发来确定申请书的内容和文字。否则,罗列一堆不相关的材料,也无法达到申请的要求。

知识归纳

(一)申请书概述

1. 概念

申请书是个人或集体向组织表达愿望,向机关、团体、单位领导提出请求时使用的一种文体。

2. 种类

申请书的种类很多。根据人们的不同意愿,有不同内容、不同种类的申请书。在日常生活和学习中,常用的申请书有:入党或入团申请书、入学申请书、出国留学申请书、加入某种社团组织申请书、求职申请书、开业申请书、停职留薪申请书、取消处分申请书等。

(二)申请书的格式与写作

申请书有较固定的格式,其内容包括5个部分:

1. 标题

(1)单由文种构成,如"申请书"。

(2)由事由和文种构成,如"入党申请书"、"开业申请书"、"关于加入××协会的申请(书)"。

2. 称呼

在标题的下一行顶格处写称呼。一般申请书应写给接受申请书的组织、机关、团体，所以一般不写领导人姓名。称呼后加冒号。

3. 正文

这是申请书的主要部分。在称呼下一行，空两格写起。正文一般包括三部分内容：第一部分开门见山写明个人或单位的意愿；第二部分写明申请的理由、申请的具体事项及要求，其中申请事项是重点内容，应表述清晰；第三部分写表明意愿如果实现后的保证。

4. 结尾

结尾方法有两种：第一种只写致敬语，如“此致——敬礼”。第二种结尾，是在正文结束后，另起一行低两格，写上“请接受我的申请”或写上“请党支部帮助我，考验我，使我早日加入中国共产党组织”，然后才写上“此致敬礼”。

也可没有结尾语。

5. 署名和日期

署上申请人姓名及申请时间。

病例评析

困难补助申请书

研究生处：

我叫×××，系法学院××级刑法学研究生。

最近听说研究生处要发放一笔困难补助金，我本不愿给学校添麻烦，但觉得若能拿到困难补助，也可以减轻些家里的负担，所以特此提出申请，望能批准。

此致

敬礼！

学生：×××

×年×月×日

【评析】这则困难补助申请书目的明确，但申请的理由欠缺。应该将自己的生活情况、家庭负担用慎重亲切、实事求是的措辞一一陈述出来，作为自己困难补助申请的理据，最后再写出自己的希望。否则很难得到领导部门的批准。

实训活动

你想加入单位的摄影兴趣小组，请写一份请求加入的申请书。

二、求职信

例文·点评

求 职 信

××经理：

您好！

我写此信应聘贵公司招聘的经理助理职位。我很高兴地在招聘网站得知你们的招聘广告，并一直期望能有机会加盟贵公司。

两年前我毕业于××经济贸易大学国际贸易专业，在校期间学到了许多专业知识，如国际贸易、国际贸易实务、国际商务谈判、国际贸易法、外经贸英语等课程。毕业后，就职于一家外贸公司，从事市场助理工作，主要是协助经理制订工作计划、负责外联工作以及文件、档案的管理工作。本人具备一定的管理和策划能力，熟悉各种办公软件的操作，英语熟练，略懂日语。我深信可以胜任贵公司经理助理之职。

个人简历及相关材料一并附上，希望您能感到我是该职位的最佳人选，并希望能早日收到面试通知，我的联系电话：139××××××××。

感谢您阅读此信并望能考虑我的应聘要求！

此致

敬礼！

附件：(一)个人简历

(二)策划案例

××× 敬呈

××××年×月×月

【点评】这篇求职信的结构虽较为简略，但先准确交代了求职缘由，然后有针对性地介绍自己所学专业、工作实践经验、工作能力，结尾诚恳地提出了求职愿望，表达热情、有礼，态度谦虚，容易为人接受。

知识归纳

(一) 求职信概述

1. 概念

求职信也称自荐书(信)，是求职者向用人单位和评审人介绍本人有关情况、表明求职意图、希望对方予以任用的一种书信体文书。

2. 特点

(1) 针对性。求职信必须针对实际(用人单位的实际、自身的实际)，针对阅信人的心理，针对自己的求职目标来进行书写。

(2) 自荐性。写信人和阅信人不熟悉，必须由写信人毛遂自荐，因此要恰如其分地介绍自己。求职信必须向未来的雇主介绍你和你的价值。

(3) 竞争性。择业、择人是双向选择，求职就是竞争。要在竞争中取胜，必须突出自身的优势。

(二) 求职信的格式与写法

1. 标题

首页上方居中写“求职书”“自荐书”或“×××的自我推荐信”。

2. 称谓

标题下空一行顶格写收信单位名称或领导人姓名，可加上“尊敬的”一类敬语，以示郑重与尊重。

3. 正文

一般写明以下内容：

(1) 开头短语(向对方表示意愿、恳请或致谢，表明求职意图)。

(2) 本人基本情况简介(包括姓名、性别、年龄、政治面貌、学历、职称等)。

(3) 自荐的理由和求职目标(包括自己的有关经历、业务专长、所获成果、适合从事何种工作等)。

(4) 表明态度与决心。

(5) 附件(写证明、介绍的材料，如个人简历、专业课和成绩、发表作品获奖证书、专家的推荐信等)。

4. 落款

署求职者姓名、日期。

病例评析

求　职　信

尊敬的领导：

您好！

我是×××××大学×××系的一名学生，即将面临毕业。

××××大学是我国××××人才的重点培养基地，具有悠久的历史和优良的传统，并且素以治学严谨、育人有方而著称；××××大学××××系则是全国××××学科基地之一。在这样的学习环境下，我无论是在知识能力，还是在个人素质修养方面，都是毋庸置疑的。

四年来，在师友的严格教益及个人的努力下，我具备了扎实的专业基础知识，系统地掌握了××××、××××等有关理论；熟悉涉外工作常用礼仪；具备较好的英语听、说、读、写、译等能力；能熟练操作计算机办公软件。同时，我利用课余时间广泛地涉猎了大量书籍，不但充实了自己，也培养了自己多方面的技能。更重要的是，严谨的学风和端正的学习态度塑造了我朴实、稳重、创新的性格特点。

此外，我还积极地参加各种社会活动，抓住每一个机会，锻炼自己。大学四年，我深深地感受到，与优秀学生共事，使我在竞争中获益；向实际困难挑战，让我在挫折中成长。祖辈们教我勤奋、尽责、善良、正直；××××大学培养了我实事求是、开拓进取的作风。我热爱贵单位所从事的事业，殷切地期望能够在您的领导下，为这一光荣的事业添砖加瓦；并且在实践中不断学习、进步。

收笔之际，郑重地提一个要求：无论您是否选择我，都给我一个明确的答复！

祝愿贵单位事业蒸蒸日上！

【评析】该求职信存在以下问题：一是措辞欠妥。例如“在这样的学习环境下，我无论是在知识能力，还是在个人素质修养方面，都是毋庸置疑的”与“无论您是否选择我，都给我一个明确的答复”前者倨傲，显得不知天高地厚；后者无礼，让人觉得无知幼稚。二是没有写明联系方式，如电话、通讯地址等，使这封求职信变得毫无意义。三是没有落款和时间，不符合求职信的基本格式。

实训活动

在报纸或网上寻找一则你理想的职位的招聘启事，根据本节所学内容模拟写作一篇求职信。

知识岛

写求职信的注意事项

手写一封求职信是目前求职者找工作过程中的常见做法，这便于引起用人单位的注意。但是，如果求职信写作不当，作用会适得其反。写求职信时应注意以下几点：

(1) 不要“饥不择食”。有的求职者找工作心切，于是找来一本电话号码簿或企业通讯录，从中随便找一些单位就匆匆发出求职信。这种“饥不择食”的做法，一是使收到求职信的单位没有任何准备，无法在短期内对你有所考查而将信将疑；二是你对单位也不是很了解，工作之后才发现不理想，悔之晚矣。

(2) 避免简写引歧义。与朋友谈话时人们习惯简称自己的学校或者所修专业，但在求职中应该避免这样做。用简写词语一是显得随便、不够庄重，可能会引起读信人的反感；二是一些简称只有在特定的地方、特定的交往范围中才能被准确地理解，超出这一范围人们可能就会不知所言，甚至产生误解。比如“中大”，在广东人们都会明白它是指中山大学，但是在广东以外的地方，很少有人明白它的意思。

(3) 不能眉毛胡子一把抓。有的求职信就像记流水账，想到哪里就写到哪里，既没有逻辑性，抓不住要领，又没有针对性，显得条理不清。这不仅体现出一个人文字功力差，而且也使求职信本身失去了效用。语言表达的逻辑性、条理性、明确性是写求职信最起码的要求。

(4) 求职是一个自我推销的过程，写求职信，只能搞“适度推销”，绝不可夸大其词。在求职信中应尽量避免使用“肯定”、“最好”、“绝对”、“完全可以”、“保证”等词，以及类似“有很强的组织能力”、“有很强的活动能力”之类的语句。然而，有的求职者唯恐对方不用自己而一味地吹嘘、炫耀自己博学多才，甚至贬低别人，抬高自己，这种做法是十分错误的。因为这只能显示出求职者自身素质及素养的欠缺。

(5) 称呼要恰当，如不恰当会显得俗气。如将求职信中的称呼写为“叔叔、阿姨”，或“大哥、大姐”，这样的称呼是不恰当的，求职信的称呼应该正式、规范。

第四节　启事　海报(自学)

一、启事

* 例文一

鸣谢启事

本公司财务人员昨天于新世界商贸中心不慎遗失号码箱一只，内有商业文件、支票及现金人民币×万余元。幸为××公司王志新先生拾得，电知本公司派人领回，并坚决拒绝酬谢。

王志新先生拾金不昧，高义可风，无以为报，特此登报鸣谢！

益诚实业开发公司敬启

××年八月十六日

【点评】该篇启事对“鸣谢”的原因交代得很清楚，其中时间、地点、事件的因果是写作的关键。该文格式规范，语言简练流畅而又充满感激之情，符合“鸣谢启事”的文体要求。

* 例文二

××××公司高薪诚聘

本公司专营塑料包装袋多年，规模产值稳居全国同行前列，前景广阔。现正值高速发展阶段，迫切希望管理精英加盟，公司将提供优厚的薪金待遇，也可由应聘者提出薪金要求。经省人才交流中心批准，现诚聘以下职位：

一、生产现场经理：男，45 岁以下，口才好，作风刻苦务实，分析判断力强，有现场管理数千员工的能力和资历。

二、生产厂长：男，40 岁以下，刻苦耐劳，处事果断，能独当一面解决千人以上生产现场问题，当班全过程在车间，可用多种办法强化劳动纪律和提高产品质量。

……

以上各职位要求留公司住宿，不吸烟。除广州会计外，均在××省××市工作。

重点提示：本公司要求相当高，应聘者须认真衡量职位要求，勿贸然来厂，以免浪费双方时间。一经正式录用，由公司报销单程硬卧或汽车单程路费，此外本公司不负责任何费用。

欢迎应聘者直接面试：每周星期日上午 10：00～13：00 时，路线：××省××市北沿 107 国道 18 公里××县城入 15 公里铁西工贸区。或将近照、亲笔简历资料及联系电话寄××省××县铁西工贸区××××公司人事部，邮编：××××××，信封注明应聘职位，合则专约，资料恕不退回。

【点评】这则招聘启事语言简练得体，严肃认真而又不失礼貌热情。分项列出所需职位后，在每项中提出具体要求，如性别、年龄、特长等要求。“重点提示”显示出公司对招聘工作的重视。最后提出应聘者面试的具体时间，乘车路线及邮编等。该启事内容翔实，体现了该公司邀请社会各界贤士加盟的诚意。

知识归纳

（一）启事概述

1. 概念

启事是单位或个人公开向人们告知、声明某事，并请求公众予以协助而发的文书。“启”即叙说、陈述之意；“事”即事情。启事，即公开陈述之事。

2. 特点

内容的告启性、语气的祈使性和使用的广泛性。

3. 种类

按不同划分标准，启事可分成不同种类。从内容划分，有征文启事、招聘启事、招生启事、征订启事、开业启事、停业启事、迁址启事、招租启事、征购启事等；还有个人的寻物启事、征婚启事、鸣谢启事等。从公布的形式划分，有报刊启事、电视启事、广播启事、张贴启事等。

（二）启事的格式与写法

启事通常由标题、正文、落款三部分构成。

1. 标题

一般写明内容和文种名称，如“征文启事”、“招生启事”等，也可省略内容或文种，如“启事”、“招生”等，或加上发文单位名称，如“××公司招聘启事”。

2. 正文

写启事的事项，包括原因、目的、要求等。不同内容的启事，详略和重点都应不同。如招聘启事要详细列出招聘职位、条件、期限和薪酬等，征文启事要列明征文原因、主题、要求、期限、奖励办法等。

3. 落款

要注明启事单位或个人姓名，以及日期。重要的启事要加盖公章，并注明联络地址、联络人。在报刊和电台播发的启事，以刊登或播放日期为准。

病例评析

×××陶瓷集团
诚聘合资企业高级管理及技术人才

×××陶瓷集团为香港上市公司，市值五十亿港币。应国内合资企业的用人需求，经国家人事部门全国人才流动中心同意，特委托××陶瓷技术工程有限公司在全国范围内代表集团在各瓷业产区兴建的合资企业聘请总经理、资深会计师、电气工程师、液压工程师各10名。

总经理及资深会计师：条件详见1994年2月19日和26日、3月4日和12日××陶瓷集团刊登在××日报上的招聘广告。

电气工程师：相关专业本科以上学历，在工业企业有五年以上本专业工作经验。

液压工程师：男性，液压机械类专业本科以上学历，在生产企业从事本专业工作五年以上，有压砖机维修经验者优先。

以上应聘人员需身体健康，年龄在45岁以下，可长期在陶瓷产区工作。具有中级以上英语水平者优先。

欢迎您加盟×××陶瓷集团。

地址：北京市朝阳区新源西里中街××号渔阳饭店×××房间

【点评】该启事存在以下问题：一是没交代清楚受聘人员的工作地点。二是没有写明对应聘者在应聘过程中的有关要求。如：没有交代怎样将个人简历、求职意向等资料寄到该公司，应在“欢迎您加盟×××陶瓷集团”之后补上。三是没有邮政编码，也没有联系人，给人很草率的感觉。

实训活动

网上查找一篇启事，对照学过的内容，了解该文种的写作特点。

知识岛

“启事”、“启示”辨析

“启事”和“启示”，是人们日常生活中用得较频繁但又容易混淆的两个词。遗失了东西，写一张“寻物启事”；某单位要招工，贴一份“招聘启事”。但是，上述“启事”却常被人写成“启示”，这类错误甚至见诸报刊上的广告用词，可见对这两个词的构成和它们各自的含义大有辨析的必要。

“启”是个多义字。“启”的甲骨文字形像用手去开门，所以它的本义是打开。例如《左传·襄公二十五年》“门启而入”，“启”指打开，后来“启”由打开的意义引申为开启、启发、让人得以领悟等意思。双音词“启发”、“启迪”均用此义。开导蒙昧叫“启蒙”。例如宋朝朱熹著的《易学启蒙》，其书名就表明该书乃是示人学习易学的门径。教导初学者也叫“启蒙”，现在称幼儿教育为启蒙教育即用此义。再引申之，“启”还有陈述、表白的意思。古诗《孔雀东南飞》中有“堂上启阿母”，此处“启”的意思就是告诉、表白。旧式书信在正文开头称“某启”或“敬启者”，“启”均表写信的人向对方表白启告。“启”的这个意义构成的双音词有“启白”、“启告”、“启报”等。

在合成词“启事”和“启示”中，“启”表示意义并不相同。“启示”的“启”义为开导启发，“示”也表示同样的意义。“示”本指把东西给人看。在“示威”、“示弱”、“示众”等词语中，“示”皆表此义。由让人看的意义再引申，“示”又有指示、开导、让人明白某种道理的意思。如：“老师，这个问题怎样解答，请您给我一些启示！”因此，在合成词“启示”中，“启”与“示”是同义并用。“启示”的意思是启发指示、使人有所领悟的意思。至于“启事”的“启”，则为陈述表白的意思。“启事”即为公开声明某事而刊登在报刊上或张贴在墙壁上的文字。

因此，为寻找失物、招聘职工或其他事情写个文告，都应当称“启事”才对，如果自称“启示”，那不仅于文意有悖，而且似乎摆出一副居高临下、自以为给别人启发的架势，这就闹出了笑话。

二、海报

例文·点评

篮球表演赛

××大学——××大学

对抗激烈　扣人心弦

时间：×月×日下午四点

地点：××体育馆

欢迎全校师生前往助兴

××大学学生会体育部

×月×日

【点评】海报由于以报导文化、娱乐、体育消息等方面内容为主，所以需要用活泼的形式来配合，如配备图片、图画、图案，运用美术装饰材料及手段，所用的语言也要更具有鼓励性、更富有吸引力，以此激发公众的兴趣。该海报用了标题式的广告语言，“对抗激烈扣人心弦”就以激励性的语言来吸引广大师生的眼球。正文还交代地清楚了比赛的时间、地点，并对全校师生发出热情邀请。

知识归纳

（一）海报概述

1．概念

海报，是向公众报导文化娱乐和体育消息等与群众生活密切相关消息的一种招贴，如球讯、晚会、电影、演出、展览等活动的动态消息。

随着社会生活的发展，海报的使用日益广泛。它能及时、直观地向公众报导与群众生活密切相关的文化娱乐和体育消息。

2．特点

海报具有内容真实、传递信息快、吸引力强和制作方便等特点。

(二) 格式和写作

海报由标题、正文和落款组成。

1. 标题

海报上方写上醒目的“海报”“舞会”“晚会”“球讯”等字样。

2. 正文

写明活动的内容，如晚会内容(节目)、表演团体、时间、票价、地点等，报告会写明报告题目、报告人、地点、时间等。

3. 落款

写明主办单位或演出单位，还可注明时间、询问电话、联系人等。

病例评析

海　　报

××市委宣传部长将于本周应邀来我学院做《关于环保与城市经济可持续发展关系的研究》的报告

时间：本周星期四 2:30～4:30

地点：本学院大礼堂

报告精彩！勿失良机！

××××大学学生会

×××年×月×日

【评析】海报是以报道文化、娱乐、体育消息等方面内容为主的，市委宣传部长来学院做《关于环保与城市经济可持续发展的研究》的报告显然不属于这个范畴，因而不适宜用海报作为告知的形式。

实训活动

为班级或单位的文体活动拟一份海报，并把它设计在电脑上，制好以后挂到班级 BBS 上，同学们之间互相品评一下，看谁设计得更醒目、清楚，更具有吸引力。

知识岛

海报与启事的异同

海报与启示的相同点是都具有告启性，都不具有约束力，都可以在公共场所张贴。它们的不同点在于：

(1) 使用范围不同。海报以报导文化、娱乐、体育消息为主；启事可以反映政治、经济和生活等多方面的内容。

(2) 在制作形式上不同。启事可以文字说明为主；海报除文字说明外可作美术加工，配备图片、图画、图案，运用美术装饰材料及手段。

(3) 公布方式不同。启事除张贴外，可登报刊，用广播、电视传播；海报只在公共场所张贴或悬挂。

第五节 毕业论文

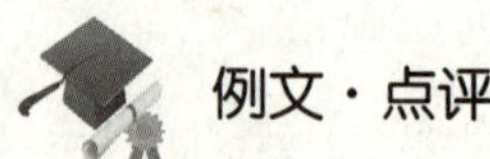

例文·点评

中国大学生就业现状分析及对策

[论文摘要] 自1999年开始，中国普通高等学校招生数量逐年扩大，使中国高等教育从精英化阶段进入到了大众化阶段。2004年，全国共有高校毕业生280万人，比2003年增加68万人；2005年全国高校毕业生达到338万，比2004年增加58万；2009年全国高校毕业生更是创造了611万的记录。大学毕业生就业面临巨大压力。因为目前中国正处在人口总量、劳动就业人口总量的高峰期，劳动就业人口总量在最近两三年将会达到峰值。就业压力则可能使就业结构矛盾更加突出。本文认为：中国大学毕业生就业的现状是面对压力的同时，也存在新的机遇。为此，解决大学毕业生就业的对策要做到：第一，继续制订与完善促进大学毕业生就业的社会政策；第二，高等教育机构应该调整教育模式以适应产业结构的变化；第三，建立一个强大有效的大学毕业生就业的社会支持系统；第四，大学毕业生应理性地认识就业形势并作出切实的职业选择。

[关键词] 大学生　就业现状　压力与机遇　对策思考

近年来，在中国就业形势较为严峻的大背景之下，大学毕业生就业问题成为中国社会问题中排序在前几位的重要问题，大学毕业生就业形势成为社会关注的焦点之一，因此，大学毕业生就业问题也就成为摆在我们面前的重要课题。

一、目前大学生就业现状的总体形势相当严峻

自1999年以来，中国普通高等学校招生数量逐年扩大。2001年全国普通高等学校招生人数和在校生人数分别比1998年翻了一番多。2002年，中国在读大学生已经占到同龄(18至22岁)人口的14%。2003年全国1000多所普通高等学校共录取新生340多万人；2005年全国高校毕业生达到338万；到2009年高校毕业生更是达到了611万。

高等学校的扩大招生，导致了中国高等教育从精英化阶段进入大众化阶段，一个直接的后果就是，具有高学历求职者的人数正在迅速地增长……

二、我国大学毕业生就业形势的特点是：压力与机遇共存

2009年，全国普通高校毕业生总数达611万人，就业率达仅到68%，就业形势仍然严峻。但大学毕业生就业在面临重大压力的同时，也存在着一些新的机遇，主要表现在以下一些方面：

(1) 中国经济继续快速增长将会导致对就业的有力拉动……

(2) 中国加入WTO之后的积极效应正在逐渐显现出来……

(3) 政府和全社会正在努力增加就业机会和控制失业率……

(4) 大学毕业生人才资源开发的力度正在逐渐加大……

三、促进并完善大学毕业生就业的对策思考

(1) 继续制订与完善促进大学毕业生就业的社会政策……

(2) 高等教育机构应该调整教育模式以适应产业结构的变化……

(3) 建立一个强大有效的大学毕业生就业的社会支持系统……

(4) 大学毕业生应理性地认识就业形势并作出切实的职业选择……

高等教育由精英化向大众化的转变，是社会发展和国民素质提高的要求和重要标志之一。与此相应，大学毕业生在就业方式和就业格局上也必然要经历一个由精英化向大众化转变的过程，即作为一个普通社会成员去求职和就业。因此，大学生有必要消除自己的主观理想预期与社会客观实际之间的差距，主动地转变就业观念、调整自身素质，以充分适应社会……

参考文献：

[1] 汝信等主编：《2003年：中国社会形势分析与预测》，北京：社会科学文献出版社，2003年。

[2] 汝信等主编：《2004年：中国社会形势分析与预测》，北京：社会科学文献

出版社，2004 年。

……

[8]《大学生志愿服务西部计划参与毕业生将达 15 万》，中原教育网，2009 年 5 月 12 日。

[9] 原春琳：《高校毕业生就业率达 68%，就业形势仍然严峻》，新华网，2009 年 7 月 9 日。

【点评】该篇毕业论文就当前大学生就业的形势进行了分析，按照提出问题、分析问题、解决问题的思路逐一展开，内容翔实，数据可靠，结论富有建设性。整篇论文格式规范，逻辑严密，语言严谨。

知识归纳

(一) 毕业论文概述

1. 定义

毕业论文是指高校毕业生根据专业培养目标，在专业课教师的指导下，综合运用已学知识表述理论创造或表述分析的一种应用文体。

它是各类院校检验毕业生学识和能力的主要标准，是对学生在读书期间所学各种基础知识和专业课程的一次全面考核。

2. 特点

毕业论文具有综合性、客观性、创新性的特点。

3. 分类

(1) 按内容和性质分。有理论性论文、实验性论文、描述性论文和设计性论文。

(2) 按议论的性质分。有立论性论文和驳论性论文。

(3) 按申请的学位分。有普通论文、学士论文、硕士论文和博士论文。

4. 作用

(1) 教学目标完善和深化的必要环节。

(2) 人才素质结构中知识和技能相长的重要因素。

(3) 教学质量综合评价的有效手段。

(二) 毕业论文的写作步骤

完成一篇毕业论文大致需要如下步骤：

选定课题 → 搜集材料 → 分析研究 → 提炼主题 → 论证观点 → 论文成稿

1. 选题

选题有自选、命题与自选结合、引导性命题 3 种方式。选题的基本方法和途径应考虑以下几个方面：

(1) 要有一定的意义。

(2) 要有一定的新意。

(3) 要从实际出发，切实可行。这需要从以下几方面考虑：第一，结合专业，学用结合，在本专业范围内进行选题；第二，选题的难易、大小要适度；第三，根据兴趣爱好和业务强项来选题。

2. 准备资料

(1) 资料的搜集。可以通过调查直接获得；也可以通过图书馆、档案馆或计算机网络查阅获得。

(2) 资料的分析研究。可以从以下几方面进行：第一，提供课题的分析研究；第二，获得基础资料；第三，学习研究方法和论文的撰写方法。

(3) 资料的整理。这项工作可从如下几方面进行：第一，将资料分类；第二，分析资料并从中得出结论；第三，给每类资料拟写标题。

(4) 提炼主题。这要求：第一，观点和材料要统一；第二，结论应当升华。

(三) 毕业论文的撰写

完成一篇毕业论文，要遵循一定的格式，它主要由以下几个部分构成：

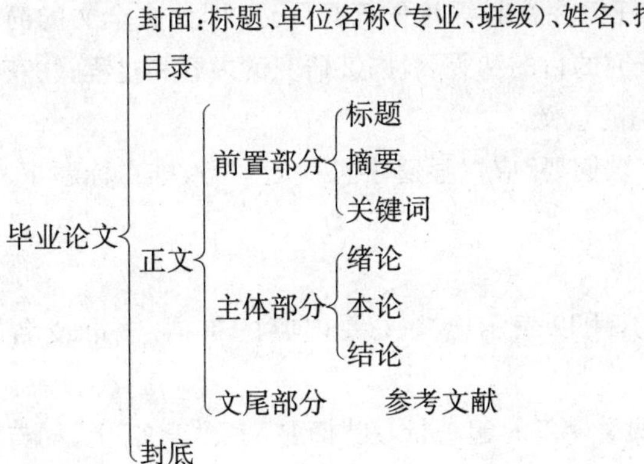

1. 目录

即论文的篇章名目，在一次目、二次目前按写作顺序加上序码，标清论文构成部分的名称和正文中的小标题，在后面标明具体页码。如：

目　录

1. 内容摘要 ……………………………………………………（　）
2. 绪论 …………………………………………………………（　）
3. 本论 …………………………………………………………（　）
(1)……………………………………………………………（　）
(2)　…………………………………………………………（　）
4. 结论 …………………………………………………………（　）
5. 注释 …………………………………………………………（　）
6. 参考文献 ……………………………………………………（　）

目录一般在论文篇幅较长时使用。

2. 标题

要求结构简明、层次分明、美观醒目，是反映论文中最重要的特定内容的逻辑组合，如《论网络媒体对青少年道德成长的影响》。一般不超过 20 个字，要有利于选定关键词、编制题录、索引等，能检索到特定的实用信息。

3. 署名

可在封面，也可在论文标题正下方居中处。

4. 摘要

是对论文内容不加任何注释和评论的简短陈述(即论文全文的简要介绍)。一般应说明：①研究的目的和重要性；②研究的内容和过程；③获得的成果和最终结论；④结论的意义。

一般在 200～300 字，"摘要"应以显著字符另起一行，排在标题下、关键词上。

5. 关键词

是从论文中选取的，用以表示全文主要内容的单词、短语或名词性短语。

"关键词"3 个字以显著字符另起一行，在"摘要"下、"正文"上，词与词间空一个字距，不用标点。关键词以 3～8 个为宜，关键词和正文间空一行。

6. 主体部分

包括绪论、本论和结论，需具备论点、论据和论证三要素。

(1) 绪论(引言、序言)。用以说明论文的主题、目的和总纲，即阐述论文的主题和选择该课题的理由和综合阐述论题解决的具体问题、工作方法。

(2) 本论。这是论文的主体部分，包括：①论点，是作者确定论题后所需

论证的观点和主张，分为中心论点和分论点；②论据，是证明论点的理由和依据，要求论据与论点统一，理论论据精炼扼要，事实论据集中典型；③论证，即用正确的方法将论点和论据有机结合起来，使论文在行文中具有逻辑力量。

(3) 结论。它是整篇论文结果的总判断，要有概括性和逻辑性。论文可以在结论或讨论中提出建议、设想、改进意见、尚待解决的问题等。

7. *参考文献*

即论文中引用他人论文、报告、书籍等中的观点、材料、数据等，均按顺序标明序码(统一以阿拉伯数字外加方括号的形式)，后面列出其出处。

引用原则：亲自阅读过的、最重要的、最新近的、最关键的文献。

论文应以 A4 纸打印成文，最后加上封面、封底，装订成册。

阶段练习与自测

一、名词解释

1. 书信　2. 建议书　3. 倡议书　4. 申请书
5. 求职信　6. 启事　7. 海报　8. 毕业论文

二、填空

1. 书信具有具体的 ________，明确而特定的 ________ 以及固定或惯用的 ________。
2. 书信完整的称呼由三部分组成：________、________ 和 ________。
3. 在古代，臣民对君主有所建议时，常用等 ________、________、和 ________ 文体。
4. 申请书是个人或集体向 ________ 表达愿望，向机关、团体、单位领导 ________ 时使用的一种文体。
5. 求职信的正文要重点写明 ________、________、________ 和 ________。
6. 海报具有 ________、________、________ 和 ________ 的特点。
7. 毕业论文具有 ________、________、________ 的特点。
8. 毕业论文的选题有 ________、________、________ 3 种方式。

三、选择题

1. 当个人或组织萌生某种愿望，并且实现这种愿望的条件达到成熟时，就可以递交申请书，向上级组织部门提出自己的要求，因此，申请书具有(　　)。

A. 理想性　B. 导向性　C. 主动性　D. 时效性

2. 申请书的申请理由必须如实客观，具有（　　）。

A. 主观性　　B. 客观性　　C. 真实性　　D. 现实性

3. 申请书的重点是（　　）。

A. 申请事项　　B. 申请对象　　C. 申请态度　　D. 申请理由

4. 感谢信中称呼的写作格式是（　　）。

A. 空两格　　B. 顶格　　C. 空四格　　D. 无要求

5. 下列情况不适合写感谢信的是（　　）。

A. 王×生病，团支书代表全体同学去看望

B. ××教授去世，有关部门代表去悼念，并安慰家属

C. 青年刘×上班途中被摩托车撞伤，肇事者将其送去医院

D. ××希望小学获得××大学学生会赠送的图书若干本

6. 建议书的正文包括以下（　　）部分。

A. 建议缘由　　B. 建议事项　　C. 建议日期　　D. 要求期望

7. 感谢信的对象确定，具有（　　）。

A. 个体性　　B. 针对性　　C. 抒情性　　D. 全体性

8. 毕业论文的摘要一般有（　　）字数。

A. 50～80　　B. 80～150　　C. 150～200　　D. 200～300

9. 毕业论文的标题一般不超过（　　）字。

A. 8　　B. 10　　C. 15　　D. 20

10. 启事在社会生活中（　　）。

A. 只能被个人所应用　　B. 只能被机关团体所应用

C. 作为社会宣传的工具　　D. 机关团体和个人都可以使用

四、判断题

1. 感谢信、请柬、聘书、倡议书、建议书、申请书、求职信、决心书、保证书、家书等都属于专用书信。（　　）

2. 一般书信大多属于私人通信，通常是不公开的。（　　）

3. 一般书信正文是笺文的主体，要写明“所要说的事，所要论的理，所要叙的情”。（　　）

4. 建议书称谓可写可不写。（　　）

5. 倡议书称谓可写可不写。（　　）

6. 考虑到建议能被最大限度地接受，建议书中的建议原因部分应写得越长越充分越好。（　　）

7. 倡议书的内容要有新的时尚和精神，要切实可行。（　　）
8. 倡议书和建议书，都是在日常工作和社会活动中有所建议，有所提倡，期望实现推广某种意见的专用文书。（　　）
9. 申请书的作者个人和集体皆可。（　　）
10. 申请书的申请事项应写得简明扼要，但申请理由要写得越长越好，否则领导不批准。（　　）
11. 求职信也称为自荐信。（　　）
12. 求职信正文内容主要包括表态求职、自我推介、希望要求等三部分。（　　）
13. 为了能取得面试机会，求职信中应尽量夸大求职者的特长和优点，不必谦虚。（　　）
14. 求职信的针对性是指要针对用人单位或个人的实际情况、读信人的心理和个人的求职目标而写。（　　）
15. 启事、海报都具有告启性特征，都可以在公共场所张贴，具有一定的约束力。（　　）
16. 启事种类多样，不同启事其内容要求不一样。（　　）
17. 启事语言要做到直截了当、简明扼要，但不必恳切有礼。（　　）
18. 海报具有“时效性”特征，传递要求迅速、快捷。（　　）
19. 启事与请柬都讲究艺术性，要求制作精美，多图文并茂。（　　）
20. 启事和海报等的使用都具有时效性。（　　）

五、简答题

1. 一般书信的正文包括哪几个部分？
2. 建议书的特点有哪些？
3. 倡议书有什么特点？
4. 建议书与倡议书的区别在哪里？
5. 求职信有什么特点？
6. 启事与启示的区别在哪里？
7. 海报与启事的区别在哪里？
8. 毕业论文有哪些作用？
9. 毕业论文由哪几部分组成？

六、修改题

1. 指出下则启事的错误，并修改正确

曙光医疗科技有限公司

诚聘以下医务人员：

（一）专科医师：男性科、妇科、皮肤科、内科、外科、影像科等医师各10名。

（二）门诊主任：10名，要求有多年从事民营医院管理经验，拥有自己成功策划案例。

（三）药剂师：20名。

（四）护士：30名。

（五）收银员：12名。

（六）导师：10名，要求年龄较轻，身材较高。

应聘条件：医师、药剂师、护士等相关证件必须齐备。有民营医院工作经验者优先。

2. 请阅读下面这封信，完成下列问题：

(1) 本文作者的写作目的是什么呢？

(2) 请将这篇书信改写成合适的形式。

××老师：

我惭愧地提起笔，写信给您。

昨天，当我放学回家的时候，本来烈日当空，不料走到中途，突然下了一场大雨，我不能及时避雨，雨水把我淋得浑身湿透。回家以后，就觉得有点儿冷，妈说我着了凉，吃过晚饭，我开始咳嗽了，医生说我患了流行性感冒，要好好休息。

我知道这一次的病是由于抵抗力太弱引来的，我后悔平时没有听从老师教导，好好锻炼身体，今天我暂时不能到学校上课了。希望过两天之后我能够痊愈，就回校补课。而且，我今后要更认真地做早操了。

现在妈妈叫我向学校请假两天，希望你能够批准。

学生××谨上

×月×日

3. 分析下面这封求职信的不足之处，并改正

尊敬的经理先生：

据悉贵公司正筹备扩大业务，招聘新人，特冒昧自荐。

我叫王志强，男，20岁，本市人。我是××学校××专业班的学生，再有一个月就毕业，结束学习生活。我在校成绩一直很好，如经理能给我这个机会，我保证竭尽所学，为公司效力。

兹奉上学习成绩表，操行评定表、履历表、近照等资料，供公司参考，殷切地等候贵公司回复。

此致

敬礼

王志强

二○○九年十一月三十日

通讯地址：××市××路××号

邮政编码：××××××

4. 修改下面一份请柬

请　柬

××先生：

定于11月6日8时30分在风雨操场举行毕业晚会。

请准时入场。

×××学生会

2010.6.12

答案

二、填空题

1. 实用目的　使用和接受对象　格式　2. 修饰语　姓名　称呼　3. 奏　议　书疏　4. 组织　提出请求　5. 本人基本情况　自荐理由　求职目标　表明态度　6. 内容真实　传递信息快　吸引力强　制作方便　7. 综合性　客观性　创新性　8. 自选　命题与自选结合　引导性命题

三、选择题

1. C　2. C　3. A　4. B　5. C

6. ABD　7. B　8. D　9. D　10. D

四、判断题

1. ×　2. √　3. √　4. ×　5. ×

6. ×　7. √　8. √　9. √　10. ×

11. √　12. ×　13. ×　14. √　15. ×

16. √　17. ×　18. √　19. √　20. √

附录一

国家行政机关公文处理办法

国发〔2000〕23号

第一章　总　则

第一条　为使国家行政机关(以下简称行政机关)的公文处理工作规范化、制度化、科学化，制订本办法。

第二条　行政机关的公文(包括电报，下同)，是行政机关在行政管理过程中形成的具有法定效力和规范体式的文书，是依法行政和进行公务活动的重要工具。

第三条　公文处理指公文的办理、管理、整理(立卷)、归档等一系列相互关联、衔接有序的工作。

第四条　公文处理应当坚持实事求是、精简、高效的原则，做到及时、准确、安全。

第五条　公文处理必须严格执行国家保密法律、法规和其他有关规定，确保国家秘密的安全。

第六条　各级行政机关的负责人应当高度重视公文处理工作，模范遵守本办法并加强对本机关公文处理工作的领导和检查。

第七条　各级行政机关的办公厅(室)是公文处理的管理机构，主管本机关的公文处理工作并指导下级机关的公文处理工作。

第八条　各级行政机关的办公厅(室)应当设立文秘部门或者配备专职人员负责公文处理工作。

第二章　公文种类

第九条　行政机关的公文种类主要有：

(一) 命令(令)

适用于依照有关法律公布行政法规和规章；宣布施行重大强制性行政措施；嘉奖有关单位及人员。

(二) 决定

适用于对重要事项或者重大行动做出安排，奖惩有关单位及人员，变更或者撤销下级机关不适当的决定事项。

(三) 公告

适用于向国内外宣布重要事项或者法定事项。

（四）通告

适用于公布社会各有关方面应当遵守或者周知的事项。

（五）通知

适用于批转下级机关的公文，转发上级机关和不相隶属机关的公文，传达要求下级机关办理和需要有关单位周知或者执行的事项，任免人员。

（六）通报

适用于表彰先进，批评错误，传达重要精神或者情况。

（七）议案

适用于各级人民政府按照法律程序向同级人民代表大会或人民代表大会常务委员会提请审议事项。

（八）报告

适用于向上级机关汇报工作，反映情况，答复上级机关的询问。

（九）请示

适用于向上级机关请求指示、批准。

（十）批复

适用于答复下级机关的请示事项。

（十一）意见

适用于对重要问题提出见解和处理办法。

（十二）函

适用于不相隶属机关之间商洽工作，询问和答复问题，请求批准和答复审批事项。

（十三）会议纪要

适用于记载、传达会议情况和议定事项。

第三章　公文格式

第十条　公文一般由秘密等级和保密期限、紧急程度、发文机关标识、发文字号、签发人、标题、主送机关、正文、附件说明、成文日期、印章、附注、附件、主题词、抄送机关、印发机关和印发日期等部分组成。

（一）涉及国家秘密的公文应当标明密级和保密期限，其中，“绝密”、“机密”级公文还应当标明份数序号。

（二）紧急公文应当根据紧急程度分别标明“特急”、“急件”。其中电报应当分别标明“特提”、“特急”、“加急”、“平急”。

（三）发文机关标识应当使用发文机关全称或者规范化简称；联合行文，主办机关排列在前。

（四）发文字号应当包括机关代字、年份、序号。联合行文，只标明主办机关发文字号。

（五）上行文应当注明签发人、会签人姓名。其中，“请示”应当在附注处注明联系人的姓名和电话。

（六）公文标题应当准确简要地概括公文的主要内容并标明公文种类，一般应当标明发文机关。公文标题中除法规、规章名称加书名号外，一般不用标点符号。

（七）主送机关指公文的主要受理机关，应当使用全称或者规范化简称、统称。

（八）公文如有附件，应当注明附件顺序和名称。

（九）公文除“会议纪要”和以电报形式发出的以外，应当加盖印章。联合上报的公文，由主办机关加盖印章；联合下发的公文，发文机关都应当加盖印章。

（十）成文日期以负责人签发的日期为准，联合行文以最后签发机关负责人的签发日期为准。电报以发出日期为准。

（十一）公文如有附注（需要说明的其他事项），应当加括号标注。

（十二）公文应当标注主题词。上行文按照上级机关的要求标注主题词。

（十三）抄送机关指除主送机关外需要执行或知晓公文的其他机关，应当使用全称或者规范化简称、统称。

（十四）文字从左至右横写、横排。在民族自治地方，可以并用汉字和通用的少数民族文字（按其习惯书写、排版）。

第十一条　公文中各组成部分的标识规则，参照《国家行政机关公文格式》国家标准执行

第十二条　公文用纸一般采用国际标准 A4 型（210mm×297mm），左侧装订。张贴的公文用纸大小，根据实际需要确定。

第四章　行文规则

第十三条　行文应当确有必要，注重效用。

第十四条　行文关系根据隶属关系和职权范围确定，一般不得越级请示和报告。

第十五条　政府各部门依据部门职权可以相互行文和向下一级政府的相关业务部门行文；除以函的形式商洽工作、询问和答复问题、审批事项外，一般不得向下一级政府正式行文。

部门内设机构除办公厅（室）外不得对外正式行文。

第十六条　同级政府、同级政府各部门、上级政府部门与下一级政府可以联合行文；政府与同级党委和军队机关可以联合行文；政府部门与相应的党组织和军队机关可以联合行文；政府部门与同级人民团体和具有行政职能的事业单位也可以联合行文。

第十七条　属于部门职权范围内的事务，应当由部门自行行文或联合行文。联合行文应当明确主办部门。须经政府审批的事项，经政府同意也可以由部门行文，文中应当注明经政府同意。

第十八条　属于主管部门职务范围内的具体问题，应当直接报送主管部门处理。

第十九条　部门之间对有关问题未经协商一致，不得各自向下行文。如擅自行文，上级机关应当责令纠正或撤销。

第二十条　向下级机关或者本系统的重要行文，应当同时抄送直接上级机关。

第二十一条　“请示”应当一文一事；一般只写一个主送机关，需要同时送其他机关的，应当

用抄送形式，但不得抄送其下级机关。

“报告”不得夹带请示事项。

第二十二条　除上级机关负责人直接交办的事项外，不得以机关名义向上级机关负责人报送“请示”、“意见”和“报告”。

第二十三条　受双重领导的机关向上级机关行文，应当写明主送机关和抄送机关。上级机关向受双重领导的下级机关行文，必要时应当抄送其另一上级机关。

第五章　发文办理

第二十四条　发文办理指以本机关名义制发公文的过程，包括草拟、审核、签发、复核、缮印、用印、登记、分发等程序。

第二十五条　草拟公文应当做到：

（一）符合国家的法律、法规及其他有关规定。如提出新的政策、规定等，要切实可行并加以说明。

（二）情况确实，观点明确，表述准确，结构严谨，条理清楚，直述不曲，字词规范，标点正确，篇幅力求简短。

（三）公文的文种应根据行文目的、发文机关的职权和与主送机关的行文关系确定。

（四）拟制紧急公文，应当体现紧急的原因，并根据实际需要确定紧急程度。

（五）人名、地名 、数字、引文准确。引用公文应当先引标题，后引发文字号。引用外文应当注明中文含义。日期应当写明具体的年、月、日。

（六）结构层次序数，第一层为“一、”，第二层为“（一）”，第三层为“1.”，第四层为“(1)”。

（七）应当使用国家法定计量单位。

（八）文内使用非规范化简称，应当先用全称并注明简称。使用国际组织外文名称或其缩写形式，应当在第一次出现时注明准确的中文译名。

（九）公文中的数字，除成文日期、部分结构层次序数和在词、词组、惯用语、缩略语、具有修辞色彩语句中作为词素的数字必须使用汉字外，应当使用阿拉伯数字。

第二十六条　拟制公文，对涉及其他部门职权范围内的事项，主办部门应当主动与有关部门协商，取得一致意见后方可行文；如有分歧，主办部门的主要负责人应当出面协调，仍不能取得一致时，主办部门可以列明各方理据，提出建设性意见，并与有关部门会签后报请上级机关协调或裁定。

第二十七条　公文送负责人签发前，应当由办公厅（室）进行审核，审核的重点是：是否确需行文，行文方式是否妥当，是否符合行文规则和拟制公文的有关要求，公文格式是否符合本办法的规定等。

第二十八条　以本机关名义制发的上行文，由主要负责人或者主持工作的负责人签发；以本机关名义制发的下行文或平行文，由主要负责人或者由主要负责人授权的其他负责人签发。

第二十九条　公文正式印制前，文秘部门应当进行复核，重点是：审批、签发手续是否完备，附件材料是否齐全,格式是否统一、规范等。

经复核需要对文稿进行实质性修改的,应按程序复审。

第六章　收文办理

第三十条　收文办理指对收到公文的办理过程,包括签收、登记、审核、拟办、承办、催办等程序。

第三十一条　收到下级机关上报的需要办理的公文,文秘部门应当进行审核。审核的重点是:是否应由本机关办理;是否符合行文规则;内容是否符合国家法律、法规及其他有关规定;涉及其他部门或地区职权的事项是否已协商、会签;文种使用、公文格式是否规范。

第三十二条　经审核,对符合本办法规定的公文,文秘部门应当及时提出拟办意见送负责人批示或者交有关部门办理,需要两个以上部门办理的应当明确主办部门。紧急公文,应当明确办理时限。对不符合本办法规定的公文,经办公厅(室)负责人批准后,可以退回呈报单位并说明理由。

第三十三条　承办部门收到交办的公文后应当及时办理,不得延误、推诿。紧急公文应当按时限要求办理,确有困难的,应当及时予以说明。对不属于本单位职权范围或者不宜由本单位办理的,应当及时退回交办的文秘部门并说明理由。

第三十四条　收到上级机关下发或交办的公文,由文秘部门提出拟办意见,送负责人批示后办理。

第三十五条　公文办理中遇有涉及其他部门职权的事项,主办部门应当主动与有关部门协商;如有分歧,主办部门主要负责人要出面协调,如仍不能取得一致,可以报请上级机关协调或裁定。

第三十六条　审批公文时,对有具体请示事项的,主批人应当明确签署意见、姓名和审批日期,其他审批人圈阅视为同意;没有请示事项的,圈阅表示已阅知。

第三十七条　送负责人批示或者交有关部门办理的公文,文秘部门要负责催办,做到紧急公文跟踪催办,重要公文重点催办,一般公文定期催办。

第七章　公文归档

第三十八条　公文办理完毕后,应当根据《中华人民共和国档案法》和其他有关规定,及时整理(立卷)、归档。

个人不得保存应当归档的公文。

第三十九条　归档范围内的公文,应当根据其相互联系、特征和保存价值等整理(立卷),要保证归档公文齐全、完整,能正确反映本机关的主要工作情况,便于保管和利用。

第四十条　联合办理的公文,原件由主办机关整理(立卷)、归档,其他机关保存复制件或其他形式的公文副本。

第四十一条　本机关负责人兼任其他机关职务,在履行所兼职务职责过程中形成的公文,

由其兼职机关整理（立卷）、归档。

第四十二条　归档范围内的公文应当确定保管期限，按照有关规定定期向档案部门移交。

第四十三条　拟制、修改和签批公文，书写及所用纸张和字迹材料必须符合存档要求。

第八章　公文管理

第四十四条　公文由文秘部门或专职人员统一收发、审核、用印、归档和销毁。

第四十五条　文秘部门应当建立健全本机关公文处理的有关制度。

第四十六条　上级机关的公文，除绝密级和注明不准翻印的以外，下一级机关经负责人或者办公厅（室）主任批准，可以翻印。翻印时，应当注明翻印的机关、日期、份数和印发范围。

第四十七条　公开发布行政机关公文，必须经发文机关批准。经批准公开发布的公文，同发文机关正式印发的公文具有同等效力。

第四十八条　公文复印件作为正式公文使用时，应当加盖复印机关证明章。

第四十九条　公文被撤销，视作自始不产生效力；公文被废止，视作自废止之日起不产生效力。

第五十条　不具备归档和存查价值的公文，经过鉴别并经办公厅（室）负责人批准，可以销毁。

第五十一条　销毁秘密公文应当到指定场所由二人以上监销，保证不丢失、不漏销。其中，销毁绝密公文（含密码电报）应当进行登记。

第五十二条　机关合并时，全部公文应当随之合并管理。机关撤销时，需要归档的公文整理（立卷）后按有关规定移交档案部门。

工作人员调离工作岗位时，应当将本人暂存、借用的公文按照有关规定移交、清退。

第五十三条　密码电报的使用和管理，按照有关规定执行。

第九章　附　则

第五十四条　行政法规、规章方面的公文，依照有关规定处理。外事方面的公文，按照外交部的有关规定处理。

第五十五条　公文处理中涉及电子文件的有关规定另行制订。统一规定发布之前，各级行政机关可以制订本机关或者本地区、本系统的试行规定。

第五十六条　各级行政机关的办公厅（室）对上级机关和本机关下发公文的贯彻落实情况应当进行督促检查并建立督查制度。有关规定另行制订。

第五十七条　本办法自 2001 年 1 月 1 日起施行。1993 年 11 月 21 日国务院办公厅发布，1994 年 1 月 1 日起施行的《国家行政机关公文处理办法》同时废止。

附录二

中华人民共和国国家标准(GB/T 15834-1995)

标点符号用法

1. 范围

本标准规定了标点符号的名称、形式和用法。本标准对汉语书写规范有重要的辅助作用。

本标准适用于汉语书面语。外语界和科技界也参考使用。

2. 定义

本标准采用下列定义。

句子 sentence 前后都有停顿,并带有一定的语调,表示相对完整意义的语言单位。

陈述句 declarative sentence 用来说明事实的句子。

祈使句 imperative sentence 用来要求听话人做某件事情的句子。

疑问句 interrogative sentence 用来提出问题的句子。

感叹句 exclamatory sentence 用来抒发某种强烈感情的句子。

复句、分句 complex sentence, clause 意思上有密切联系的小句子组织在一起构成一个大句子。这样的大句子叫复句,复句中的每个小句子叫分句。

词语 expression 词和短语(词组)。词,即最小的能独立运用的语言单位。短语,即由两个或两个以上的词按一定的语法规则组成的表达一定意义的语言单位,也叫词组。

3. 基本规则

3.1 标点符号是辅助文字记录语言的符号,是书面语的有机组成部分,用来表示停顿、语气、以及词语的性质和作用。

3.2 常用的标点符号有 16 种,分点号和标号两大类。

点号的作用在于点断,主要表示说话时的停顿和语气。点号又分为句末点号和句内点号。句末点号用在句末,有句号、问号、叹号 3 种,表示句末的停顿,同时表示句子的语气。句内点号用在句内,有逗号、顿号、分号、冒号 4 种,表示句内的各种不同性质的停顿。

标号的作用在于标明,主要标明语句的性质和作用。常用的标号有 9 种,即:引号、括号、破折号、省略号、着重号、连接号、间隔号、书名号和专名号。

4. 用法说明

4.1 句号

4.1.1 句号的形式为"。"。句号还有一种形式,即一个小圆点"."，一般在科技文献中使用。

4.1.2 陈述句末尾的停顿,用句号。例如:

a) 北京是中华人民共和国的首都。

b）虚心使人进步，骄傲使人落后。

c）亚洲地域广阔，跨寒、温、热三带，又因各地地形和距离海洋远近不同，气候复杂多样。

4.1.3 语气舒缓的祈使句末尾，也用句号。例如：请您稍等一下。

4.2 问号

4.2.1 问号的形式为“？”。

4.2.2 疑问句末尾的停顿，用问号。例如：

a）你见过金丝猴吗？

b）他叫什么名字？

c）去好呢，还是不去好？

4.2.3 反问句的末尾，也用问号。例如：

a）难道你还不了解我吗？

b）你怎么能这么说呢？

4.3 叹号

4.3.1 叹号的形式为“！”。

4.3.2 感叹句末尾的停顿，用叹号。例如：

a）为祖国的繁荣昌盛而奋斗！

b）我多么想看看他老人家呀！

4.3.3 语气强烈的祈使句末尾，也用叹号。例如：

a）你给我出去！

b）停止射击！

4.3.4 语气强烈的反问句末尾，也用叹号。例如：

我哪里比得上他呀！

4.4 逗号

4.4.1 逗号的形式为“，”。

4.4.2 句子内部主语与谓语之间如需停顿，用逗号。例如：

我们看得见的星星，绝大多数是恒星。

4.4.3 句子内部动词与宾语之间如需停顿，用逗号。例如：

应该看到，科学需要一个人贡献毕生的精力。

4.4.4 句子内部状语后边如需停顿，用逗号。例如：

对于这个城市，他并不陌生。

4.4.5 复句内各分句之间的停顿，除了有时要用分号外，都要用逗号。例如：据说苏州园林有一百多处，我到过的不过十多处。

4.5 顿号

4.5.1 顿号的形式为“、”。

4.5.2 句子内部并列词语之间的停顿，用顿号。例如：

a) 亚马逊河、尼罗河、密西西比河和长江是世界四大河流。

b) 正方形是四边相等、四角均为直角的四边形。

4.6 分号

4.6.1 分号的形式为"；"。

4.6.2 复句内部并列分句之间的停顿，用分号。例如：

a) 语言，人们用来抒情达意；文字，人们用来记言记事。

b) 在长江上，瞿塘峡像一道闸门，峡口险阻；巫峡像一条迂回曲折的画廊，每一曲，每一折，都像一幅绝好的风景画，神奇而秀美；西陵峡水势险恶，处处是急流，处处是险滩。

4.6.3 非并列关系（如转折关系、因果关系等）的多重复句，第一层的前后两部分之间，也用分号。例如：我国年满十八周岁的公民，不分民族、种族、性别、职业、家庭出身、宗教信仰、教育程度、财产状况、居住年限，都有选举权和被选举权；但是依照法律被剥夺政治权力的人除外。

4.6.4 分行列举的各项之间，也可以用分号。例如：

中华人民共和国行政区域划分如下：

（一）全国分为省、自治区、直辖市；

（二）省、自治区分自治州、县、自治县、市；

（三）县、自治县分乡、民族乡、镇。

4.7 冒号

4.7.1 冒号的形式为"："。

4.7.2 用在称呼语后边，表示提起下文。例如：

同志们，朋友们：现在开会了。

4.7.3 用在"说、想、是、证明、宣布、指出、透露、例如、如下"等词语后边，表示提起下文。例如：

他十分惊讶地说："啊，原来是你！"

4.7.4 用在总说性话语的后边，表示引起下文的分说。例如：

北京紫禁城有四座城门：午门、神武门、东华门和西华门。

4.7.5 用在需要解释的词语后边，表示引出解释或说明。例如：

外文图书展销会

日期：10 月 20 日至 11 月 10 日

时间：上午 8 时至下午 4 时

地点：北京朝阳区工体东路 16 号

主办单位：中国图书进出口总公司

4.7.6 总括性话语的前边，也可以用冒号，以总结上文。例如：

张华考上了北京大学，在化学系学习；李萍考进了中等技术学校，读机械制造专业；我在百货公司当售货员：我们都有光明的前途。

4.8 引号

4.8.1 引号的形式为双引号"“”"和单引号"‘’"。

4.8.2 行文中直接引用的话，用引号标示。例如：

a) 爱因斯坦说："想象力比知识更重要，因为知识是有限的，而想象力概括着世界上的一切，推动着进步，并且是知识进步的源泉。"

b) "满招损，谦受益"这句格言，流传到今天至少有两千年了。

c) 现代画家徐悲鸿笔下的马，正如有的评论家所说的那样，"神形兼备，充满生机"。

4.8.3 需要着重论述的对象，用引号标示。例如：

古人对于写文章有个基本要求，叫做"有物有序"。"有物"就是要有内容，"有序"就是要有条理。

4.8.4 具有特殊含意的词语，也用引号标示。例如：

a) 从山脚向上望，只见火把排成许多"之"字形，一直连到天上，跟星光接起来，分不出是火把还是星星。

b) 这样的"聪明人"还是少一点好。

4.8.5 引号里面还要用引号时，外面一层用双引号，里面一层用单引号。例如：

他站起来问："老师，'有条不紊'的'紊'是什么意思？"

4.9 括号

4.9.1 括号常用的形式是圆括号"（　）"。此外还有方括号"［ ］"、六角括号"〔 〕"和方头括号"【】"。

4.9.2 行文中注释性的文字，用括号标明。注释句子里某种词语的，括注紧贴在被注释词语之后；注释整个句子的，括注放在句末标点之后。例如：

a) 中国猿人（全名为"中国猿人北京种"，或简称"北京人"）在我国的发现，是对古人类学的一个重大贡献。

b) 写研究性文章跟文学创作不同，不能摊开稿纸搞"即兴"。（其实文学创作也要有素养才能有"即兴"。）

4.10 破折号

4.10.1 破折号的形式为"——"。

4.10.2 行文中解释说明的语句，用破折号标明。例如：

a) 迈进金黄色的大门，穿过宽阔的风门厅和衣帽厅，就到了大会堂建筑的枢纽部分——中央大厅。

b) 为了全国人民——当然包括自己在内——的幸福，我们每个人都要兢兢业业，努力工作。

4.10.3 话题突然转变，用破折号标明。例如：

"今天好热啊！——你什么时候去上海？"张强对刚刚进门的小王说。

4.10.4 声音延长，象声词后用破折号。例如：

"呜——"火车开动了。

4.10.5 事项列举分承，各项之前用破折号。例如：

根据研究对象的不同，环境物理学分为以下五个分支学科：

——环境声学；

——环境光学；

——环境热学；

——环境电磁学；

——环境空气动力学。

4.11 省略号

4.11.1 省略号的形式为“……”，六个小圆点，占两个字的位置。如果是整段文章或诗行的省略，可以使用十二个小圆点来表示。

4.11.2 引文的省略，用省略号标明。例如：

她轻轻地哼起了《摇篮曲》：“月儿明，风儿静，树叶儿遮窗棂啊……”

4.11.3 列举的省略，用省略号标明。例如：

在广州的花市上，牡丹、吊钟、水仙、梅花、菊花、山茶、墨兰……春秋冬三季的鲜花都挤在一起啦！

4.11.4 说话断断续续，可以用省略号标示。例如：

“我……对不起……大家，我……没有……完成……任务”。

4.12 着重号

4.12.1 着重号的形式为“.”。

4.12.2 要求读者特别注意的字、词、句，用着重号标明。例如：

事业是干出来的，不是吹 出来的。

4.13 连接号

4.13.1 连接号的形式为“—”，占一个字的位置，连接号还有另外三种形式，即长横“——”（占两个字的位置）、半字线“-”（占半个字的位置）和浪纹“～”（占一个字的位置）。

4.13.2 两个相关的名词构成一个意义单位，中间用连接号。例如：

a）我国秦岭—淮河以北地区属于温带季风气候区，夏季高温多雨，冬季寒冷干燥。

b）复方氯化钠注射液，也称任—洛二氏溶液（Ringer-Locke solution），用于医疗和哺乳动物生理学实验。

4.13.3 相关的时间、地点或数目之间用连接号表示起止。例如：

a）鲁迅（1881—1936）中国现代伟大的文学家、思想家和革命家。原名周树人，字豫才，浙江绍兴人。

b）“北京—广州”直达快车

c）梨园乡种植的巨峰葡萄今年已进入了丰产期，亩产1000公斤～1500公斤。

4.13.4 相关的字母、阿拉伯数字等之间，用连接号，表示产品型号。例如：

在太平洋地区，除了已建成投入使用的HAW-4和TPC-3海底光缆之外，又有TPC—4海底光缆投入运营。

4.13.5 几个相关的项目表示递进式发展，中间用连接号。例如：

人类的发展可以分为古猿－猿人－古人－新人这四个阶段。

4.14 间隔号

4.14.1 间隔号的形式为“·”。

4.14.2 外国人和某些少数民族人名内各部分的分界，用间隔号标示。例如：

列奥纳多·达·芬奇

爱新觉罗·努尔哈赤

4.14.3 书名与篇（章、卷）名之间的分界，用间隔号标示。例如：

《中国大百科全书·物理学》

《三国志·蜀志·诸葛亮传》

4.15 书名号

4.15.1 书名号的形式为双书名号“《》”和单书名号“＜＞”。

4.15.2 书名、篇号、报纸名、刊物名等，用书名号标志。例如：

a)《红楼梦》的作者是曹雪芹。

b) 你读过鲁迅的《孔乙己》吗？

c) 他的文章在《人民日报》上发表了。

d) 桌上放着一本《中国语文》。

4.15.3 书名号里边还要用书名号时，外面一层用双书名号，里边一层用单书名号。例如：

《〈中国工人〉发刊词》发表于1940年2月7日。

4.16 专名号

4.16.1 专名号的形式为“______”

4.16.2 人名、地名、朝代名等专名下面，用专名号标示。例如：

司马相如者，汉蜀郡成都人也，字长卿。

4.16.3 专名号只用在古籍或某些文史著作里面。为了跟专名号配合，这类著作里的书名号可以用浪线“～～～～～～”。例如：

屈原放逐，乃赋离骚，左丘失明，厥有国语。

5. 标点符号的位置

5.1 句号、问号、叹号、逗号、顿号、分号和冒号一般占一个字的位置，居左偏下，不出现在一行之首。

5.2 引号、括号、书名号的前一半不出现在一行之末，后一半不出现在一行之首。

5.3 破折号和省略号都占两个字的位置，中间不能断开。连接号和间隔号一般占一个字的位置。这四种符号上下居中。

5.4 着重号、专名号和浪线式书名号标在字的下边，可以随字移行。

6. 直行文稿与横行文稿使用标点符号不同。

6.1 句号、问号、叹号、顿号、分号和冒号放在字下偏右。

6.2 破折号、省略号、连接号和间隔号放在字下居中。

6.3 引号改用双引号“『』”和单引号“「」”。

6.4 着重号标在字的右侧，专名号和浪线式书名号标在字的左侧。

附录三

公文常用特定用语简表

类别	用语名称	作　用	常用特定用语
1	开端用语	主要用于文章开头，表示发语、引据	为、为了、为着、查、接、顷接、根据、据、遵照、依照、按照、按、鉴于、关于、兹、兹定于、今、随着、由于。
2	称谓用语	用于表示人称或对单位的称谓	第一人称：我、我单位、本人、本公司、我们、敝单位。 第二人称：你、你局、贵公司、贵方。 第三人称：他、该公司、该项目。
3	递送用语	用于表示文、物递送方向	上行：报、呈。 平行：送。 下行：发、颁发、颁布、发布、印发、下达。
4	引叙用语	用于复文引据	悉、接、顷接、据、收悉。
5	拟办用语	用于审批、拟办	拟办：责成、交办、试办、办理、执行。
6	经办用语	用于表明进程	经、业经、已经、兹经。
7	过渡用语	用于承上启下	鉴于、为此、对此、为使、对于、关于、如下。

（续表）

类别	用语名称	作　用	常用特定用语
8	期请用语	用于表示期望请求	上行：请、恳请、拟请、特请、报请。 平行：请、拟请、特请、务请、如蒙、即请、切盼。 下行：希、望、尚望、切望、请、希予、勿误。
9	结尾用语	用于结尾表示收束	上行：当否，请批示；可否，请指示；如无不当，请批转；如无不妥，请批准；特此报告；以上报告，请批转；以上报告，请审核。 平行：此致敬礼；为盼；为荷；特此函达；特此证明；尚望函复。 下行：为要；为宜；为妥；希遵照执行；特此通知；此复；为……而努力；……现予公布。
10	谦敬用语	用于表示谦敬	承蒙惠允、不胜感激、鼎力相助、蒙、承蒙。
11	批转用语	用于上级对下级来文的批转处理	批转、转发。
12	征询用语	用于征请、询问对有关事项的意见、态度	当否、妥否、可否、是否妥当、是否同意、如无不当、如无不妥、如果可行等。

参考文献

[1] 中国公文写作研究会.公文写作方法与技巧[M].北京:中央文献出版社,2007.

[2] 白延庆.公文写作[M].北京:清华大学出版社,2006.

[3] 孙秀秋.应用写作(第二版)[M].北京:中国人民大学出版社,2007.

[4] 陈子典,胡欣育.应用文写作[M].北京:北京师范大学出版社,2007.

[5] 张江艳.应用写作案例与训练[M].北京:北京师范大学出版社,2008.

[6] 张子泉.应用文写作教程[M].北京:北京交通大学出版社,2006.

[7] 陆亚萍,詹丹,张彪.应用文写作教程[M].上海:复旦大学出版社,2008.

[8] 陈秀香,贺少峰.实用应用文写作[M].北京:北京大学出版社,2007.

[9] 梁志刚,周炫.实用文书写作[M].北京:北京大学出版社,2009.

[10] 李振辉.应用文写作[M].北京:清华大学出版社,2009.